해외 유학생이 반드시 알아야 할 어휘

생물핵심용어사전

Dictionary
of Biology
for studying
abroad

미노루 츠다 지음 · 후지사와 칸 감수

시공사

생물핵심용어사전

초판 1쇄 인쇄일 2002년 7월 31일
2 판 5쇄 발행일 2023년 3월 10일

지은이 미노루 츠다
감수자 후지사와 칸

발행인 윤호권
사업총괄 정유한

발행처 ㈜시공사 **주소** 서울시 성동구 상원1길 22, 6-8층(우편번호 04779)
대표전화 02-3486-6877 **팩스(주문)** 02-585-1755
홈페이지 www.sigongsa.com / www.sigongjunior.com

生物 學習 基本 用語辭典
Copyright© 2002, Minoru Tsuda
Original edition published by ALC Publishing Co, TOKYO
Korean edition arranged with ALC Publishing Co
through Eric Yang Agency

ISBN 978-89-527-4201-8 91740

*시공사는 시공간을 넘는 무한한 콘텐츠 세상을 만듭니다.
*시공사는 더 나은 내일을 함께 만들 여러분의 소중한 의견을 기다립니다.
*잘못 만들어진 책은 구입하신 곳에서 바꾸어 드립니다.

왜 과목별 용어 사전인가?

영어권 국가에서의 해외 유학은 선진 교육을 직접 누리고 영어를 확실히 숙달할 기회를 얻는 장점이 있지만, 일반적인 언어 장벽 외에도 극복해야 할 또 하나의 험난한 과제가 가로 놓여 있다는 사실을 분명히 인식해야 한다. 바로 과목에 따라 익혀야 할 수많은 과목별 용어다. 이는 물리, 화학, 수학, 생물, 국어(영문학) 등 여러 과목을 한꺼번에 배워야 할 경우는 물론이고, 자신의 전공으로 공부해야 할 때도 마찬가지다. 아무리 영어에 능숙하다 하더라도 과목별 전문 용어를 이해하지 못하면 학업을 소화해내기가 그만큼 더디고 어려워질 수밖에 없기 때문이다.

따라서 이 책에서는
- 용어 사전을 만들되, 핵심 용어를 한꺼번에 공부할 수 있는 코너 Key Word Preview를 마련하고,
- 용어 풀이편에서도 우리말 풀이 사이에 요긴한 영어 표현을 삽입하여, 원서 독해력 향상에 큰 도움을 받을 수 있도록 애썼다.

과목별 용어 사전은 유학 시 특히 문제가 되는 용어가 많은 5과목(생물, 수학, 국어, 사회, 물리·화학)을 선정하여 시리즈로 구성했다. 책의 수준은 대학 전공자들은 물론 그보다 아래 과정을 이수하는 학생들도 충분히 소화할 수 있도록 꾸며졌기에 매우 효율적이고 활용도가 높다. 유학을 통해 세계의 인재들과 어깨를 겨룰 많은 학생들에게 이 책은 든든하고 친절한 가이드가 되어줄 것이다.

CONTENTS

STRUCTURE OF THE CELL FIG 1

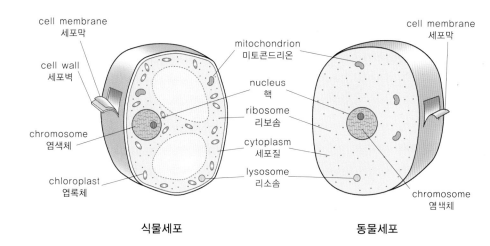

식물세포   동물세포

MAIN PARTS OF THE PLANT FIG 2

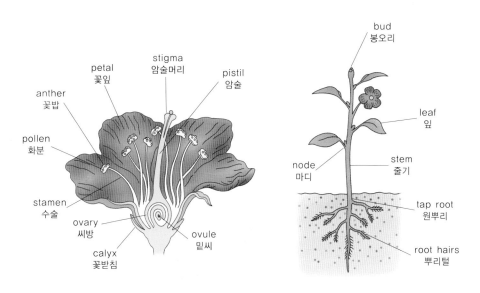

꽃의 얼개   식물 각부 명칭

MAIN PARTS OF THE HUMAN BRAIN `FIG 3`

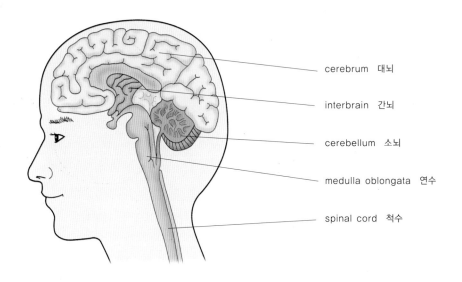

- cerebrum 대뇌
- interbrain 간뇌
- cerebellum 소뇌
- medulla oblongata 연수
- spinal cord 척수

STRUCTURE OF THE HUMAN EYE `FIG 4`

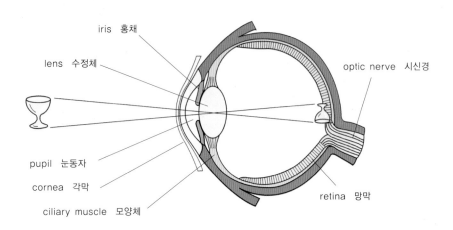

- iris 홍채
- lens 수정체
- optic nerve 시신경
- pupil 눈동자
- cornea 각막
- ciliary muscle 모양체
- retina 망막

CIRCULATORY SYSTEM FIG 5
인체의 순환계

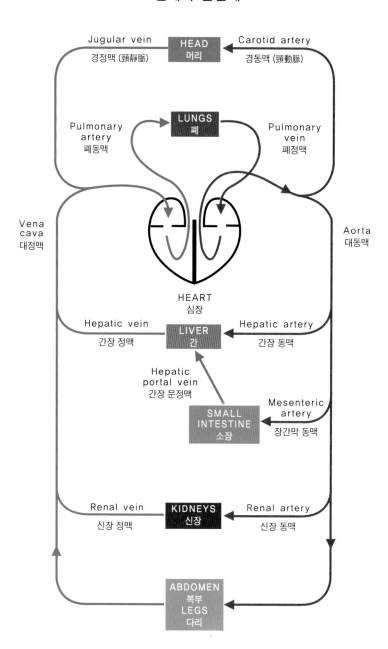

CLASSIFICATION OF LIVING THINGS FIG 6

생물의 분류도

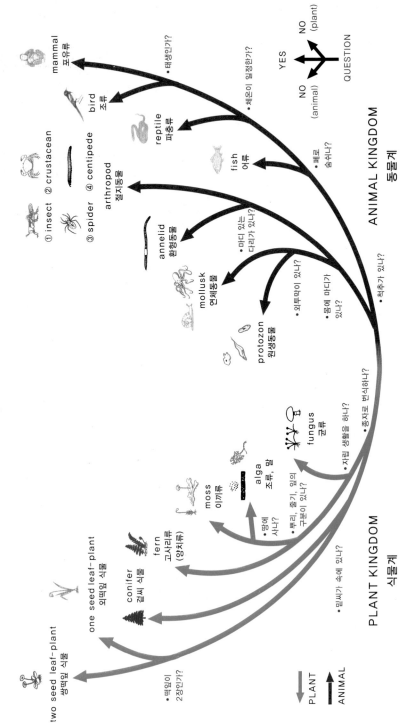

QUESTION

YES → → NO (plant)

NO (animal)

• 태생인가?

mammal
포유류

bird
조류

reptile
파충류

• 체온이 일정한가?

fish
어류

• 폐로 숨쉬나?

① insect ② crustacean
③ spider ④ centipede

arthropod
절지동물

annelid
환형동물

• 마디 있는 다리가 있나?

mollusk
연체동물

• 외투막이 있나?

protozon
원생동물

• 몸에 마디가 있나?

• 척추가 있나?

ANIMAL KINGDOM
동물계

• 종자로 번식하나?

fungus
균류

• 자립 생활을 하나?

alga
조류, 말

moss
이끼류

• 몸에 나나?

• 뿌리, 줄기, 잎의 구분이 있나?

fern
고사리류
(양치류)

conifer
겉씨 식물

one seed leaf-plant
외떡잎 식물

• 밑씨가 속에 있나?

two seed leaf-plant
쌍떡잎 식물

• 떡잎이 2장인가?

PLANT KINGDOM
식물계

PLANT
ANIMAL

Key Word
Preview

핵심용어 한번에 공부하기

과목별 핵심어 한번에 공부하기

KEY WORD PREVIEW

세포와 생물 구성의 단위

☐ cell	세포 (細胞)
☐ nucleus	핵 (核)
☐ protoplasm	원형질 (原形質)
☐ cytoplasm	세포질 (細胞質)
☐ cell membrane	세포막 (細胞膜)
☐ cell wall	세포벽 (細胞壁)
☐ chloroplast	엽록체 (葉綠體)
☐ chlorophyll	엽록소 (葉綠素)
☐ chromosome	염색체 (染色體)
☐ tissue	조직 (組織) (세포의 집단)
☐ organ	기관 (器官) (조직의 집단. 위나 간 따위)
☐ organism	생물, 생명체; 유기체 (有機體)
☐ homeostasis	항상성 (恒常性)

식물의 구조와 기능

☐ petal	꽃잎
☐ pistil	암술
☐ style	암술대
☐ stigma	암술머리

☐ ovary	씨방
☐ ovule	밑씨
☐ stamen	수술
☐ filament	수술대
☐ anther	꽃밥
☐ pollen	화분 (花粉)
☐ pollen tube	화분관 (花粉管)
☐ calyx	꽃받침 (= sepals)
☐ bud	봉오리, 눈
☐ stem	줄기
☐ vascular bundle	관 (管)다발
☐ osmosis	삼투 작용 (滲透 作用)
☐ stoma	기공 (氣孔), 숨구멍 (= pore)
☐ guard cell	공변 세포
☐ transpiration	증산작용 (蒸散作用)
☐ photosynthesis	광합성 (光合成)
☐ starch	녹말 (= farina)
☐ glucose	포도당 (葡萄糖)

식물의 종류

생물의 분류

☐ kingdom	계 (界) (대분류 순임)

☐ phylum, division	문 (門)
☐ class	강 (綱)
☐ order	목 (目)
☐ family	과 (科)
☐ genus	속 (屬)
☐ species	종 (種)

식물의 종류

☐ seed plant	종자 식물
☐ deciduous tree	낙엽수
☐ coniferous tree	침엽수
☐ fern	고사리
☐ moss	이끼
☐ alga (*pl.* algae)	말, 조류 (藻類)
☐ fungus (*pl.* fungi)	(곰팡이, 버섯 등) 균류 (菌類)
☐ mushroom	버섯
☐ mould, mold	곰팡이

동물의 구조와 기능

소화계 Digestive System

☐ digestion	소화
☐ stomach	위장

☐ small intestine	소장
☐ large intestine	대장
☐ liver	간
☐ gallbladder	쓸개, 담
☐ bile	쓸개즙, 담즙
☐ pancreas	이자, 췌장
☐ peristaltic movement	연동운동
☐ appendix	맹장
☐ saliva	침, 타액
☐ nutrition	영양 (섭취), 자양분
☐ carbohydrate	탄수화물
☐ protein	단백질
☐ mineral	무기질

순환계 Circulatory System

☐ circulation	순환 (循環)
☐ heart	심장 (心臟)
☐ auricle	심방 (心房)
☐ ventricle	심실 (心室)
☐ valve	판막 (瓣膜)
☐ blood vessel	혈관(血管)
☐ artery	동맥 (動脈)
☐ vein	정맥 (靜脈)

☐ capillary (vessel)	모세혈관 (毛細血管)
☐ erythrocyte	적혈구 (赤血球) (= red corpuscle)
☐ leucocyte	백혈구 (白血球) (= white corpuscle)
☐ antibody	항체 (抗體)
☐ immunity	면역 (免疫)
☐ blood platelet	혈소판 (血小板)
☐ clot	피가 응고하다; 엉긴 피
☐ blood plasma	혈장 (血漿)
☐ tissue liquid	조직액 (組織液)
☐ metabolism	신진대사 (新陳代謝),
	물질대사 (物質代謝)

호흡계 Respiratory System)

☐ respiration	호흡 (呼吸)
☐ lung	폐
☐ larynx	후두 (喉頭) (氣管 바로 위)
☐ windpipe	기관 (氣管)
☐ bronchus (pl. bronchia)	기관지 (氣管支)

배설계 Excretory System)

☐ excretion	배설 (排泄)
☐ kidney	신장 (腎臟)
☐ bladder	방광 (膀胱)

☐ urine   소변 (小便)

☐ anus   항문 (肛門)

☐ excrement   대변 (大便) (= feces)

☐ perspiration   발한; 땀 (= sweat)

신경계 Nervous System)

☐ nerve   신경 (神經)

☐ neuron   뉴런, 신경세포

☐ sensation   감각

☐ central nervous system   중추신경계 (中樞神經系)

☐ peripheral nervous system   말초신경계 (末梢神經系)

☐ cerebral   대뇌의

☐ cerebrum   대뇌 (大腦)

☐ cerebellum   소뇌 (小腦)

☐ medulla oblongata   연수

☐ spinal cord   척수 (脊髓)

☐ reflex   반사작용 (反射作用)

☐ optic nerve   시신경 (視神經)

☐ pupil   동공 (瞳孔)

☐ iris   홍채 (虹彩)

☐ lens   수정체 (水晶體)

☐ retina   망막 (網膜)

☐ auditory nerve   청신경 (聽神經)

☐ eardrum	고막 (鼓膜)
☐ olfactory nerve	후신경 (嗅神經)
☐ taste nerve	미신경 (味神經)
☐ epidermis	외피 (外皮)

기타 구조와 기능

☐ gland	선 (腺)
☐ endocrine	내분비선 (內分泌腺)의
☐ tonsils	편도선 (扁桃腺)
☐ thyroid gland	갑상선 (甲狀腺)
☐ skull	두개골
☐ vertebrae (*sing.* vertebra)	척주 (脊柱), 일련의 등뼈
	(= spinal column)
☐ molar	어금니
☐ biceps	이두근
☐ tendon (=sinew)	힘줄, 건 (腱)

주변 동물의 부위

☐ bristle	강모 (剛毛)
☐ gill	아가미
☐ pin	지느러미
☐ scale	비늘
☐ beak	부리

☐ paw	(짐승의) 발
☐ craw	발톱

동물의 종류

☐ protozon	원생동물 (原生動物) (아메바 등)
☐ mollusk	연체동물 (문어, 조개 등)
☐ annelid	환형동물 (環形動物) (지렁이, 거머리 등)
☐ arthropod	절지동물 (節肢動物) (곤충류, 갑각류 등)
☐ crustacean	갑각류 (甲殼類) (게, 가재 등)
☐ insect	곤충
☐ cram	조개
☐ crab	게
☐ metamorphosis	변태 (變態)
☐ larva	(일반적인) 유충, 애벌레
☐ caterpillar	(꿈틀이처럼 생긴) 유충, 애벌레
☐ amphibian	양서류 (兩棲類)
☐ reptile	파충류 (爬蟲類)
☐ mammal	포유류 (哺乳類)
☐ invertebrate	무척추동물 (無脊椎動物)
☐ vertebrate	척추동물 (脊椎動物)
☐ carnivore	육식동물 (肉食動物)
☐ herbivore	초식동물 (草食動物)

☐ viviparous animal	태생동물 (胎生動物)
☐ oviparous animal	난생동물 (卵生動物)

생식과 성장

☐ reproduction	생식 (生殖)
☐ growth	성장 (成長)
☐ mitosis	체세포 분열 (體細胞 分裂)
☐ meiosis	생식세포 분열 (生殖細胞 分裂)
☐ asexual reproduction	무성생식 (無性生殖)
☐ binary fission	이분법 (二分法)
☐ graft	접붙이다; 접붙이기
☐ cutting	꺾꽂이
☐ spore	포자 (胞子)
☐ sexual reproduction	유성생식 (有性生殖)
☐ genitals	생식기 (生殖器)
☐ sperm	정자 (精子)
☐ ovum (*pl.* ova)	난자 (卵子) 比 ovule (식물의 밑씨)
☐ fertilized egg	수정란 (受精卵)
☐ pollination	수분 (授粉), 꽃가루 받이
☐ fertilization	수정 (授精) (동 · 식물 공용)
☐ implantation	착상 (着床) (동물의 수정란이 자궁벽에 붙는 것)

☐ embryo	태아 (胎兒), 배

유전과 진화 및 생태계

유전 및 진화

☐ heredity	유전 (遺傳)
☐ gene	유전자 (遺傳子)
☐ genetics	유전학
☐ genetic engineering	유전 공학
☐ Law of Dominance	우열(優劣)의 법칙
☐ dominance	우성 (優性) (=prepotency)
☐ recessive	열성 (劣性); 열성 (劣性)의
☐ mutation	돌연변이 (突然變異)
☐ congenital	선천성(先天性)의
☐ evolution	진화 (進化)
☐ homologous organ	상동기관 (相同器官)
☐ analogous organ	상사기관 (相似器官)

생태계

☐ ecosystem	생태계 (生態界)
☐ producer	생산자 (生産者) (자연계 최초의 먹이감 이 되는 생물. 보통 식물에 해당)
☐ consumer	소비자 (消費者) (먹이 사슬에서 타 생

물을 먹고 사는 생물)

☐ decomposer	분해자 (分解者) (곰팡이 등과 같이 타
	생물을 분해시키는 생물)
☐ predator	포식자 (捕食者), 육식 동물
☐ prey	피식자 (被食者), 육식 동물의 먹이
☐ food pyramid	먹이 피라미드
☐ food chain	먹이 사슬
☐ symbiosis	공생 (共生)
☐ parasite	기생 (寄生)
☐ tropical rain forest	열대 우림 (熱帶 雨林)

생물학에 기본적으로 잘 쓰이는 표현들

☐ canal	관 (管) (=duct)
☐ cavity	움푹 들어 간 곳, 구멍
☐ lobe	둥글고 불룩하게 생긴 것 (허파나 간 따
	위)
☐ layer	층 (層)
☐ cortex	(일반적으로) 바깥 층 (=outer layer)
☐ pulp	과육 (果肉); 과육처럼 부드러운 부위
☐ membrane	막 (膜)
☐ mucous	끈끈한, 점액의 (=viscous =slimy)
	몡 mucus (점액)

☐ secretion	분비
☐ transport	나르다; 수송
☐ diffusion	확산
☐ enzyme	효소 (=ferment)
☐ catalyst	촉매 (觸媒)
☐ toxic	독성의
☐ element	요소
☐ intensity	강도 (强度)
☐ density	밀도 (密度)
☐ aquatic	수중(水中)의
☐ terrestrial	육지 (陸地)의
☐ microscope	현미경 (顯微鏡)
☐ thermometer	온도계 (溫度計)

Main Part

영 · 한식 용어 풀이편

A - Z

A bdomen – axon

abdomen
복부 (腹部)
동물의 몸이 머리·가슴·배로 분화되어 있을 때, 가슴 뒤쪽, 꼬리 앞쪽 위치를 말한다.

abiotic factor
비생물 요인
기온, 토양, 물과 같이 비생물 환경 abiotic environment 을 구성하는 요인이다. ↔ biotic factor

abortion
유산 (流産)
태아가 아직 생활능력을 갖지 못한 시기(인간의 경우 28주 이내)에 어떠한 이유로 임신 gestation 이 중절되는 것을 말한다.

abscission
탈리 (脫離)
잎, 꽃, 과일 등의 기관이 각각의 기부(基部)에서 이층 (離層) abscission layer 으로 분화하여 식물체로부터 이탈하는 것이다.

absorption
흡수 (吸收)
식물 뿌리에서의 수분이나 비료의 흡수, 동물의 위나 장에서의 여러 가지 물질 흡수를 말한다. 생물계에서 널리 쓰이는 말이다. → 그림 10, p. 118

accommodation
순응 (順應)
생물이 변화하는 외적요인에 계속해서 적응하고 조절해 나가는 것으로, 높은 산에 오르면 혈액 속의 적혈구 erythrocyte 수가 증가하는 현상 등의 예가 있다.

acid
산 (酸)
산 수용액(水溶液)이 리트머스 시험지를 푸른색에서 붉은색으로 변화시키는 물질로, 수용액 중에서 수소이온(H^+)을 전리(電離)시키는 물질을 가리킨다. 알칼리 (OH^-)와 중화반응을 한다.

- ~ rain 산성비

공장이나 자동차 배기가스 중의 아황산 가스 sulfur dioxide 나 산화 질소 nitrogen oxide 가 비에 녹아 산성의 물방울이 되어 지상에 내리는 비로 산림을 광범위하게 고사(枯死)시키는 등의 현상이 일어나며, 지구 전체의 환경 문제가 되고 있다.

ACTH 부신피질 자극 호르몬

adrenocorticotrophic hormone 의 약자이다. 뇌하수체 전엽 anterior lobe of hypophysis 에서 분비되어 부신피질 발달을 자극하여 부신피질 호르몬 분비를 촉진시킨다.

Actinomycetes 방선균 (放線菌)

박테리아와 불완전한 균류 fungus 의 중간 형태를 이루는 미생물 microorganism 로 토양이나 수중 혹은 분해되는 유기물 중에 존재한다. 많은 종류가 기생하며 parasitic, 사람과 동식물에 질병을 일으킨다. 한편 다른 몇몇 종류들은 항생제 antibiotic 의 중요한 재료가 되기도 한다.

activation energy 활성화 에너지

열이나 전기, 불꽃처럼 화학 반응 chemical reaction 을 일으키는 데 촉진제가 되는 에너지이다. 수소(H_2)와 산소(O_2)가 반응하여 물(H_2O)이 되는 것은 잘 알려져 있으나 수소와 산소를 혼합하는 것만으로는 되지 않고 그 혼합 기체 속에 전기 불꽃을 냄으로써 반응이 일어난다. 물건을 태울 때, 최초에 성냥, 라이타로 불을 붙이는 것도 활성화 에너지를 주는 것일 뿐이다. 일단 불이 붙으면 그 열이 새로 연소를 도와주는 작용을 하여 연소를 지속시킨다.

active transport 능동 수송

세포막 cell membrane 이 에너지를 이용해 세포 안팎의 나트륨(Na^+)이나 칼륨이온(K^+)의 농도차이를 만들어 가는 현상이다. 세포는 세포 속의 나트륨 이온을 세포 밖으로, 세포 밖의 칼륨이온을 세포 안으로 계속 들어오게 한다 (나트륨펌프라고 함). 나트륨펌프는 확산 diffusion 과 삼투압 osmotic pressure 에 의한 물질의 출입과는 전혀 다르다.

adaptation

적응 (適應)
생물이 갖는 형태와 생리적 · 생태적 성질이 그 생활 환경에 일치되는 것으로 현존하는 생물은 장기간에 걸쳐 생활을 해왔기 때문에 모든 생활 환경에 적응한다고 할 수 있다. 진화의 요인이다.

addiction

(마약 등의) 중독
마약 등을 항상 몸 속에 투여하는 것으로 마약을 상용하다가 중단하려고 하면 금단현상을 보이게 된다.

additives

(식품 등의) 첨가제
여러 가지 식료품에 첨가하는 착색제, 방부제, 산화방지제, 유화제 등을 가리킨다.

adenine

아데닌
핵산(核酸)을 구성하는 염기의 하나로, DNA분자의 이중나선(二重螺旋) double helix 에서는 티민 thymine 과 결합한다.

adenosine triphosphate

아데노신 3 인산
ATP로 줄여 쓰며, 생물의 에너지를 축적하는 물질로 근육을 비롯하여 각종 동물 조직이나 효모 등, 생체 내에 광범위하게 존재한다. 에너지원(포도당의 분해「산화 oxidation 나 해당 glycolysis」)에 의해 만들어지며 아데노신에 3분자에 인산(燐酸)이 결합하고 있기 때문에 고(高) 에너지 인산결합의 한 부분이 잘려서

ADP(아데노신 2 인산)가 될 때 에너지를 발생한다.

ADH

항(抗) 이뇨(利尿) 호르몬
antidiuretic hormone 의 약자로 신장 kidney 의 세
뇨관에서 수분이 재흡수되는 것을 촉진하며 부족하면
뇨(尿)량이 증가한다.

ADP

아데노신 2 인산
adenosine diphosphate 의 약자이다. → ATP

adrenal

부신(副腎)의, 신장(腎臟) 부근의

■ ~ cortex 부신피질(副腎皮質)
부신의 외층(外層)을 형성하는 내분비선 endocrine
gland 조직으로 부신피질 호르몬을 분비한다.

■ ~ gland 부신(副腎)
adrenal, adrenal body, suprarenal gland 라고도
한다. 인간의 경우 신장 위에 고깔모자 모양으로 올려
져있는 내분비기관. 부신피질 adrenal cortex (副腎皮
質)과 부신수질(副腎髓質) adrenal medulla 로 나뉘
어져 있고, 각각 별개의 호르몬을 분비한다.

■ ~ medulla 부신수질(副腎髓質)
부신(副腎) 단면 중앙부를 형성하는 조직으로 교감신
경의 자극을 받아 아드레날린 adrenaline 을 분비한
다.

adrenaline

아드레날린
미국에서는 에피네프린 epinephrine 으로 쓰는 경우
가 많으며 부신수질 호르몬과 신경전달물질로 작용한
다. 혈당상승작용, 심장박동 증가작용(심장박동수를
올림), 말초혈관 저항현상 작용(혈압을 올림)에 큰 역
할을 한다.

adrenals

→ adrenal gland

adult	성체 (成體)

개체 발생을 완성하고 생식이 가능한 개체를 말한다.

adventitious root	부정근 (不定根)

뿌리 이외의 기관으로부터 형성되는 뿌리이다. 접목 (接木)은 이 성질을 이용한 것이며 줄기가 다른 식물에 붙은 쪽에서 만들어진 기근 aerial root 도 부정근의 일종으로 생각할 수 있다. 성장촉진 물질인 옥신 auxin 은 여러 기관에서 부정근을 만들어내는 작용을 한다.

aerial adaptations	공중 적응 (空中適應)

공중을 날아다니며 생활하는데 적합한 몸을 가지고 있는 생물로, 조류와 곤충은 공중적응을 한 동물이다.

aerobic	호기성 (好氣性)의

산소가 있는 환경을 가리킨다.

- ~ bacteria 호기성 세균

산소가 존재하는(공기 속)곳에서 생육하는 세균이다. ↔ anaerobic bacteria

- ~ respiration 산소호흡(酸素呼吸)

세포 내에서 에너지원인 포도당을 산소로 산화 oxidation 함에 따라 분해되어 이산화탄소와 에너지를 얻는 생체활동이다. 해당 glycolysis 계, 구연산 회로 citric acid cycle, 전자전달 electron transfer 계로 만들어지는 반응이다.

aerosol	에어로졸

콜로이드 choroid 입자가 기체 형태로 분산된 것으로 안개가 좋은 예이다.

aestivate	여름잠

생물이 덥고 건조한 계절을 휴면(休眠)하면서 지내는

것. 달팽이, 개구리, 폐어(肺魚) 등의 생물에서 볼 수 있다.

afterbirth

후산 (後産)
포유류가 신생아를 낳은 후 배출되는 배꼽과 태반을 가리킨다.

agar

한천 (寒天)
한천조 agarophyte 를 끓여 얻은 물질이다. 우뭇가사리 속(屬) 중에서 한천이 가장 질(質)이 좋다. 구성성분의 70%는 아가로스 agarose, 30%가 아가로펙틴 agaropectin 이며 백색 투명하고 광택이 있으며 차가운 물에는 녹지 않는다. 뜨거운 물에 녹이면 졸 sol 상태가 되고 이것을 얼리면 젤 gel 상태가 된다. 분산매(물질을 분산시키는 물체) 역할을 하는 물을 포함하고 있어 염(산과 알칼리가 중화되어 생긴 물질), 산(수용액 속에서 전리되어 H^+를 방출하는 물질), 알칼리(수용액 속에서 전리되어 OH^-를 방출하는 물질) 등과 반응하기 어려우므로 생물학이나 화학 분야에서 널리 이용된다. 생물 분야에서는 미생물을 재배하는 경우에 많이 쓰인다.

agaropectin

아가로펙틴
아가로스 agarose 와 함께 한천을 구성하는 다당(多糖) 성분 중의 하나이다.

agarose

아가로스
한천 구성물질의 70%를 차지하는 물질이다. 한천 수용액에 암모니아 염을 첨가하면 침전(沈澱)이 생기는데, 이것을 원심기 centrifuge 로 분리해서 생기는 수용액이 아가로스 agarose 이며, 침전은 아가로펙틴 agaropectin 이다.

agriculture

농업

곡물, 야채, 과일 등을 생산하는 산업으로 자연(기후)을 이용해야 하거나 이용하지 않고는 성립되지 않는 산업이다.

AIDS

에이즈, 후천성 면역 결핍증

acquired immunological deficiency syndrome (후천성 면역결핍증)의 약자이다. HIV (human immunodeficiency virus)라는 바이러스에 의해 생기며, 인간이 본래 가지고 있는 면역력이 저하되어 생긴다. 현재 특효약은 없으며 성적 접촉 시에 체액을 통해 감염된다. 잠복시기가 있으며 감염력은 약하여 악수(握手)나 키스로는 감염되지 않는다. 감염된 지 6～8주 후에 에이즈 검사에서 양성으로 나타난다. 발병까지의 기간은 조금씩 다르지만 발병되면 감염 후 5년 내에 90% 이상이 사망한다.

air bladder

부레

어류가 공기를 담는 기관으로 크기 조절에 따라 부력 buoyancy 이 변화한다.

air sacs

기낭 (氣囊)

(1) 곤충의 기낭 : 기관낭이라고도 한다. 곤충 기관 trachea 의 주간(중심이 되는 관)이 확대되어 대형 주머니 모양을 하고 있는 것으로 기관은 내부에 키틴질 chitin 고리가 있으나 기낭 내부에는 없다.
(2) 조류의 기낭 : 조류의 폐 lung 에 붙어 있으며 내장 근육 사이에까지 들어가 있어 크기에 비해 몸을 가볍게 한다.

albumin

알부민

동식물세포나 체액(體液) 중에 포함되어 있는 가역성(可逆性) 단백질의 총칭이다. 어원은 albu(라틴어, 계란흰자의)에서 유래했다.

alcohol

알코올

기본적으로는 탄화수소기 hydrocabon radical (탄소
와 수소에 의한 원자집단)에 -OH 가 결합한 화합물의
총칭으로 메탄올 (CH_3OH)과 에탄올(C_2H_5OH)등이
있다. 메탄올은 연료가 되며 유독하다. 소독에 쓰이는
에탄올은 주류(酒類)의 주성분이기도 하다. 1분자 속
에 1개의 -OH가 있는 것을 1가(價) 알코올, 2개 있으
면 2가(價) 알코올, 3개 있으면 3가(價) 알코올이다.

algae

조류 (藻類)

물 속에서 살며 클로로필과 같은 동화색소를 가지고
독립영양 autotrophic 생활을 하는 하등식물을 말한
다. 명확하게 정의된 분류군 (分類群)은 아니다.

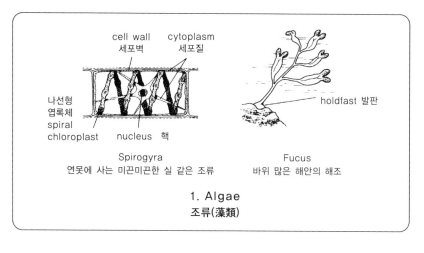

cell wall   cytoplasm
세포벽   세포질

나선형
엽록체
spiral
chloroplast   nucleus 핵

holdfast 발판

Spirogyra
연못에 사는 미끈미끈한 실 같은 조류

Fucus
바위 많은 해안의 해조

1. Algae
조류(藻類)

alimentary canal

소화관 (消化管)

입 mouth 에서 항문 anus 에 이르기까지의 음식물 경
로로 장관(腸管)이라고도 한다.

alkaline

알칼리성

리트머스 시험지를 붉은 색에서 푸른색으로 변화시키

는 수용액의 성질로, 수용액 속의 수소이온(H⁺) 농도
보다 수산화물 이온(OH⁻) 농도가 높다. 염기성(鹽基
性)이라고도 한다.

alkaline pyrogallol 알칼리성 피로가롤

피로가롤 pyrogallol 의 알칼리성 수용액으로 공기 속
의 산소를 많이 흡수하므로 가스 gas 분석에 의해 산
소를 정량할 때 흡수제로 사용한다.

allele 대립유전자, 대립인자 (對立因子)

유전학상의 용어로 한가지 종류의 형질(키의 크고 작
음, 꽃의 색깔 등)에 대해 한 쌍의 유전자 genes 가 있
을 때 대립형질에 대응하는 유전자를 말한다. 대립유
전자는 상동염색체 homologous chromosome 에 같
은 위치에 있다. 대립형질이란 서로 반대되는 형질을
가리킨다.

allergy 알레르기

신체에 이물질(특정 단백질, 진드기 같은 생물, 꽃가
루, 먼지 따위)이 들어왔을 때, 항원항체 반응
antigen-antibody reaction 에 의해 발열, 발진, 기
침, 구토 등을 일으키는 것이다. 알레르기의 원인이 되
는 항원물질을 특히 알루겐 allergen 이라고 한다. 알
레르기라는 말은 과민성 hypersensitivity 과 같은 의
미로 쓰이는 경우가 많다.

allosteric enzyme 알로스테릭 효소

효소에는 기질(基質, 작용하는 대상 물질)과 결합하는
부위 이외에, 다른 물질 effector 과 결합하는 부위를
갖는 것이 있다. 이런 효소는 알로스테릭 부위에 물질
이 결합함으로써 전체 구조가 변화하여 효소의 활성이
변한다.

alternation of generation 세대교번 (世代交番)

하나의 종(種)이 유성생식 sexual reproduction 을 하는 유성세대와 무성생식 asexual reproduction 을 하는 무성세대를 반복하는 것을 말한다. 식물의 양치류, 이끼류 및 동물의 해파리 등이 있다.

alveoli

폐포 (肺胞)
폐로 들어간 기관지(氣管支)가 갈려져 그 끝에서 주머니 모양으로 된 부분으로 기낭(氣囊) air sacs 과 동의어고 단수형은 alveolus 이다. → **그림 22, p.235**

amino acids

아미노산 (酸)
분자 속에 아미노기(基)(-NH₂)와 칼복실기(基)(-COOH)를 갖는 화합물로 천연 아미노산은 20종이 있다. 단백질은 염색체 chromosome 에 있는 유전자 genes 의 유전정보에 따라 많은 아미노산이 결합(펩티드 결합, peptide bond)하여 만들어진다.

amino acids synthesis

아미노산 합성
단백질을 구성하는 아미노산의 대부분은 EMP 경로(EMP pathway)와 구연산 회로(citric acid cycle) 중간에서 만들어지는 중간물질을 탄소골격(아미노산의 기초가 되는 유기산)으로 하여 생합성된다. DNA가 갖는 유전정보는 RNA에 전사(轉寫)되고 RNA는 세포질 속에서 아미노산합성을 하는 리보좀 ribosome 으로 운반되어 아미노산 합성물을 나타낸다.

amino sugar

아미노당
당(糖)의 수산기(-OH)가 아미노기(-NH₂)로 치환된 구조를 갖는 유기물의 총칭.

ammonia

암모니아
분자식은 NH₃이고 독특한 자극성 냄새를 갖는 가스로 물에 잘 녹아 암모니아수가 되며 암모니아수는 알칼리성 alkaline 이다.

ammonium salts   **암모늄염 (鹽)**
암모늄 이온(NH_4^+)을 포함하는 염(산(酸)과 염기(鹽基)가 반응하여 생긴 물질)이다.

amniocentesis   **양수검사 (羊水檢査)**
출생 전 진단 prenatal diagnosis 과 같은 말로 임신 초기(14~20주정도)의 양수(羊水)를 받아내어 그 속에 떠다니는 태아세포를 이용해 성별, 염색체 이상 유무 등을 진단하는 것이다.

amnion   **양막 (羊膜)**
수정란 발생과정에서 볼 수 있는 배막 embryolemma 중에 가장 안 쪽에 있어 배아 embryo 를 직접 덮는 막으로 척추동물의 양막류(羊膜類), 무척추동물의 곤충류에서 볼 수 있다.

amoeba   **아메바**
단세포 원생동물.

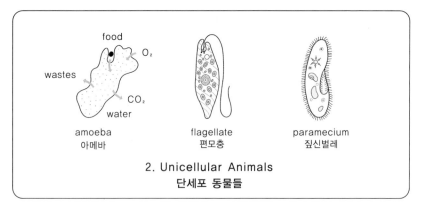

2. Unicellular Animals
단세포 동물들

amoeboid movement   **아메바 운동**
아메바 amoeba 에서 전형적으로 볼 수 있는 세포체 (細胞體) cell body 변형 운동으로 위족(假足)운동

pseudopodial movement 이라고도 한다. 아메바 이
외에 백혈구 leucocyte 에서도 볼 수 있다. 세포질의
졸 sol 과 겔 gel 변환이 운동력의 기본이라고 생각되
고 있다.

AMP   **아데노신 1 인산**

adenosine monophosphate 의 약자이다. → ADP,
ATP

amphibia   **양서류 (兩棲類)**

척추동물 vertebrate 에 속하며 성체 adult 는 사지
(四肢)을 가지고 있고 폐호흡 pulmonary respira
tion 을 한다. 유생(幼生) larva 은 대체로 수중(水中)
aquatic 생활을 한다.

ampulla   **팽대부 (膨大部), 부푼 부분**

일반적으로 여러 가지 관상(管狀)기관의 끝 쪽에 나타
나는 팽창부분을 말한다.

amputation   **절단**

회저된 조직을 절제하는 것. 회저 gangrene 은 사지
(四肢)에 산소공급이 제대로 되지 못해 건조해지거나
썩는 것.

anabolic   **동화작용 (同化作用)의**

■ ~ pathway 동화작용의 대사경로(代謝經路)
아미노산 amino acids 이나 포르피린 porphyrin 합
성계와 같은 합성적 대사 경로를 가리키며 단순한 물
질에서 고도로 복잡한 물질이 합성되는 경로이다.
이에 비해 합성적인 역할과 분해적인 역할을 함께 가
지고 있는 대사경로를 앰피볼릭 대사경로 amphibolic
pathway 라고 부른다.

■ ~ steroids 아나볼릭 스테로이드

근육 조직의 성장을 촉진하는 스테로이드를 말하며 역
도 선수 등이 근육 증강을 위해 복용하는 경우도 있었
으나 나중에 여러 가지 장애가 생겨 현재는 복용을 금
지시키고 있다.

anabolism   **동화작용 (同化作用)**
생체 내에서 간단한 분자로부터 보다 복잡한 분자가
합성되는 화학변화로 녹색식물 등이 이산화탄소의 간
단한 분자로부터 당(糖) 등의 비교적 복잡한 분자를
합성하는 화학변화를 말한다. 동화의 대표적 예로는
광합성 photosynthesis 이다.

anaemia   **빈혈 (貧血) → anemia**

anaerobic   **혐기성 (嫌氣性)의**
산소가 없는 환경을 가리킨다.

■ ~ **bacteria 혐기성 세균(嫌氣性 細菌)**
무(無)산소 상태에서 생육하는 균류(菌類)로, 산소가
있으면 생육할 수 없는 세균인 편성(偏性) 혐기성세균
으로는 크로스트리디움(흙 속에서 질소고정을 하는),
메탄세균, 대부분의 광합성 세균이 있다. 이에 비해 산
소가 있든 없든 생육할 수 있는 것을 통성(通性)혐기
성세균이라고 한다. ↔ aerobic bacteria 호기성(好氣
性) 세균

■ ~ **respiration 무기호흡(無氣呼吸)**
산소를 사용하지 않는 호흡으로 세포 내에서 유기물로
부터 에너지를 만들어내는 활동이다. 발효(發效)
fermen-tation, 부패(腐敗) putrefaction 이외에 근
육에서 일어나는 해당(解糖) glycolysis 도 여기에 속
한다.

anaphase   **후기(後期)**
세포분열에서 유사분열 mitosis 중기와 말기 사이의
시기(時期)로 염색체 chromosome 가 양(兩) 극으로

이동 분리된 후 핵막 nuclear envelope 이 다시 형성 하기 시작할 때까지를 포함한다. → 그림 19, p.185

androgen

안드로겐
남성호르몬, 웅성(雄性)호르몬이라고도 한다. 남성호 르몬 작용을 갖는 호르몬의 총칭으로 수컷으로서의 제 2차 성징을 일으키거나 근육을 발달시키는 작용을 한 다.

anemia

빈혈 (貧血)
혈액의 단위체적 당 적혈구 erythrocyte 수 또는 헤모 글로빈 hemoglobin 의 양이 정상(正常)치보다 감소 하는 증상으로 원인은 다양하며 동물체 내의 혈액량 감소와는 구분된다.

Angiosperm

속씨식물
종자식물 Spermatophyta 중에서 암술 pistil 속에 씨 방 ovary 이라는 보호기능을 가지고 꽃을 피우는 식물 로 심피 carpel 가 배주 ovale 를 덮고 있다. 쌍떡잎 식물 dicotyledon 과 외떡잎식물 monocotyledon 을 말한다. ↔ gymnosperm 겉씨식물

annelida

환형동물 (環形動物)
몸이 원통형이고 여러 마디의 체절(體節)이 환형을 형 성하는 거미류, 원시(原始)환충류, 빈모류 등의 무척 추동물을 말한다.

earthworm
지렁이

leech
거머리

3. Annelida
환형 동물들

annual (plants) 일년생 식물
종자가 싹트면서 시들기까지의 기간이 1년인 식물로,
이런 식물은 일반적으로 종자(種子)를 많이 만든다.

anorexia 식욕부진
에너지원(源)인 음식물 섭취부족으로 인한 증상으로
식욕이 감퇴되는 것이다.

antagonistic action 길항 (拮抗) 작용
어떤 현상에 대해 촉진작용과 억제작용이 생겨 서로
그 효과를 없애는 것으로 호르몬 분비나 자율신경 조
절에서 볼 수 있다.

antenna 더듬이, 촉각(觸角)
절지동물 arthropods 의 머리 부분에 있는 한 쌍의 촉
각(觸覺)이나 후각(嗅覺) 기관이다. 촉각을 가지고 있
는 곤충을 유각류(有角類)라 하고 촉각을 가지고 있지
않은 곤충을 무각류(無角類)라고 한다.

anterior lobe of hypophysis 뇌하수체전엽 (腦下垂體前葉)
간단히 하수체전엽이라고도 한다. 성장호르몬, 갑상선
(甲狀腺) 자극 호르몬(TSH), 부신피질(副腎皮質) 자
극 호르몬(ACTH), 생식선(生殖腺) 자극 호르몬, 항
체(抗體) 자극 호르몬 등을 만들어낸다.

anther 꽃밥
수술 stamen 에서 꽃가루 pollen 를 만드는 꽃가루 주
머니이다.

anthropoid 유인원 (類人猿)
영장 목(目) 오랑우탄 과(科)에 속한다. 뇌가 크고 반
직립 또는 직립 자세를 가지는 경향이 강하고, 신체적
구조가 원숭이류 보다도 인간과 유사하므로 유인원이
라는 이름이 붙었다.

anthropology

인류학(人類學)
인간을 직접 연구대상으로 하는 학문으로 인간의 몸과
문화(생활 상태)를 통합적으로 연구한다.

antibiotics

항생물질 (抗生物質)
미생물에 의해 만들어지고 다른 미생물의 발효 기능을
저해하는 물질이다. 스트렙토마이신, 페니실린, 카나
마이신 등이 유명하다. 항생물질 생산이라는 점에서
흙 속의 방선균(放線菌)류 Actinomycetes, ray
fungi 가 주목되고 있으며 흙 또한 중요한 원료가 된
다.

antibody

항체 (抗體)
생체 내에 들어온 병원균과 같은 이물(항원)에 대해
동물체 속에 본래 갖추어져있는 방어기능으로 만들어
지는 단백질이다. 항원과 특이하게 결합하여 성체(成
體)를 지키는데 이를 면역 immunity 이라고 하며 항
체는 혈청 속에 가장 많이 포함되어 있다. ↔ antigen
항원

anticodon

안티코돈
유전 암호 코돈 codon 과 서로 보완(補完)적 관계에
있는 3가지 염기(鹽基) 배열을 가리킨다.

antidiuretic hormone

항이뇨(抗利尿) 호르몬
→ ADH

antienzyme

항(抗) 효소
실험하는 동물에 효소를 항원(抗原) antigen 으로 주
사했을 때 그 체내에 생성되는 특이 항체를 말하며 일
반적인 항체와 마찬가지로 생체 속 또는 시험관 속에
서 항원인 산소와 결합한다. 그 결과 산소는 구조가 변
하고 촉매 작용이 저하된다.

Dictionary of Biology for studying abroad

항원 (抗原)

항원항체반응 antigen – antibody reaction 을 일으킬 수 있는 물질로 단백질, 다당 polysaccharides, 그리고 그것들의 복합체(複合體), 지질과의 복합체(複合體)를 말한다. 사람들을 괴롭히고 있는 꽃가루 알레르기의 항원은 꽃가루이다. → antibody

■ ~ – antibody reaction 항원항체반응
생물체, 특히 동물은 자기와 다른 이물질(물질이나 생물체)을 구별하는 기능을 가지고 있으며, 한번 이물질이 체내에 들어오면 그것에 대하여 항체 antibody 를 만들어낸다. 그 다음 똑같은 이물질이 다시 몸 안으로 들어왔을 때에 일어나는 반응이 항체반응이다. 증상이 없는 경우도 있으나 발진, 발열을 동반하는 경우도 있다. 병원균에 대해서도 존재하는 반응으로 한 번 걸리면 다시 걸리지 않는 것도 있으며 이것은 항원항체반응이 생물에게 유익하게 작용하는 경우인 것으로 이럴 경우 면역 immunity 이 생겼다고 한다. 근래에 들어 장기이식이 활발하게 이루어지고 있는데, 이때 가장 큰 문제는 다른 사람의 장기(臟器)가 자기의 것에 대해 이물질이 되어 항원항체반응의 원인이 되면서 거부반응 rejection 이 일어나기 쉽다는 것이다.

방부제 (防腐劑)

물질의 부패를 억제하는 효과를 갖는 약제(藥劑)로 보존을 목적으로 방부하기 위해서 첨가하는 약제이다.

항문 (肛門)

소화관이 직접 몸밖으로 열리는 곳으로 척추동물에서는 포유류 소화기(消化器) 끝의 개구부(開口部)이다.

대동맥 (大動脈)

척추동물의 몸 각부분에 분포하는 동맥의 근간이 되는 큰 동맥을 말한다.

Apanteles glomerata   크로스즈메바치 (학명)
검은 말벌

aphid
진딧물
화초, 채소 등에 많이 모여 있는 진디를 말한다.

apical meristem
정단 (頂端) 분열 조직
식물체의 수직방향으로 세포증식을 반복하며 신장(伸
張)과 성장을 촉진하는 조직이다 ↔ lateral meris-
tem 측분 분열 조직

Apis mellifera   **꿀벌 (학명)**

appendix
충수 (蟲垂)
포유류의 맹장 caecum 끝 부분에 있는 림프 lymph
계 기관으로 초식동물에는 발달 되어 있으나 인간이나
유인원에서는 쪼그라들어 있어 충수돌기라고 한다.

aquarium
수조 (水槽)
어류를 사육하는 곳으로 수족관이라고도 한다.

aquatic
수생 (水生)의
물 속에서 태어나거나 또는 수중생활을 하는 것이다.
↔ terrestrial 육생의

■ ~ adaptations 수중적응
수중생활에 적응하여 진화하면서 현재까지에 이른 생
물로 강이나 호수, 바다에서 생활하는 생물은 모두 수
중적응을 하고 있다.

aqueous humour
수양액 (水樣液)
안구의 각막 cornea 이나 수정체(水晶體) lens 사이에
있는 액체를 말한다.

arachnids

거미류
절지동물 문(門)arthropods 아래의 강(綱)으로, 거미, 진드기, 전갈 등이 이에 속한다.

arboreal

수상성 (樹上性)
생활 근거지가 나무 위인 것으로 삼림(森林)은 먹이가 풍부하고 숨을 곳이 많으며 기후도 안정되어 있어 많은 종류의 생물이 생육한다.

Archimedes force

아르키메데스의 힘 (부력)
아르키메데스가 발견한 힘으로 물 속의 물체는 그 물체의 체적(體積)과 같은 체적의 물에서 같은 힘을 받는 것을 말하며, 이 힘에 의해 수중 물체는 가벼워진다.

arteriole

소동맥 (小動脈)
대동맥이외의 동맥을 말한다. ↔ venule 세정맥, 소정맥

artery

동맥 (動脈)
많은 산소와 결합한 헤모글로빈(산소헤모글로빈)이 흐르는 혈관(血管)이다. 단 폐동맥 pulmonary artery 을 흐르는 것은 산소헤모글로빈이 적은 정맥혈이며 폐로부터 장(臟)으로 산소헤모글로빈이 많은 혈액을 운반하는 것은 폐정맥 pulmonary vein 이다.
→ 화보 그림 5

arthritis

관절염 (關節炎)
관절이 손상을 받아 염증을 일으키는 아픈 증상.

arthropods

절지동물
무척추동물에 속하고 몸은 좌우 대칭 bilateral symmetry 이며 명료한 체절(體節)모양을 보인다. 몸 표면은 보통 단단한 큐티클 cuticle 로 덮여 있다. 담수, 해

수에서 생육하는 것에서부터 육생의 것까지 종류가 다양하다.

artificial

인위의, 인위적인

- ~ parthenogenesis 인공단위생식(人工單爲生殖)
미(未)수정란에 인위적으로 자극을 주어 발생시키는 것으로 성게의 미수정란에 물리적이나 화학적으로 자극을 주어 발생시키는 것이 한 예이다.

- ~ propagation 인공생식(人工生殖)
인위적으로 개체를 늘리는 것으로 식물에서의 가지치기 cutting, 접목 grating 등이 해당된다. 무성(無性)적인 영양체 생식 vegetative propagation 이기노 하다.

- ~ selection 인위선택
인위도태라고도 한다. 농업이나 축산의 경우, 인간에게 유용한 형질을 갖는 개체를 선택하여 자손을 계속 늘려 품종을 개량(改良)하는 것이다.

Ascomycota

자낭균류 (子囊菌類)
자낭 ascus 을 만드는 균류(菌類)로 1950속(屬)에서 15,000종(種)이 있다고 한다. 단세포 효모 균류 yeast 를 제외한 영양체는 균사(菌絲)이다.

ascospore

자낭(子囊) 포자, 자낭 홀씨
자낭균류 Ascomycota 의 씨주머니 속에 생기는 포자를 말한다.

ascus

자낭 (子囊)
자낭균류의 유성생식 sexual reproduction 으로 생기는 주머니 모양 기관으로 속에 8개의 자낭포 ascospore 가 있다.

asellus

물벌레
등각류 Homopoda 에 속하는 무척추동물이다.

aseptic surgery　　무균 (無菌) 수술
수술용 기구를 고압멸균기로 멸균(滅菌) 시킨 후 하는
수술을 말한다.

asexual reproduction　　무성생식 (無性生殖)
수정(受精)이나 수분(受粉)을 하지 않는 생식으로 단
세포생물 unicellular organism 의 2분열이나 출아
budding, 포자 spores 의 산포(散布) 등으로 자손을
증식하는 방법을 가리킨다. 무성생식에서는 다음세대
는 앞세대와 완전히 똑같은 유전형질이 보존된다. 고
등동물의 영양체 생식 vegetative propagation 도 무
성생식이다.

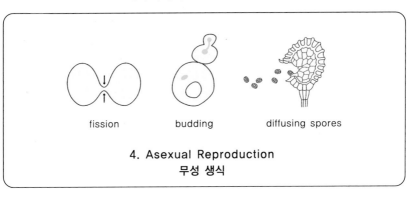

fission　　budding　　diffusing spores

4. Asexual Reproduction
무성 생식

asphyxia　　가사 (假死), 기절, 질식
외관상 생체 기능이 정지하고 있으나 다시 소생할 수
있는 상태를 말한다.

assimilation　　동화 (同化)
신진대사(新陳代謝) metabolism 의 일부로, 생물체가
외부로부터 섭취한 물질을 체내의 화학 변화를 통해
자기 몸에 유용한 화합물로 바꾸어 세포의 원형질
protoplasm 에 쌓이게 되며, 이것이 생물체 organ-
ism 를 유지하는 에너지원이 된다.

atactostele

부제 (不齊) 중심주
외떡잎류 monocotyledons 의 중심주(中心柱)이다.
→ central cylinder, stele

atheroma

분류 (粉瘤)
지방분이 풍부한 가느다란 입자로 관동맥(冠動脈)
coronary artery 에 부착되어 심장발작(심근경색)의
원인이 된다. 과도한 음주, 스트레스, 지나친 지방분
섭취를 하게되면 생긴다.

atom

원자 (原子)
물질을 잘게 쪼개었을 때의 가장 작은 입자로 더 이상
나눌 수 없는 물질이며, 원자의 종류가 원소(元素)이
다. 예를 들면 물(H_2O)은 수소원자(H) 2개와 산소원
자(O) 1개로 이루어져 있다.

ATP

아데노신 3 인산
→ adenosine triphosphate

ATPase

ATP 아제
ATP를 가수분해(加水分解) 하는 효소이다.

atrium

심방(心房)
몸 속을 순환한 혈액을 심실(心室)로 보내는 기능을
가지며 심장 속의 한 부분.

auditory

귀의, 청각의 → 그림 9, p.106

- ~ centre 청각중추
대뇌피질에 있는 청각중추.

- ~ nerve 내이(內耳)신경, 청(聽)신경
달팽이관 cochlea 의 청각(聽覺)세포와 연결되는 신경
으로 소리를 대뇌에 전달한다.

- ~ ossicle 청소골(聽小骨), 이소골(耳小骨)

소리를 외이(外耳)로부터 내이(內耳)로 전달하는 작은 뼈를 말한다.

auricle

심방(心房)
심장의 심방 atrium 을 뜻할 때와 귓바퀴를 뜻할 때도 있다. → 그림 15, p. 141

autoclave

오토클레이브
고압(高壓) 멸균솥이라고도 한다. 액체나 실험기구를 멸균하는 장치로 물은 섭씨 100 도에서 비등(沸騰)하지만 고압 하에서는 비등점이 더 높아지는 원리를 응용하고 있다. 물리, 화학 분야에서는 내압(耐壓) 솥, 고압솥이라고 부른다.

autoradiography

자기방사법 (自己放射法)
방사선자동사진법이라고도 하고 생체에 들어온 물질이 어떤 조직이나 세포에 쓰이는가를 조사하는 방법이다. 방사성 동위원소 radioisotope, 또는 그것을 화합물 속에 포함하는 물질을 생체에 침투시켜 조직이나 세포의 어느 부위에서 방사선이 나오는가를 조사한다. 조직을 얇은 조각으로 만들어 유제(乳劑)를 가하면 방사선이 닿은 곳이 빛을 느끼는 것을 이용한다. 광학 현미경 뿐만 아니라 전자 현미경 수준에서도 사용된다.

autosome

상(常) 염색체
성(性)염색체 sex chromosome 이외의 염색체이다.

autotrophic

독립영양의
생명이 유지, 성장하기 위한 에너지원을 생물체 자신이 합성하는 것으로 구체적으로는 태양의 빛에너지를 이용해서 유기물(포도당)을 합성할 수 있는 녹색식물을 가리킨다. 광합성을 하는 세균도 존재한다. 독립영양 생물에서는 외계로부터 들어온 물질은 모두 무기물이다. ↔ heterotrophic 종속영양의, 유기영양의

auxin

옥신

식물 호르몬의 하나로 천연옥신과 합성옥신이 있다. 미량으로 식물의 세포분열이나 성장을 촉진시킨다. 일반적으로 농도가 낮을 때 촉진되고 높을 때 억제하는 작용을 한다.

aves

조류(鳥類)

온혈, 난생이며 몸은 깃털로 덮이고 날개가 있다.

axil

엽액 (葉腋)

식물의 가지나 줄기에 잎이 붙은 자리를 말한다.

axillary bud

액아 (腋芽)

곁눈 lateral bud 의 하나로 엽액 axil 에 형성되는 경우가 많다.

axon

축색 (軸索)

뉴우런(신경단위)의 구성요소로 신경세포체 cell body 로부터 나온 자극을 전달하는 돌기 부분이다.

bacillus

간균 (桿菌)
막대모양이나 원통형 세균의 총칭으로 형태상 지어진 이름이다. → 그림 5, p. 48

backcross

역(逆) 교배
교잡 hybridization 에 의해 만들어진 잡종과 그 양친 중의 어느 한 쪽과의 교배를 가리킨다. 이때 양친은 교잡에서 쓰인 것과 동일체가 아니어도 되며, 동일 계통의 동일 유전자형을 가지면 더 좋다. 열성 형질의 양친과의 역교배는 검정교배 test cross, check cross 라고 한다. 이것은 검정하는 개체에서 생기는 배우자의 유전자형 genotype 의 분리비가 그대로 표현형 phenotype 의 분리비로 나타나기 때문이다.

bacteria

박테리아, 세균
단세포생물로 폭은 0.2~10㎛(1㎛는 1㎜의 1000분의1)이며 세포 바깥 쪽에 세포벽 cell wall 이 있다.

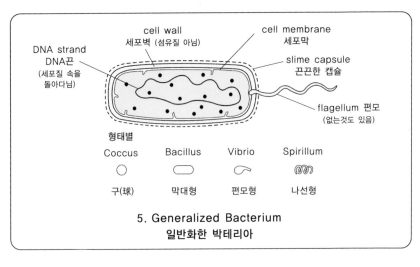

5. Generalized Bacterium
일반화한 박테리아

bacteriophage   세균 바이러스

박테리아에 기생하여 증식하는 바이러스 virus 로 파지 phage 또는 세균 바이러스라고도 한다.

balanced

안정된

- ~ diet 균형식

균형잡힌 식사를 말한다.

- ~ polymorphism 평형다형(平衡多形)

유전적 다형(generic polymorphism)의 일종으로 집단 내에서 항구적으로 보존되는 것이다.

bar chart

막대그래프 (bar graph)

수량을 막대의 길이로 나타낸 그래프이다.

bark

나무 껍질, 수피 (樹皮)

줄기의 코르크 cork 형성층 보다 바깥쪽에 있는 조직으로 코르크 조직이 형성되면 고사(枯死)되어 벗겨진다. 줄기의 비대(肥大) 성장으로 터져 잠시 표면에 부착되어 있으며 그 균열 방식은 나무에 따라 다르다. 비늘모양이나 띠 모양으로 된 것이 있다.

basal body

기저소체 (基底小體)

섬모 cilia 나 편모 flagellum 의 기부(基部)에 있는 구조체로 전자현미경으로 구조 뿐 아니라 기능적인 면도 밝혀지고 있다.

basidiomycota

담자균류 (擔子菌類)

담자기 basidium 를 만드는 균류로 곰팡이균, 목이버섯, 송이버섯, 표고버섯 등이 있다.

beak

부리

육식 조류의 주둥이 부분이다.

beer

맥주

Dictionary of Biology for studying abroad

원료인 보리를 맥주 효모로 양조(釀造)한 것으로 발효
성 알코올 음료이다.

behavior **행동**
동물의 여러 가지 움직임을 뜻한다.

Benedict's solution **베네딕트 용액**
환원당 reducing sugar 의 시약(試藥)으로 환원당과
반응하여 오렌지색이 된다. 뷰렛 반응 Biuret test 에
쓰이는 수용액이다. → Biuret test 뷰렛반응

beri beri **각기 (脚氣)**
근육이 약해지는 영양장애로 비타민 B_1부족이 원인

berry **액과 (液果)**
습과(濕果)라고도 한다. 딸기 등이 있다.

bicarbonate **탄산수소염**
탄산수소이온 (HCO_3^-)을 포함한 염(鹽)으로 탄산수
소나트륨 ($NaHCO_3$)등이 있다.

biceps **이두근(二頭筋)**
근두(筋頭)가 두 개 있는 근육으로 상완(上腕)이두근
이 좋은 예이다.

biennial plant **2년생 식물**
1년째에는 뿌리가 땅 속에서 커지고 2년째에 꽃이 피
고 열매를 맺는 식물로 대부분의 근엽(根葉)이 여기에
해당된다.

bilateral symmetry **좌우대칭**
하나의 평면(정가운데 면)에 대해 몸의 좌우 각 부분
의 크기나 형태가 똑같은 것을 말한다.

bile

담즙, 쓸개즙
척추동물의 간 liver 에서 만들어지는 소화액으로 알칼리성이다. 지방을 유화하여 효소 enzyme 기능을 돕는다.

- ~ pigments 담즙색소
체내 헤모글로빈 대사산물로 간 liver 에서 생성되며, 특히 쓸개즙 bile 에 포함되어 배설되는 색소다.

- ~ salts 담즙액(담즙색소와 함께 담즙 성분으로 되어 있다) 염이다.

bimetal

바이메탈
원래 이중금속이라는 뜻이며 열팽창율이 서로 다른 금속판을 마주 댄 것으로 주변의 온도가 상승하면 열팽창율의 차(差)에 의해 열팽창율이 낮은 쪽을 안쪽으로 하여 바이메탈은 원호(圓弧)모양으로 구부러진다. 이 현상을 전기 스위치에 이용하면 온도를 제어할 수 있다. 간편한 온도 제어기의 재료로써 열대어의 수조(水槽), 다리미, 전기 프라이팬 등에 널리 쓰이고 있다.

binary fission

2분열
무성생식(無性生殖)의 하나로 하등 단세포 생물 unicellular organism 이 분열하여 같은 크기의 두 개체가 되는 것이다.

binocular vision

양안 시각
인간 및 동물의 좌우 시각으로 대뇌에서 합성한다.

binomial nomenclature

이명법(二命法)
생물 분류학상 이명법 체계로 명칭을 붙이는 것이다.

binomial system

이명법 (二命法) 체계
생물계의 분류 체계의 하나로서 속(屬)의 이름(속명) 다음에 종(種)의 이름(종명)을 써서 생물의 종을 나타

Dictionary of Biology for studying abroad

내는 방법이다. 생물을 분류할 때 종 species 을 분류
기준으로 삼는다. 1758년 스웨덴의 식물학자 C. 린네
가 처음 만들어낸 방법으로, 오늘날 모든 동물과 식물
의 학명은 이 방법에 따라 붙여지고 있다. 속명(屬名)
은 고유 명사를 쓰고, 종명(種名)은 보통 명사나 형용
사를 쓰고 라틴어로 쓴다.

biogas
: **바이오 가스**
생물 잔해가 분해되면서 생기는 메탄가스를 말한다.

biological control
: **생물학적 통제**
곤충 등을 인간에게 유용하게 작용시키는 것이다.

biomass
: **생물량**
어떤 지역 내에서 생존하는 생물의 현존량을 나타낸
다.

biome
: **생물군계 (生物群系)**
기후조건에 의해 구분되는 생활대(툰드라, 사바나, 열
대우림 등) life zone 에 존재하는 생물의 군집
community 단위이다.

biosphere
: **생활권**
지구상에서 생물이 생활하고 있는 장소 전체를 말하며
생물권이라고도 한다.

biota
: **생물상 (生物相)**
식물상 flora 과 동물상 fauna 을 합친 것으로 일정한
장소 즉, 동일한 환경이라든지 동일한 지리적 환경에
서 생기는 모든 종류의 생물을 말하며 미생물상(微生
物相)을 구분할 수도 있다.

biotechnology
: **생물공학, 생명공학**
미생물의 힘을 인간에게 유용한 목적에 응용하는 학문

으로 공해가 없다는 점에서 주목받고 있다. 발효 fermentation 를 이용한 와인 치즈 요구르트 등의 제조는 옛날부터 미생물을 이용해 왔던 좋은 예이다. 근래에는 하수 정화나 항생물질 antibiotics 생산, 단백질이 풍부한 식품 생산 등에 생물 공학적 방법이 쓰이고 있다.

biotic factor

생물적 인자 (因子)
생물 A가 다른 생물 B에 대해 형성하는 생물적 환경 biotic environment 을 생각했을 때, 생물 A가 만드는 환경이 생물 B에 미치는 직접적, 간접적 영향이다.

biped

두발 짐승, 두발의
보통 인간을 말한다.

birth rate

출생률 (出生率)
단위 시간 내 개체수의 증가를 나타내는 수치로 인간의 경우는 인구 1000명당으로 나타내는 경우가 많다. 사산(死産)을 포함하는 경우 출산율(出産率)이라고 한다.

Biuret test

뷰렛 시험
단백질, 펩티드(단백질 기본 구성단위)의 유무(有無)를 조사하는 시험으로 알칼리성인 베네딕트 용액을 이용한다. 단백질이나 펩티드가 존재하면 청색에서 붉은 보라색으로 변한다.

bivalent chromosomes

2가(價) 염색체
대합(對合)한 염색체 즉, 감수분열 meiosis 에서 상동 염색체 homologous chromosome 가 정렬한 채 대합(對合)하여 형성되는 염색체이다.

blackberry

흑딸기

bladder

방광 (膀胱)
kidney 에서 생긴 뇨(尿) urine 를 축적하는 기관이다.

blast filber

인피 (靭皮)섬유
사관부(篩管部)섬유 phloem fiber 와 피층(皮層)섬유 cortex fiber 를 가리킨다. 겉씨식물, 속씨식물에 넓게 존재하며 구조는 목질부(木質部)섬유 xylem fiber 와 같으나 긴 것이 많다.

blastomere

할구 (割球)
→ cleavage

blastula

포배 (胞胚)
다세포 동물 초기 발생에 있어 수정란의 난할(卵割) cleavage 다음 단계를 말하고 배아 내부에는 난할강 (卵割腔)이 생긴다.

blind spot

맹점 (盲點), 맹반 (盲斑)
안구의 망막 retina 에 뇌에서 나온 시신경이 통과하는 부분으로 이 부분에는 빛을 느끼는 신경세포가 없기 때문에 상(像)을 볼 수 없다. 안구에 1개 있으며, 맹점이 있는 것은 Mariotte 실험으로 혼자서도 쉽게 알 수 있다.

blinking reflex

눈꺼풀의 반사 (反射)
눈에 있는 3개의 방어적 반사의 하나로 머리위로 올라오는 것과 같은 사물을 보면 순간적으로 눈을 감는 것이다.

blood

혈액 (血液)
동물의 체내를 순환하는 체액(體液)으로 척추동물의 혈액은 유형성분인 적혈구 erthrocyte, 백혈구 leucocyte, 식세포 phagocyte, 혈소판 thrombocyte 과 액체성분인 혈장 blood plasma 으로 구성되어 있다.

- ~ cells 혈액세포

적혈구 erthrocyte, 백혈구 leucocyte, 식세포 phago-
cyte, 혈소판(세포는 아님) thrombocyte 을 말한다.

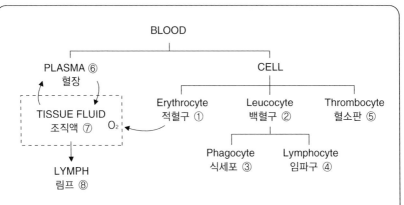

BLOOD

PLASMA ⑥
혈장

TISSUE FLUID
조직액 ⑦   O₂

LYMPH
림프 ⑧

CELL

Erythrocyte
적혈구 ①

Leucocyte
백혈구 ②

Thrombocyte
혈소판 ⑤

Phagocyte
식세포 ③

Lymphocyte
임파구 ④

① red corpuscle 이라고도 하며 O₂의 운반에 종사. ② white corpuscle 이라고도
하며 '방어'(defence)의 역할. ③ 침입자들 (invaders)을 먹어 치운다. ④ 항체
(antibody)를 만든다. ⑤ platelet 이라고도 하며 혈액 응고(clotting)에 종사. ⑥ 혈액
의 액체부. ⑦ 세포를 적시는 무색의 영양 공급(nutritive) 매개체. ⑧ 임파계의 액체.

6. Constitution of Blood
혈액의 구성

- ~ clot 혈병(血餠)

혈액이 혈관 밖으로 나오거나 혈액 순환이 멈춘 경우
에 생기는 암적색 덩어리로 blood cake 라고도 한다.

- ~ clotting 혈액 응고

혈액이 체외에서 굳는 현상으로 부상을 당했을 때 다
량의 출혈과 균의 침입을 막는다.

- ~ clumping 혈액 응집반응

혈액형이 다른 혈액을 섞으면 항원 항체 반응
antigen-antibody reaction 에 의해 적혈구끼리 모여
응집 agglutination 되는 것이다. 혈액형 판정은 이
원리를 이용한 것이고 또한 모체와 태아의 혈액형이
적합하지 않을 때에도 생긴다. 수혈을 할 때는 이 응집

반응이 일어나지 않도록 세심한 주의를 기울여야 한다.

■ ~ group 혈액형

1931년 Landstiner가 사람의 혈액 blood 을 A, B, C로 분류했다(이것이 현재의 ABO식 혈액형). 다른 동물의 응집소와의 반응에 의한 분류로, 그 밖에 Rh식, MN식등 여러 가지 혈액형이 있다.

■ ~ plasma 혈장(血漿)

혈액 속의 액체 부분으로 혈액에서 적혈구 erthrocyte 와 같은 유형 성분을 없앤 것이다. 채혈 후 금방 혈액 응고를 방지하는 물질을 넣거나 저온에 두어 방치하거나 원심분리하면 생기는 것(상층액)이 혈장이다.

■ ~ pressure 혈압(血壓)

닫힌 혈관계의 경우 심장에서 혈액이 보내지면 혈관벽에 압력이 생긴다. 이 압력이 혈압이고 일반적으로 혈압이라고 하면 동맥 혈압을 가리킨다. 심장에서 멀어지수록 혈압은 낮아진다.

■ ~ proteins 혈액 단백질

혈액(혈구＋혈장)의 주성분인 단백질로 피브리노겐 fibrinogen, 알부민 albumin, 글로불린 globulin 등이 있다.

■ ~ sugar 혈당(血糖)

혈액 속에 있는 당분(glucose)으로 신체 모든 조직의 세포 에너지원이다. 고등동물에서는 항상성 homeostasis 에 의해 혈당치(단위 혈액량 당(當) 포함되는 당의 양)는 일정하게 유지된다. 사람의 혈당은 100 ml당 80~100mg이다.

■ ~ systems 혈액계

동물이 생명을 유지하기 위한 혈액 수송 기능을 가리킨다. 혈액계의 기능은 영양분·효소·호르몬 수송, 백혈구 leucocyte 에 의한 병원균 등의 이물질 제거, 출혈 시(時) 응고작용, 세포 배설물인 이산화탄소 수송(세포→폐), 체온 전도 등을 들 수 있다.

■ ~ transfusion 수혈(輸血)

출혈 과다일 때 다른 개체의 혈액을 체내로 보충하는
것. 수혈을 하는 사람 giver 과 수혈을 받는 사람
donor 은 혈액형이 기본적으로 같아야 한다. ABO형,
Rh형은 가장 중요한 요소이다.

bone　　　　뼈

척추동물의 내골격 endoskeleton 을 구성하는 구성요
소이며 골조직으로 구성된다. 연골 cartilage 과 구분
하기 위해 경골(硬骨)이라고 부르는 경우도 있다.

■ ~ marrow 골수(骨髓)

뼈 내부에 있는 부드러운 조직으로 적혈구 erythro-
cyte, 백혈구 leucocyte, 혈소판 thrombocyte 을 형
성한다. 조혈(造血)작용(피를 만듦)을 담당하는 골수
를 적색골수 red marrow 라고 한다. 일부 골수에서는
조혈세포가 지방세포로 교체되어 조혈이 정지 되기도
하는데 이것을 황색골수 yellow marrow 라고 한다.
→ marrow

Bowman's capsule　　　보먼 주머니

신장의 골지체에 있으며 모세혈관에서 뇨(尿) urine
를 걸러 세뇨관에 보내는 기능을 갖는다.

brachiation　　　팔동작, 브래키에이션

영장류가 양손, 양발로 나무 위를 자유롭게 이동하는 것
을 말한다.

brain　　　뇌

신경세포가 모여 몸의 신경작용을 지배하는 데 있어
중심이 되는 부분으로, 머리 부분에 있다. 대뇌
cerebrum, 중뇌 mesencephalon, 간뇌 interbrain,
소뇌 cerebellum, 연수 medulla oblongata 로 구성
된다. → 화보 그림 3

■ ~ death 뇌사
장기 이식의 발달과 함께 일반화되어 온 말로 뇌간의 전자(電磁)활동이 정지한 (뇌파가 정지한) 상태이다. 종래의 사망이라는 진단은 호흡정지, 동공확대, 심장 정지의 3 가지 조건이 갖추어진 상태에서 이루어지고 있다. 장기이식 기증자로부터 장기를 적출(摘出)하는 시점을 결정하는 데 있어 뇌사가 논의되고 있다.

■ ~ stem 뇌간(腦幹)
뇌에서 대뇌반구와 소뇌를 제외한 나머지 부분을 가리키며 무의식적인 모든 활동 즉, 반사적인 운동이나 내장 운동과 같은 활동을 담당한다.

bran
겨
우리가 음식으로 먹는 쌀이나 보리 종자의 배유 endosperm 를 덮은 부분이다.

breathalyser
브레스라이저
날숨의 알코올 량을 측정하는 기구이다.

breathing centre
호흡중추
CO_2에 반응하여 호흡작용을 조절하며 간뇌 medulla oblongata에 있다.

breathing rate
호흡율
사람의 1분간 호흡량이며 혈액 속의 CO_2농도가 상승하면 증가한다.

breeding
(1) 육종 (2) 번식
(1) 육종 : 인간에게 유용하도록 동·식물의 유전적 성질을 개량하는 것이다.
(2) 번식 : 동물이 번식, 산란, 출산, 육아 등을 하여 개체나 종족 유지를 하는 것과 식물이 수분, 결실, 종자살포 등에 의해 개체와 개체군을 재생산 하는 것이다.

■ ~ barrier 교잡(交雜) 상의 장벽
커다란 산맥 등이 본래 동일종인 생물간 교잡 hybridization 을 방해하여 산맥을 끼고 생식하는 생물간 유전자 genes 혼합에 장벽이 되는 것이다.

■ ~ season 번식기
동물이 1년 중 번식행동을 하는 시기로 광주성 pho-toperiodism 과 관계가 있다.

■ selective ~ 선발육종(選拔育種)
인간이 어떤 동물(가축, 애완동물 등)이나 식물(곡류, 야채, 과실 등)가운데서 인간에게 유익한 형질을 갖는 개체를 선택하여 재배하거나 번식하는 것이다.

brewing

양조 (釀造)
본래는 미생물 작용을 이용하여 알코올 음료를 만드는 것을 의미하는 말이나 지금은 미생물의 힘을 이용해서 된장·간장 등의 식품이나 효모·알코올·초(酢) 등의 식품 이외의 물질을 만드는 것도 가리킨다.

bronchioles

세(細)기관지
기관지 bronchus 가 가늘게 나뉘어져 있는 부분이다.

bronchitis

기관지염
감기로 기도(氣道)의 염증(세균이나 바이러스가 원인)이 기관지 bronchus 에 생기는 증상이다.

bronchus

기관지
공기 호흡을 하는 척추동물에서 기관 trachea 과 폐 lung 를 연결하는 모든 관이다. → 그림 22, p. 235

Bryophyta

선태(蘚苔) 식물, 이끼류
분류상 녹조식물과 지의(地衣)식물 중간에 위치한다. 인간의 눈에 띄는 식물체는 핵상이 n인 엽상체(葉狀體) thallus 또는 경엽체(莖葉體)이며 이끼류의 본체

(포자체)가 핵상이 2n인 것과 대조적이다. 이끼류의 포자체 sporophyte 는 암그루 위에 생기나 눈에 띄지 않는다. 본체는 엽상체라고 불리는 배우체(핵상n)이고 암그루와 숫그루가 있다. → Pteridophyta 이끼류, nuclear phase 핵상

buccal cavity

구강 (口腔)
입 안의 빈 곳.

bud

싹
형태적, 생리적인 면에서 여러 가지 종류로 나뉘는데 꽃이 되는 싹은 꽃의 싹 flower bud이다.

budding

출아, 출아법
하등(下等)한 다세포생물과 단세포생물의 무성생식(無性生殖) asexual reproduction 중의 하나이며 효모균 yeast 등에서 볼 수 있다. 조상에 해당되는 세포(생물)로부터 싹이 나오도록 작은 세포(생물)가 만들어져 그것이 계속적으로 이루어짐으로써 번식한다.

bulb

구근 (球根), 인경 (鱗莖)
지하줄기의 일종으로 잎, 줄기, 뿌리 등이 양분을 저장하기 위하여 특별히 비대되어 마치 뿌리부분에서 조직처럼 보이는 형태로 발달된 뿌리의 한 기관으로 백합, 튜울립, 양파 등이 해당된다.

buoyancy

부력 (浮力)
기체나 액체 속에 있는 물체가 그 표면에 작용하는 압력에 의해서 중력에 대하여 반대 방향의 힘이다. 일반적으로 물체는 그 주변의 물질(물이나 공기)과 같은 체적 분(分)의 무게만큼 가벼워진다. 담수와 해수에서는 부력의 크기가 다르다(해수 쪽이 크다). 또 공기 속에서도 대기에 의한 부력이 엄연히 존재한다. 열기구 또한 공기의 부력을 이용한 것이다.

burdock

우엉
식용(食用), 약(藥)으로 사용한다.

burrow

은신처
토끼 등이 땅에 파놓은 구멍이다.

butter

버터
우유에서 지방(동물성 지방)을 모아 만든 식품이고 마 가린은 식물성 지방을 이용해서 만들며 버터와 색·성 질이 비슷하다.

C4 photosynthesis
C4 광합성
C4 식물(C4 plant)의 탄소고정을 말한다. 엽육(葉肉)세포에서는 이산화탄소 고정만을 하고 유관속(維管束) 주위의 세포에서 유기물을 만든다. 이산화탄소 흡수와 포도당 생성이 따로 이루어지는 것이 특징이다. 이산화탄소 고정하는 회로를 C4 회로 C4 cycle 라고 한다.

C4 plant
C4 식물
C4 회로에 의해 탄소고정을 하는 식물로 조류 algae 와 수목에는 없고 외떡잎식물과 쌍떡잎식물에서 볼 수 있다. → C4 photosynthesis

caecum
맹장
척추동물에 있어 소장에서 대장으로 이동하는 부분에 있는 1~2개의 맹낭(盲囊)으로 종류에 따라 발달정도가 다르다. 포유류 중에서 초식동물의 맹장은 잘 발달되어 있으며 인간이나 유인원에는 맹장 끝에 충수(蟲垂)라고 하는 작은 돌기가 있다.

calcitonin
칼시토닌
어류 · 양서류 · 파충류 · 조류의 부갑상선 parathyroid 에 있는 내분비성 세포 덩어리나 포유류의 갑상선 thyroid gland C세포(calcium containing cells)에서 분비되는 호르몬이다. 뼈에서 나오는 칼슘이나 인산 흡수를 억제한다(부갑상선 호르몬이나 비타민A, D는 반대작용을 가지고 칼시토닌과 길항(拮抗)적으로 작용한다).

calcium
칼슘
금속원소이지만 자연계에서는 여러 가지 화합물로 존재한다. 탄산칼슘($CaCO_3$), 염화칼슘($CaCl_2$), 수산화칼슘($Ca(OH)_2$) 등이 있다.

■ ~ phosphate 인산 칼슘

칼슘이온과 인산이온이 결합해서 생긴 염(鹽)의 일종이다. 인회석(燐灰石)으로서 천연적으로 생성되는 수소를 포함하지 않는 인산 3 칼슘은 식물 성장에 없어서는 안 되는 비료이다. 이 밖에 인산수소칼슘(수소를 1개 가지고 있다)과 인산2수소칼슘(수소를 2개 가지고 있다)이 있다.

callus

켈러스

조직배양 tissue culture 에서 형성된 정해진 형태가 없는 조직으로 미분화된 세포의 집합체이다.

calorie

칼로리

열량의 단위로 1기압 하에서 1g의 물 온도를 1도 상승시키는 열량이 1 cal이며 영양학(營養學)에서는 kcal를 Cal로 표시한다.

calorimeter

열량계

음식물을 비롯하여 여러 가지 물질이 갖는 열량(에너지)을 측정하는 기구이다. 측정하려고 하는 물질을 연소시켜 그 연소(燃燒) 열에 의한 수온 상승을 측정하여 열량을 계산한다. 물질의 비열을 측정하는 경우에도 사용된다.

Calvin cycle

캘빈 회로

미국의 물리화학자 겸 생화학자인 캘빈에 의해 해명되었다. 광합성 photosynthesis 에 있어서의 이산화탄소 고정(固定)회로를 가리킨다.

calyx

꽃받침

꽃의 가장 바깥에 생기는 잎들로 이 잎의 하나를 악편 sepal 이라고 한다. 악편은 기부(基部)에서 합쳐지기도 하고 끝 부분까지 합쳐지기도 한다.

cambium 형성층

줄기나 뿌리의 목질부(木質部) xylem 와 사관부(篩管部) phloem 사이에 있는 분열 세포층이다. 접선분열(수층분열 anticlinal division)을 하여 내부에 2차 목질부 secondary xylem 를, 외부에 2차 사관부 secondary phloem 를 형성한다. 2차 비대 성장 secondary thickening growth 을 하는 속씨식물 및 목본(木本) 쌍떡잎식물에 많은 조직이다. 온대에서는 형성층 분열활동에 계절적 소장(消長)이 있기 때문에 목질부(木質部)에 나이테 annual ring 가 생긴다.

camouflage 카무플라쥬, 위장

생물이 몸의 색깔을 생활환경과 비슷하게 하여 식별하기 어렵게 하는 것이다. 학술적으로 보호색 protective coloration, protective color 이라고 한다. 이에 비해 몸이 다른 생물체(먹이가 되기 어려운 것)와 비슷한 형태를 하고 있는 경우를 의태 mimicry, mimesis 라고 한다.

cancellous bone 해면골(海綿骨)

많은 불규칙한 형태의 골수구멍을 해면모양으로 갖고 있는 조직으로 spongy bone 과 같다.

cancer 암

일반적으로 악성 종양을 가리키며, 암종(癌腫), 육종(肉腫), 백혈병 leukemia 이 포함된다. 좁은 뜻으로는 암종(癌腫)을 가리킨다. 암종은 상피성(上皮性) 악성 종양으로 여러 가지 부위에 발생할 수 있다. 인간에게 많은 암은 위암, 자궁암, 유방암, 폐암, 췌장암, 식도암, 직장암, 후두암 등이다. 발생빈도는 유전적 차이, 생활환경, 영양, 생활습관 등에 의해 지배되고 예방법과 치료법은 아직 연구 중에 있다.

canines 송곳니

포유류의 이빨의 일종으로 앞니 incisor 와 어금니 molar 사이에 있으며 원추형으로 끝이 뾰족하다. 육식성 동물에게는 어금니로 발달하는 경우도 있다.

canopy

수관 (樹冠)

나무 위 쪽 잎이 무성한 부분으로 삼림에서는 나무들끼리 서로 빛을 받기 위한 쟁탈전이 벌어지며 옆에 있는 나무의 수관과 겹치는 경우는 없다.

CAPD

체강 투석 (體腔透析)

body cavity dialysis의 약자이다. 신장 kidney 이 나빠져서 투석(반투막으로 용액을 정제함)을 요하는 사람에게 특별한 주머니를 달아서 투석하는 방법으로 환자는 기계에 구애받지 않고 활동할 수 있다.

capillaries

모세관

아주 가느다란 관으로 생물에서는 모세혈관의 뜻으로 쓰이는 경우가 많다. → 그림 17, p. 180

capillarity

모세관 현상

액체 속에 가느다란 관(모세관)을 세우면 관(管) 속의 액체 표면이 관 바깥보다 올라가거나 내려가는 현상이다. 액체가 관을 적실 때(부착력이 크다)는 액체표면이 상승하고 액체가 관을 적시지 않을 때(예를 들면 수은)는 관속의 액체표면은 하강(下降)한다.

carbohydrate

탄수화물 (炭水貨物)

당(糖)과 같은 뜻이며 단당류, 올리고당류, 다당류가 있으며 올리고당류는 단당이 2~10개 결합한 당(糖)의 총칭이다.

carbon

탄소 (炭素)

원소기호는 C로, 유기 화합물 분자의 골격이 되는 긴 고리를 만든다. 생물은 탄소로 이루어져 있다고 해도 과언이 아니다. 탄소로만 이루어진 흑연이나 다이아몬드가 있다. 산소와 잘 결합하여 이산화탄소나 일산화탄소가 된다.

- ~ cycle 탄소순환

- ~ dioxide 이산화탄소

탄소가 완전 연소하여 생기는 기체로 분자식은 CO_2이다. 산소호흡을 하는 모든 생물이 체외로 방출하는 폐(廢)가스이지만 녹색식물이 광합성에서 당(glucose)을 만들 때 중요한 원료가 된다.

- ~ isotope 동위탄소

일반 탄소의 원자량은 12인데 그것과 화학적 성질이 완전히 똑같고 원자량이 무거운 것이다.^{13}C, ^{14}C가 잘 알려져 있으며 이들 화합물을 생물체에 섭취시켜 방사선이 나오는 곳을 조사함으로써 체내에서의 물질의 기능을 알 수 있다.

- ~ monoxide 일산화탄소

탄소가 불완전 연소할 때 생기는 화합물이다. 다른 것으로부터 산소를 빼앗는 힘(환원력)이 있다. 유독가스이며 헤모글로빈과 결합하는 힘은 산소의 10배정도 된다. 일산화탄소 중독으로 생명을 잃는 사람이 끊이지 않는 이유는 이처럼 결합력이 강하기 때문이다.

carboxyhemoglobin   산화탄소헤모글로빈

일산화탄소와 헤모글로빈이 결합한 물질로 산소헤모글로빈 oxyhemoglobin 보다 안정된 화합물이다.

cardiac cycle   심박주기

심장이 확장 diastrole 과 수축 systole 이 반복하는 주기이다.

caries   카리에스

뼈의 영양장애로 만성 염증(결핵에 의한 것이 많다) 등이 원인이 되어 골조직 붕괴를 가져온다.

carnassial teeth

어금니
육식에 적합한 이 tooth 로 고기를 잡아뜯거나 뼈를 부순다. 학술 용어로는 molar라고 한다.

carnivores

육식동물
동물의 몸을 먹는 동물을 가리킨다. 그 중에서 살아 있는 동물을 죽여서 먹는 성질을 포식성 predatory, 죽은 것을 먹는 성질을 부식성 saprophagous 이라고 한다.

carotid artery

경동맥 (頸動脈)
척추동물의 머리로 가는 동맥으로 외경동맥과 내경동맥이 있다. → 화보 그림 5

carpel

심피 (心皮)
종자식물의 암술 pistil 을 구성하는, 특수한 분화를 한 잎이다. 속씨식물에는 암술머리 stigma, 암술대 style, 씨방 ovary 으로 구성된다.

carrier

운반체, 보균자
특수한 염색체, 예를 들면 혈우병의 유전자 genes 를 갖는 Y염색체나 질병 감염자 즉, 발병은 하지 않았으나 감염력을 가진 사람에 대해 쓰는 말이다.

cartilage

연골 (軟骨)
어느 정도의 단단함과 탄력성을 갖는 지지(支持)기관으로, 경골의 끝 부분에 있어 충격을 흡수하는 기능을 갖는 것도 있다.

castration

거세 (去勢)
동물의 수컷 몸에서 고환 testis 을 제거하여 생식 능력을 없애는 것이다.

catabolic

분해적 (分解的)

생물의 여러 가지 대사경로 metabolism pathway 에
있어 해당계(解糖系) glycolysis 와 같이 대사(代謝)
결과 큰 분자에서 작은 분자로 변하는 경우를 말한다.

catabolism

이화(異化) 작용, 분해 대사 (分解 代謝)
생물이 동화 물질(몸에 에너지원으로 들어온 물질)을
분해하여 에너지원을 얻는 것이다.

catalyst

촉매
본래는 화학 용어로 화학 반응을 촉진시키거나 지연시
키는 작용이 있는 물질을 가리킨다 (통상적으로 촉진
하는 작용을 들 수 있다). 이 물질은「있는」것만으로
그 작용을 나타내며 소비되지 않는다. 또 대개 한 종류
의 반응에만 작용한다. 생물체 내에도 많은 촉매(생체
촉매→효소)가 있어 여러 가지 화학반응을 원활하게
하고 있다.

caterpillar

나비 · 나방 따위의 애벌레
여러 종류의 유충 larva 중에서, 누에를 포함하여 누에
처럼 생긴 애벌레를 지칭하는 것으로, 나비 · 나방 등
의 유충이 여기에 속한다.

cattle

축우 (畜牛)
넓은 의미로 가축을 뜻하기도 하나, 보통 소 종류에 속
하는 가축을 말한다.

caustic soda

가성 (苛性) 소다
현재는 대개 수산화나트륨($NaOH$)으로 명칭이 통일
되었다.

cell

세포
세포막 cell membrane (원형질막)으로 둘러싸인 가
장 작은 생명 단위로 보통 반드시 한 개의 핵을 갖는다
(적혈구처럼 성숙한 다음에 핵이 소실되는 세포도 있

다). → 화보 그림 1

■ ~ body (신경)세포체

신경단위인 뉴런 neuron 의 핵 nucleus 이나 세포질 cytoplasm 을 갖는 부분이다. 신경 세포체에는 수상돌기(樹狀突起) dendrite 나 축색돌기(軸索突起) axon 가 붙어 있다.

■ ~ membrane 세포막

세포질막 cytoplasmic membrane 과 같은 의미로, 원형질막이라고도 한다. 원형질 proplasm 주위를 직접 감싸는 막으로 세포의 안과 밖을 구분한다.

■ ~ sap 세포액

세포 속의 액포(液胞) vacuole 를 채우는 액체를 가리키며 염류, 당류, 유기산 이외에 색소, 탄닌, 알카로이드, 단백질 (니코틴 등의 유해색소)등을 녹인다. 식물세포에 쓰이는 말이라 할 수 있다.

■ ~ theory 세포설

모든 생물은 세포로 되어 있다고 해도 좋다. 1838년 독일의 식물학자 슈라이덴이 식물은 모두 세포로 구성되어 있다고 주창하였고 그 이듬해에는 독일의 동물학자 슈안이 동물에 대해서도 같은 주장을 하였다. 양자(兩者)의 설은 19세기에 있어서의 대(大) 발견이라 할 수 있으며 현재 생물학의 기초가 되었다.

■ ~ wall 세포벽

식물세포의 세포막 바깥쪽에 생기는 피막으로 주성분은 셀룰로오스 cellulose 이며 매우 강한 구조를 갖고 있다. 육상식물에 있어서는 개체의 지지(支持) 강도를 높이는 기능을 하고 있어 높이가 수십 미터에 달하는 나무가 존재하는 것도 세포벽이 강하기 때문이다.

cellular respiration   (1) 세포호흡 (2) 내호흡

(1) 세포호흡 : 세포가 산소는 받아들이고 이산화탄소는 방출하는 것(세포 내 산소호흡)인데 넓은 의미로는 유기물로부터 에너지를 얻는 것을 가리키며 무기호흡

(무산소 호흡, 혐기성 호흡 anaerobic respiration, 해당 glycolysis, 발효 fermentation 도 포함)까지도 포함된다.
(2) 내호흡 : 동·식물이 호흡기관에서 가스를 바꾸는 것을 외호흡 external respiration 이라고 부를 때, 몸의 조직 즉 세포에서 이루어지는 호흡을 말한다.

cellulase

섬유분해효소, 셀룰라아제

셀룰로오스 cellulose 분해효소이다. 고등식물, 균류, 세균, 연체동물 등에 분포되어 있으며 반추동물(초식동물)의 위(胃)에는 이것을 분비하는 균이 생식하고 있어 셀룰로오스 cellulose 를 소화시킨다.

cellulose

섬유소, 셀룰로오스

식물이 광합성으로 만든 포도당을 결합하여 생긴 물질로 세포벽 cell wall 을 형성한다. 식물은 포도당 glucose 을 녹말 starch 로 바꿔 세포 속에 축적하는데 포도당의 결합 방식이 녹말과 다른 것이 섬유소이다 (섬유소가 많은 건조한 풀은 소나 말의 먹이 즉, 에너지원이 된다). 인간의 몸에는 섬유소를 분해하는 효소가 없으므로 에너지원이 되지는 못한다. 면(綿)에도 섬유소가 많고 여러 가지 목재에서 만들어지는 종이의 주성분도 역시 섬유소이다. 섬유소는 매우 강한 물질이기 때문에 이것을 주성분으로 만든 건축물은 수 백년이 지나도 보전된다.

cement

시멘트

치아 구조에서 치아와 뼈의 접합 물질. 연골어류(軟骨魚類) 이상에서 치근(齒根)을 덮고 있다. → tooth

central

중심의

■ ~ cylinder 중심주(中心柱)
stele 이라고도 한다. 양치식물 및 종자식물의 뿌리나 줄기의 중심을 세로로 지나는 부분으로 기본조직과 관다발 vascular bundle 을 모아서 하나의 단위조직으로 본 것이다. 그 단면의 구조로부터 원생중심주, 관상중심주, 진정중심주, 부정중심주, 방사중심주, 망상중심주로 분류된다.

- ~ nervous system 중추신경계
신경계는 중추신경계와 말초신경계로 이루어지고 중추신경계는 뇌 brain 와 척수 spinal cord 로 구성된다. 동물의 모든 행동을 지배, 결정하는 곳이다.

centrifuge
원심 분리기
물이 든 물통을 손에 쥐고 원을 그리듯이 팔을 회전시키면 물은 중심으로부터 바깥쪽으로 원심력을 받기 때문에 물통에서 떨어지지 않는다. 이렇게 물체를 회전시키면 바깥 방향으로의 힘을 받는다는 원심력의 원리를 응용하여 용액 속의 물질이나 입자를 분석하거나 분리하는 장치가 원심분리기이다. 원심력은 회전수가 클수록 강해지고 무거운 물질일수록 큰 힘을 받는다.

centriole
중심소체 (中心小體)
중심립 또는 중심자라고도 한다. 광학현미경으로 세포 속에 있는 중심체 (핵 가까이 있으며 세포분열을 할 때 성상체(星狀體)를 만든다) 중앙부에 있는 2개의 소립자로 관찰된 것으로 전자현미경으로 보았을 때 원통형이며 2개의 중심립은 직교하고 있는 것을 알 수 있다.

centromere
동원체
염색체 chromosome 의 특정 구조부위로 방추사가 연결되는 염색체 장소이다. 분열기에는 동원체로부터 방추사가 방추체 spindle, spindle body 의 극을 향해 발달한다.

centrum
추체 (椎體)
추골 vertebrae 이 원반형으로 되어 있는 부분으로 무게에 잘 견딘다. corpus vertebrae 와 같은 뜻이다.

cerebellum

소뇌 (韶腦)
뇌의 일부로 몸 전체 균형을 유지시키는 기능이 있다. 똑바로 걸을 수 있거나 자전거를 타면서 균형을 잘 잡는 것은 소뇌기능 중의 하나이다.

cerebral hemispheres

대뇌반구
대뇌는 좌우 한 쌍의 반구형 부분으로 구성되는데, 그 하나를 가리키는 것이다.

CFCs

→ Chlorofluorocarbons

chaetae

강모 (剛毛)
bristles 라고도 한다. 지렁이의 경우 각 체절에 4쌍 있다.

chalk

분필
칼슘이 주성분으로 된 글 쓰는 도구.

chaparral

지중해성 관목지대

character

형질
유전자의 작용에 의해 생물의 표면에 나타나는 육체적·정신적인 성질을 의미하며 유전자에 의해 유전되나 유전법칙에 따라 나타나지 않는 형질도 많다.

chemical

화학의, 화학적인

■ ~ bond 화학결합
원자나 이온을 결합하는 분자 또는 결정을 형성시키는 원자 사이의 결합으로 결합 방식에는 공유 결합 covalent bond, 이온 결합 ionic bond, 금속 결합 metalic bond 및 배위(配位) 결합 coordinate covalent bond 가 있다.

■ ~ energy 화학에너지

화학결합에 의하여 물질 내에 보존되어 있는 에너지이다. 예를 들면 태양의 빛에너지가 화학에너지로 바뀌는 것이 광합성 생성물인 포도당 glucose 이다.

■ ~ reaction 화학반응
1종 또는 2종 이상의 물질이 그 자신이나 상호 간에 반응하여 원래와는 다른 물질을 생성하는 변화이다. 서로 반응하는 물질을 반응물 reactant, 반응에 의해 생긴 것을 생성물 product 이라고 한다.

chemotaxis

주화성, 화학주성
매질(媒質. 생물을 둘러싸는 물질. 공기나 물) 속 화학물질의 농도 차가 자극이 되어 일어나는 주성 taxis 이다. 곤충세계에서 볼 수 있는 페로몬(이성을 유인하거나 같은 곤충에게 길 안내를 하는 분비물)도 주화성의 기본이 된다.

chemotherapy

화학요법
병의 원인, 특히 병원균에 효과가 있는 화학물질을 사용하여 병을 치료하는 방법이다.

chitin

키틴
질소를 포함하는 다당류 polysaccharides 로 절지동물 arthropods 의 피부, 연체동물의 골격물질, 균류 · 세균의 세포막 물질로 존재한다.

chlorination

염소처리(소독)
염소로 살균하는 방법으로 음료수 정수과정에서 사용된다.

chlorofluorocarbons

클로로플로카본
흔히 프레온 또는 프레온가스라고 불리고 있다. 탄소를 골격으로 하여 불소와 염소가 결합한 물질로 1 기압 하에서는 기체인데 평상시 온도에서 압력을 가하면 액체가 된다. 에어콘이나 냉장고에 냉매로 쓰이고 에

어졸 제품에도 쓰인다. 인화성이 없고 세정력이 뛰어나기 때문에 반도체 세정에도 많이 사용된다. 그러나 공기 중에 발산된 프레온이 오존층을 파괴하면서 자외선(생물에게 유해함)이 증가하는 현상이 나타나 전 세계적으로 문제가 되고 있다.

chlorophyll

엽록소 (葉綠素)
식물세포 속에 있는 녹색 색소로 빛에너지를 흡수하여 광합성 photosynthesis 을 한다.

chlorophyta

녹색식물
엽록소a와 엽록소b를 가지고 있어 잎이 녹색인 식물이다.

chloroplast

엽록체
식물세포에서 광합성 photosynthesis 을 하는 곳이다.
→ grana, lamella

chlorosis

백화 (白化), 황백화
엽록소 생성에 필요한 원소(마그네슘, 철, 망간)가 결핍되어 엽록소가 부족한 식물체가 되는 것이다.

cholera

콜레라
콜레라균이 일으키는 전염병이다. 콜레라균의 대표 종 (種)은 *Vibrio comma*(영어로는 cholera vibrio) 이며 1883년 '코호'에 의해 발견되었다. 감염되면 설사를 하면서 탈수증상이 나타난다.

cholesterol

콜레스테롤
고등동물에서 볼 수 있는 대표적인 스테로이드 화합물이다.

chondrichthyes

연골어류
내골격 endoskeleton 이 연골 cartilage 인 어류이다.

부레 air bladder 또는 유사한 기관을 갖고 있지 않으며, 뇨(尿) 속에 요소 urea 를 배출한다. 체액의 삼투압 osmotic pressure 은 해수(海水)보다 높다.

chordata

척색동물
원색동물 protochordata 과 척추동물 vertebrata 을 합쳐 부른 것이다.

chorion

(1) 융모막 (2) 장막
(1) 융모막 : 임신 중에 태아와 양수를 싸고 있는 막이다.
(2) 장막 : 척추동물의 양막류 (포유류, 조류, 파충류)에 있어, 양막이 형성될 때 이에 연속하여 그 바깥쪽에 만들어지는 얇은 막이다.

choroid

콜로이드
원래는 아교 모양의 물질을 가리키는 물질의 분산상태를 나타내는 말로 현재는 직경이 1㎚에서 0.1㎛인 입자를 의미한다. 이 입자가 존재하는 상태에 따라 액체, 기체, 고체 등으로 분류할 수 있으며 졸 sol 상태와 겔 gel 상태가 있다.

chromatid

염색분체
세포분열 전기에서 중기에 걸쳐 염색체 chromosome 가 세로로 2분되었을 때 볼 수 있는 염색체의 한 가닥을 염색분체라고 한다.

chromatin

염색질
진핵세포 eukaryotic cell 의 핵 속에 존재하고 호(好)염기성 물질(알칼리와 잘 화합하는 물질)로 염기성 색소로 염색이 잘 되는 물질이다.

chromatography

크로마토그래피
많은 물질이 혼합되어 있을 때 각각의 물질을 분리하

는 기술이다. 간단한 것은 페이퍼 크로마토그래피 paper chromatography 이다. 식물의 엽록소 색소 분리는 잎을 갈아 적당한 유기 용매에 녹인다. 그 다음 여과지 끝부터 조금 떨어진 곳에 시료(유기용매에 녹인 엽록소 색소)를 몇 번이고 덧발라 유기용매를 증발시킨다. 그런 다음 전개제(이것도 유기용매 혼합물)에 시료를 칠한 곳이 전개제(展開劑)에 닿지 않도록 여과지를 세운다. 그러면 전개제가 모세관현상을 이용하여 여과지에 스며들면서 상승하여 시료(잎의 색소 추출물)도 함께 위로 이동하기 시작한다. 그러나 색소 성분과 전개제나 여과지와의 결합력 차이에 의해 4종류의 색소가 깨끗하게 분리된다. 페이퍼 크로마토그래피 이외에 박층 크로마토그래피, 액체 크로마토그래피, 가스 크로마토그래피 등이 있다.

chromosome **염색체**
세포가 핵 분열할 때 세포의 핵 속에 나타나는 끈 모양의 물질로 핵산(DNA, RNA)구조를 갖고 있으며 유전자를 포함하고 있다. 염색체의 수나 모양은 생물의 종류에 따라 정해져 있다.

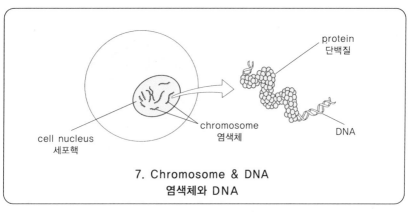

7. Chromosome & DNA
염색체와 DNA

■ ~ behavior 염색체 행동
유사분열 mitosis 과 감수분열 meiosis 은 현미경으로 보면 염색체의 움직임은 비슷하나 염색체 수의 행동 behavior 은 다르다.

■ ~ map 염색체 지도(地圖)
염색체의 수와 모양은 생물의 종에 따라 정해져 있으며, 각 염색체의 어디에 무슨 유전자가 있는지도 정해져 있다. 감수분열에서 염색체의 재조립의 빈도로부터 염색체 상의 유전자의 상대적 위치를 정하여 만들어진 것이다.

cilia

섬모(纖毛)
원생동물 protozoa 의 몸 표면에 있는 운동성 있는 세포기관이며 그 좋은 예로는 짚신벌레가 있다. 편모 flagellum 도 기본적으로는 같은 구조를 갖는다. 크기가 작으면서 수가 많을 경우에 섬모 cilia 라고 하고, 크기가 크면서 하나 또는 여러 개일 때는 편모 flagel-lum 라고 한다.

ciliary

모양체(毛樣體)의, 솜털 모양의

■ ~ body 모양체
눈의 수정체 lens 를 둘러싸고 있는 막의 일부로 수정체의 두께를 조절하는 작용을 한다.

■ ~ movement 섬모운동
짚신벌레와 같은 섬모충류에서 볼 수 있는 동물의 운동 양식으로 이동하거나 먹이를 끌어당길 때 섬모가 운동한다. 전진할 때에는 물을 힘차게 밀듯이 섬모를 움직였다가 다시 힘을 빼고 원상태로 회복한다. 동시에 움직이지 않고 개개의 섬모가 일정한 방향으로 연쇄적으로 그리고 주기적으로 물결치듯이 움직인다. 고등동물의 기관이나 수뇨관에서도 볼 수 있다.

■ ~ muscle 모양체근(毛樣體筋)
수정체 lens 를 두껍게 하거나 얇게 하는 근육이다. 이 근육의 움직임으로 가까운 곳부터 먼 곳까지 자유자재로 눈의 초점을 맞출 수가 있다.

circulatory system　순환계

체내 혈액 흐름을 말하며 척추동물은 혈관계 blood system 와 림프계 lymphatic system 로 나뉘며 무척추동물에는 혈관계만 있다. → 화보 그림 5

cirrhosis　경변증

간 liver 이나 신장 kidney 의 경변증을 말하며, 기관의 실질세포(실제로 기능하고 있는 세포)가 파괴하거나 손실되면서 나타나는 결합조직 connective tissue 의 증식에 의해 세포가 위축되어 딱딱하게 축소되는 병증이다. 간경변, 신장 위축이 해당된다.

citric acid　구연산

화학식은 $C_6H_8O_7$이고 많은 식물의 씨나 과즙 속에 유리상태의 산(酸)으로 함유되어 있다.

　■ ~ cycle 구연산 회로
TCA회로라고도 하고 생체 내에서 탄수화물 · 지방 · 단백질의 대사 생성물은 마지막에는 피루브산이 되어 이 회로에 들어가 완전 산화되어 이산화탄소와 물로 된다. H. A. 크렙스가 발견하였으므로 크렙스 회로라고도 하며, 또 시트르산의 합성으로 이 회로가 시작되는 데서 시트르산회로(구연산회로)라고도 한다.
→ Krebs cycle

citrus fruit　신과일

신맛의 기본인 구연산 citric acid 과 동시에 비타민이 많이 포함하는 과일로 감귤류가 대표적이다.

class　강(綱)

생물 분류상의 용어이며, 가장 큰 그룹은 계(界) kingdom 이며 세분화해 가면 문(門) phylum, 강(綱) class, 목(目) order, 과(科) family, 속(屬) genus, 종(種) species 이 된다. → 화보 그림 6

classification of organisms   생물 분류

생물계 전체의 분류를 가리키는 말이며 organisms 에는 유기체라는 의미와 생물이라는 의미가 있다.
→ 화보 그림 6

clavicle

쇄골(鎖骨)

가슴 상부에서 어깨에 걸쳐 거의 수평으로 위치하는 뼈이다.

clay

점토 (粘土)

암석이나 광물 분해물 중에서 모래보다 작은 것으로 젖어 있을 때에는 점성을 가지며 가열하면 암석처럼 단단해져 도자기 원료 등 여러 가지 용도로 쓰인다.

cleavage

난할 (卵割)

배아 embryo 초기 발생의 분열로 수정란의 세포분열을 말한다. 난할로 생긴 세포 하나 하나를 할구(割球) blastomere 라고 한다. 난할은 난황(卵黃)의 분포에 따라 등할(수정란 전체에서 난할이 일어나며 할구의 크기는 거의 같다), 부등할(수정란의 전체가 난할을 하나 할구의 크기가 다르다), 반할(수정란의 일부에서 난할이 일어나며 할구가 쟁반모양으로 배열한다), 표할(란(卵)의 표면에서만 난할이 일어난다)로 분류된다. 난할이 끝나면 상실배(桑實胚)기 morula 로 진행된다.

cleidoic egg

폐쇄란 (閉鎖卵)

부화에 이르기까지 란(卵) 외의 생리적 환경 의존도가 적은 동물의 란(卵)이다. 란(卵) 속 물질만으로 발생한다. 육상에서 산란하는 조류, 뱀, 일부 곤충에서 볼 수 있다.

climate

기후 (氣候)

지구상의 특정한 장소에서 매년 순서를 따라 반복되는

대기의 종합상태이고 기후는 장소에 따라 달라지지만
같은 장소에서는 일정한 것이 보통이다. 그러나 기후
도 자세히 살펴보면 일정한 것이 아니고 수십 년 또는
수백 년이라는 긴 주기를 가지고 변화되어간다.

climax

극상 (極相)

어느 한 지역에 있어 자연상태에서 장기간 안정되어
있는 생물의 군집인데, 특히 식물군락에 대해 사용하
는 경우가 많으며 인공림에서는 쓰지 않는다. 예를 들
어 삼림의 성장은 나목(裸木)에서도 잘 자라는 양수
(陽樹)에서 시작되며 양수가 커지면 나무그늘이 생기
므로 음수(陰樹)가 생육을 시작하여 마지막에 음수가
안정된 삼림이 된다. 이 안정된 상태를 극상(極相)이
라고 한다. 그러나 현실적으로는 기후, 인위적인 요인
이 얽혀 있으므로 이상적인 극상(極相)은 드물다.

clitellum

환체 (環體)

환형동물 중 빈모류(貧毛類)와 거머리류의 몸 앞쪽에
있는, 몸의 다른 부분과는 색이 다른 띠 모양으로 부풀
어 있는 부분이다. 지렁이에서 볼 수 있다.

cloaca

총배설강, 총배출강

소화관의 끝 부분인 동시에 생식기관과 수뇨관이 시작
되는 장소이며 경골어류에서 볼 수 있다.

clonal selection

영양계 선발(택), 클론선택

분지계도태(分枝系淘汰)라고도 한다. 동·식물 클론에
서의 돌연변이 mutation 를 선발하는 것이다.
→ clone

clone

클론

부모와 완전히 똑같은 유전자 genes 를 갖는 자손을
말한다. 식물 세계에서는 영양계(榮養系), 동물 세계
에서는 분지계(分枝系)로 구분하며 식물에서는 무성적

(無性的)으로 증식해 온 개체를 클론이라 하고 고등동물 세계에 있어서의 클론은 아직 연구단계에 머물러 있다.

clotting

응고 → blood clothing

clover

클로버
콩과(科) 초목으로 뿌리에 뿌리혹 root nodules 을 갖는다. 뿌리혹 균 leguminous bacteria 은 공중의 질소 가스를 유기물로 바꾸는 기능이 있어 땅이 비옥해진다.

club mossess

석송

coacervate

코아세르베이트
원시 해양 속의 단백질, 핵산, 당류 등의 유기물들이 주위의 물분자를 붙여 콜로이드 입자 상태로 존재하며, 이들 콜로이드 입자들은 서로 모여 간단한 막에 싸이면서 액체 방울을 이루어 주위와 경계를 이루게 된다. 이를 코아세르베이트(coacervate)라고 한다.

coacervation

코아세르베이션
친수성(親水性) 콜로이드용액에 이물질을 첨가하거나 온도를 변화시키는 등의 조작을 하면 2개의 액상(液相)으로 분리되어, 한쪽 액상은 콜로이드 농도가 높고, 다른 쪽 액상은 낮아지는 현상이다.

coagulation

응고
혈액 등의 응고를 가리키며, 액체상의 물질이 고체가 되는 것이다.

coal

석탄
화석연료 fossil fuel 의 하나이다. 태고(太古) 시대에 번성했던 식물의 유해가 퇴적하여 분해 · 탄화하여 생긴 물질로, 지질 시대의 석탄기 carboniferous period 지층에 많다.

cobalamine

비타민 B₁₂
간(肝) liver 에 많으며 결핍되면 빈혈에 걸린다.

cobalt chloride

염화코발트
건조할 때는 청색이고 습하면 분홍색이 된다. 이 성질을 응용한 것이 염화코발트지(紙)이며 수분 검출에 이용된다.

coccus

구균
외형이 구슬모양인 균이다.

coccyx

미골, 꼬리뼈
포유류의 일부 종(種)에서 꼬리와 척추가 합쳐져 생긴 뼈로 인간은 3~6개가 있다.

cochlea

달팽이관
내이 inner ear 에 있으며, 달팽이 껍질 같은 모양의 구조로 고막 eardrum 이 받아들여 느낀 소리를 청각신경에 전달한다. → 그림 9, p.106

cockroach

바퀴벌레
일반적으로 온난한 장소를 좋아하며, 또한 습기가 많은 곳이면 좋은환경이 된다. 그러므로 열대지방에서는 상당히 번성하고 저온지역에는 많이 진출하지 못하고 있다. 야행성(夜行性)이며, 낮 동안에는 대개 나무껍질 밑, 돌 밑, 낙엽 밑, 그 밖의 어둑어둑한 그늘에 숨어 있다. 한국에는 약 10여 종이 알려져 있다. 전체적으로 기름을 바른 것 같은 광택이 있다.

codominant gene

상호 우성 유전자
어떤 대립 형질(키의 크고 작음, 종자의 둥글기와 주름

등, 짝을 이루고 있는 형질)에 대해 3개 이상의 대립 유전자 allele 가 있어 우성 dominant 이 다른 것과 섞이지 않을 때 각 유전자를 상호우성유전자라고 한다. ABO식 혈액형의 유전에 있어서는 A형 유전자와 B형 유전자는 어느 쪽이든 O형 유전자에 대해서는 우성인데 둘 사이에서는 우열관계가 없다. 한 개체에 A형 유전자와 B형 유전자가 있을 경우 혈액형은 AB형이 된다.

codon
코돈
유전암호의 단위로 mRNA의 4염기(아데닌, 구아닌, 시토신, 우라실)가 3개로 배열된 것으로 64(4×4×4)개 조합으로 되어있다. 그 중 61개가 아미노산 코돈이며 나머지 3개가 정지 코돈이다.

coelenterata
강장동물 (腔腸動物)
동물 분류상 히드로충류 · 해파리류 · 산호류를 포함하는 한 동물문(動物門)으로 다세포동물이기는 하나 몸의 구조가 간단하고 중추신경과 배설기가 없으며 소화계와 순환계가 분리되어 있지 않는 등 진화의 정도가 낮다.

coenzyme
조효소
효소 반응에 도움을 주는 물질로 비타민, 무기염류 등이 있다. 효소와 단백질이 결합했을 때 비교적 약하며 저분자여서 열에 약하다.

cohesion theory
응집력설
물 상승 원리는 근압설, 모세관설, 응집력설 등으로 설명하는데, 응집력과 증산 작용에 의한 흡인력으로 물이 상승한다는 응집력설이 가장 타당한 것으로 본다. 물관 속의 물분자들은 서로 큰 응집력이 작용하고 있어서 뿌리에서 잎까지 하나의 긴 물기둥을 이루고 있기 때문에 계속 상승하게 된다.

cold

감기

유행성 감염은 인플루엔자 influenza 라고 한다.

coleoptile

자엽초

화본과 식물 특유의 기관으로, 싹이 텄을 때 제일 먼저 지상으로 나오는 부분이다.

colon

결장

척추동물의 대장 large intestine 을 3부분으로, 맹장 caecum · 결장 colon · 직장 rectum 으로 구분한다. 결장은 가늘고 구부러져 있으며 기능이나 형태상으로도 대장의 대부분을 차지한다.

color blindness

색맹 (色盲)

색을 정확히 구분하지 못하는 것으로 전(全)색맹과 부분색맹이 있다. 부분색맹에는 적록색맹 red-green blindness 과 황청색맹 yellow-blue blindness 이 있다. 전(全)색맹은 드물며 상염색체 열성 유전자(성염색체 이외의 염색체상의 열성유전자)로 인해 생긴다. 색맹의 대부분은 적록색맹이며 인간의 반성유전 sex linked inheritance 의 전형적인 예이다. → sex linkage

combustion

연소

물질이 산소와 결합하여 빛이나 열을 내는 화학반응이다.

commensalism

편리공생 (片利共生)

큰 동물이 먹다 남은 것으로 작은 동물이 살아가는 것처럼 두 종류 생물 사이의 공생 관계이다. 작은 쪽은 약간의 이득이 있으나 큰 쪽은 해(害)도 이득도 없다. 나무와 그 착생(着生)식물이 그 예이다.

community

군집 (群集)

다수의 생물이 공존하고 있는 일정한 지역 내에서 각
각 일정한 개체수를 유지하며 생활하고 있는 다수의
생물 무리를 말한다.

companion cell   **반세포 (伴細胞)**
속씨식물의 사관부(篩管部)에 인접하여 존재하는 작은
유세포(柔細胞) parenchyma로 사관 sieve tube 의
기능을 돕는다.

comparative physiology   **비교 생리학**
다른 종(種)이나 다른 기관 사이에서 생리기능이 유사
한 것과 다른 것을 밝혀 그 계통적 관계를 연구하는 것
이다.

compare and contrast   **비교 (比較)와 대비 (對比)**
비교 compare 는 다른 것 뿐 아니라 유사점 simi-
larity 도 열거하는 것이고 대비 contrast 는 다른 점
difference 을 열거하는 것이다.

compensation point   **보상점 (報償点)**
어떤 식물체에 있어 산소를 소비하는 호흡량과 산소를
배출하는 광합성의 양이 같아지는 빛의 밝기를 말하며
이 밝기에서는 기체의 출입은 정지한다. 일반적으로
밝은 곳을 좋아하는 식물의 보상점은 높다.

competition   **경쟁 (競爭)**
생물이 빛, 먹을 것, 살 곳을 서로 빼앗으며 살아가는
것으로, 동일한 종(種)의 경쟁과 다른 종의 경쟁이
있다.

complete metamorphosis   **완전 변태**
곤충이 유충 larva 에서 성충 adult 으로 되는 과정에
서 번데기 pupa 시기를 반드시 거치는 변태를 하는 것
이다.

compound eye

복안 (複眼), 겹눈

절지동물 중에서 곤충류 · 갑각류 등의 특이한 눈으로 가느다란 개안(個眼, 시세포가 모인 곳으로 전체 면에 렌즈를 가지고 있다)이 벌집 모양으로 집합하여 생긴 눈이다. 물체의 움직임을 파악하기 쉬운 기능을 한다.
→ simple eye

compounds

화합물 (化合物)

다른 종류의 원소 element 가 화학적 결합 chemical bond 을 하여 만드는 물질이다.

concentration

집중 (集中), 농축 (濃縮), 응축 (凝縮)

■ ~ gradient 농도기울기
물질의 농도 차를 말하며, 냄새가 나거나 물에 잉크를 한 방울 떨어뜨리면 물 전체가 물드는 것이 확산 diffusion 이라는 현상인데 이 확산의 원인이 농도 기울기이다. 물질은 농도가 높은 쪽에서 낮은 쪽으로 이동한다.

■ ~ time 집중시간
인간이 일이나 공부에 계속해서 집중할 수 있는 시간으로 학교 수업 시간은 이것을 기초로 하며 최대 2시간정도이며 적당한 휴식을 취하면 집중이 다시 되살아난다.

condensation

응축 (凝縮)

혼합물에서 목적하는 물질의 농도를 높이는 것이다.

conditioned reflex action

조건반사행동

파블로프가 개를 사용한 실험으로 유명해졌다. 개에게 먹이를 줄 때 종을 계속해서 울리면 종소리만 듣고도 침을 흘리게된다. 이것은 동물이 태어나면서 가지고있는 반사 reflex 와는 다른 것으로 이와 같은 조건반사행동을 일으키려면 경험(훈련)이 필요하다. 매실이나 레몬이라는 말만 듣고도 입안이 시어지는 것 같은 느

낌을 받는 것도 조건반사인데 매실이나 레몬을 먹어본 적이 없는 사람에게는 이와 같은 반응은 일어나지 않는다.

conditioning **조건지우기**
새로운 자극변화를 조건으로 하여(조건자극이라고 한다) 그 자극에 대해 일정한 반응이 일어나도록 훈련하는 것으로, 여러 동물이 곡예를 시키는 것은 바로 이 조건지움이다.

conduction **전도 (傳導)**
열이나 전기가 물체의 한 부분에서 점차 다른 곳으로 옮겨가는 것이다.

cones **원추 (圓錐)세포**
cone cell 이라고도 한다. 안구의 망막 retina 에 있으며, 색을 식별하는 능력이 있는 감각세포이라고도 한다..

conjunctiva **결막 (結膜)**
눈꺼풀 안쪽에 있는 막으로 무색 투명하다.

connective tissue **결합조직**
동물 조직의 하나이며 기관과 기관을 또는 기관과 조직을 서로 결합하여 안정시키는 기능을 갖는다. 특수화된 것이 골격조직이다.

conscious action **의식행동**
외부로부터 자극을 받은 뒤, 그에 대한 대응을 뇌에서 판단하여 일으키는 행동을 말하며, 자극에서 행동까지 걸리는 시간이 반사 reflex 보다 길다.

conservation **보존**
식품이나 생물의 조직을 변질시키지 않고 유지하는 것

이다.

constipation

변비 (便秘)
대변 소통이 좋지 않은 것이다.

consumer

소비자
생태계를 구성하는 생물 중 스스로 양분을 만들어내지 못하는 생물로 생산자가 만든 것을 직접 먹는 것이 제1차 소비자, 그것을 먹는 것이 2차 소비자… 가 된다.

continuous variation

연속변이 (連續變異)
식물의 종자 크기나 무게, 동물의 몸길이 등과 같은 양적 형질에 관한 변이(變異)로 유전자형에서의 차이가 아닌 수량적인 차이이다.

contraception

피임
성교를 하여도 수정(受精)이 되지 않게 하는 것이다.

contractile vacuole

수축포 (收縮胞)
수축과 확장을 주기적으로 반복하며 수축 시에 내부에 있는 액을 체외로 배출하는 세포 소기관으로 노폐물과 함께 물을 배출하여 체내의 삼투압 osmotic pressure 을 조절한다. 원생동물인 아메바나 짚신벌레 등에 있다.

control

대조 (對照)
약품이나 비료의 효과를 조사할 때 실험 비교를 하는 기초로써 약품이나 비료를 주지 않는 실험군(群)을 대조라고 하며 생물학 실험에 있어서 매우 중요하다.

convection

대류 (對流)
유체(流體)에 의해 열이 전달되는 현상으로 기체나 액체에서 일어난다.

cooling

냉각 (冷却)

생물은 체내에 많은 수분을 포함하고 있는데, 물의 비열이 높으므로 외부온도 변화에 비해 생물체의 온도변화는 더디다. 물은 더울 때 냉각효과를 가지며 추울 때 보온효과가 있다.

coordination

협조

대뇌가 관여하는 운동으로 여러 가지 기억, 감각, 판단 하에 각 기관(근육)의 작용이 균형을 이루는 것이다.

copulation

교미 (交尾)

체내 수정을 하는 동물이 서로 생식기를 밀착시켜 수컷이 암컷의 몸 안으로 정액을 흘려 보내는 행위이다. 교접이나 성교라고도 한다.

cork

코르크

수피 bark 속에 있는 세포층으로 나무에서 수분이 소실되는 것을 막는다.

cornea

각막 (角膜)

안구 전체를 포함하는 조직을 공막 sclera 이라고 하는데 안구 앞면은 투명하게 되어 있다. 이 투명한 부분을 각막 cornea 이라고 하며 각막의 투명도가 저하되면 실명(失明)한다.

cornified layer

각질층

척추동물 피부의 표피 외층이 단백질인 케라틴 (keratin)으로 된 세포층이다.

corolla

꽃부리, 화관 (花冠)

꽃받침 윗 부분의 꽃잎이 모인 것을 가리키는데 백합과 같이 꽃받침과 꽃잎의 구분이 없는 경우도 있다.

coronary arteries

관상동맥 (冠狀動脈)

심장벽에 분포하는 동맥으로 심근 heart muscle 에 영양을 보급한다. 척추동물의 심장에는 온 몸의 혈액이 지나가는데, 여기를 통과하는 혈액은 심장에는 충분한 영양을 공급하지 못하고 관상동맥에만 의지한다.

corpus luteum

황체 (黃體)
배란을 끝낸 뒤 여포 follicle 벽에 생기는 특수한 조직 덩어리이다.

■ **~ hormone 황체 호르몬**
난소의 황체 corpus leteum 에서 분비되는 여성 호르몬으로 황체 자극 호르몬의 자극을 받아 분비되며 발정 호르몬과 같은 작용을 하여 수정란의 착상을 촉진한다. 착상 후에는 발정 호르몬과는 길항(拮抗)적 작용을 하며 발정을 억제하여 임신을 지속시킨다.

corpus vertebrae

추골
→ centrum

cortex

피층
수(髓) pith 와 함께 식물 기본 조직계의 주(主) 요소로 뿌리, 줄기의 경우 표피 epidermis 와 중심주 central cylinder, stele 사이에 있는 부분이다. 2차 성장을 하는 식물(수목)에서는 압축, 파괴되어 나무껍질에서 말라 떨어진다.

cortex (kidney)

피질 (신장의)
신장(腎臟) kidney 의 표층에 있는 견소체(堅小體)와 세뇨관(細尿管) 곡부를 가리킨다.

Corti, organ of

콜티기관
귀의 달팽이관 cochlea 속에 있는 청각부분(소리를 느끼는 부분)이다. → Corti′s organ

cortisol

코티솔

부신피질 adrenal medulla 에서 배출되는 부신피질 호르몬으로 당(糖) 대사에 매우 강한 작용을 한다.

cotyledon

떡잎
종자식물 Spermatophyta 이 싹틀 때 처음으로 나오는 잎이다.

courtship

구애 (求愛)
동물이 번식하는 시기에 상대로부터 관심을 끌기 위해 취하는 행동이다.

covalent bond

공유결합 (共有結合)
화학결합에는 모두 전자 electron 가 들어 있는데 그 중에서도 서로 인접한 2개의 원자가 전자를 공유함으로써 형성되는 결합을 말한다. 수소분자, 산소분자, 다이아몬드(탄소끼리 강한 공유결합을 하고 있다), 물 등에서 볼 수 있는 결합이다. ↔ ionic bond

cover glass

커버 글라스
살아있는 생물시료를 현미경으로 관찰할 때 슬라이드 글라스 slide glass 위에 소량의 물에 적신 시료를 두고, 그 위에 얹는 작고 얇은 유리판을 가리킨다.

cover slip

→ cover glass

Cowper s gland

쿠퍼선
구(球)요도선이라고도 하며 대부분의 포유류 수컷 요도에서 열리는 선(腺)으로 그 분비물은 무색 투명한 점액이며 정액 분비 성분의 하나가 된다.

cranium

두개 (頭蓋)
척추동물의 두부 골격으로 많은 두개골 cranial bone 의 결합으로 구성된다.

crash phase	파멸상 (破滅相)

박테리아를 배양하면 일시적으로 개체 수는 폭발적으로 증가하지만 영양분을 보급하지 않을 경우에 급격하게 개체수가 줄어드는 것을 가리킨다.

cretinism 크레틴병

갑상선 thyroid gland 에서 분비되는 티록신thyroxine 부족으로 생기는 병이며 걸리게 되면 뼈의 성장이나 지능발달이 늦어진다.

crop rotation 윤작 (輪作)

동일한 땅에서의 농산물 연작 continuous crop-ping 을 피하고 해마다 다른 작물을 만드는 것으로 토양이 피폐해지는 것을 막는다.

cross‑pollination 타가수분 (他家受粉)

종자식물 Spermatophyta 의 수분 형태중의 하나로 동일종이라도 다른 개체의 꽃가루를 수분하는 것이다. ↔ self pollination 자가수분(自家受粉)

crossing over 교차

생식세포를 만드는 감수분열 meiosis 제1기의 경우에 상동염색체 homologous chromosome 의 일부가 교환이 일어나서 유전자의 일부가 뒤바뀌는 현상이다.

crossover value 교차율

연관하고 있는 유전자 사이에서 교차가 일어나는 비율을 나타낸 수치이다. 교차율이 크고 작은 것은 동일 염색체에서의 유전자의 상대적 거리를 나타내는(두 유전자의 거리가 클수록 교차가 일어나기 쉽다) 것으로 생각할 수 있다. 염색체 지도는 이를 기초로 만들어진다. 교차율은 검정교잡 test cross 에 의해 알 수 있다.

crumb structure 빵 모양 구조

빵처럼 공간이 많은 토양의 상태이다.

Crustacea

갑각류
게, 새우의 중간에 속하며 절지동물의 하나이다.

cupula

큐플라
내이 inner ear 속의 반고리관 semicircular canal 에
있는 평형기관으로 내(內)림프의 흐름으로 몸의 움직
임을 검출하는 작용을 한다.

cuticle

각피, 큐티클
생물(동·식물)의 체표를 덮는 단단한 막(膜)모양의
구조로 동물에서는 상피세포, 식물에서는 표피세포의
분비물로부터 만들어진다. 생물체 보호역할을 하는 것
뿐만 아니라 체내에서의 수분 발산을 막는다.

cutting

꺾꽂이
식물의 영양기관의 일부를 모체로부터 잘라내어 모래
나 흙 속에 꽂아 뿌리나 싹이 나오게 하여 개체를 늘리
는 무성(無性)적 번식법으로 유전형질이 완전히 같은
개체를 늘리는 이점이 있다. cuttage 도 같은 뜻이다.

cyanobacteria

남조식물, 남색식물
핵과 색소체를 갖지 않는 조류로 원핵생물 protista 이
다. 세균과 평행한 하나의 군(群)을 형성하고 있다.

cytochrome

사이토크롬
철(Fe)을 포함하는 복잡한 화합물인 헴 heme 과 단백
질이 결합한 헴단백질 heme protein 으로 철 이온의
상태 변화에 따라 산화환원 기능을 가지며 호흡의 전
자전달 electron transfer 계로 전자를 주고받는 일에
관여한다. 처음에는 호기성 생물에서 발견되었는데 이
후에 혐기성 세균, 광합성 생물 속에서도 발견되었다.

cytoplasm

세포질 (細胞質)

세포를 구성하는 원형질 protoplasm 중, 핵질 이외의 부분을 가리키는 말로 여러 가지 세포내소기관 organelle 이나 과립 granule 을 포함하며 후형질(세포벽 cell wall, 액포 vacuole, 전분립(澱粉粒))은 포함되지 않는다. → 화보 그림 1

cytoplasmic matrix   **세포질기질**
세포질 안에 있고 핵 nucleus, 골지체 Golgi body, 미토콘드리아 mitochondria, 소포체 endo-plasmic reticulum, 색소체 plastid 등의 막대모양 구조물 사이를 메우고 있는 물질이다.

cytosine   **사이토신**
핵산을 구성하는 염기의 하나이다.

cytosol   **세포기질**
세포 속의 세포내소기관 organelle 사이를 채우고 있는 액체물질이다. 전자현미경으로는 구조가 없는 모양을 보이는데 많은 효소 enzyme 나 단백질 protein, RNA 등의 핵산을 포함한다.

D affodil – dysentery

daffodil
수선화

dandelion
민들레

Daphnia
물벼룩

Darwin, Charles
찰스 다윈
영국의 박물학자. 비글호를 타고 갈라파고스섬을 2회
방문하여 생물관찰을 계속한 결과 진화론(자연도태를
진화의 요인이라고 생각하는 설)을 제창하였다.

DDT
유기 염소계 살충제
dichrodiphenyltrichloroethane 의 약자이다. 해로운
곤충에 유효하기 때문에 농업에 쓰이지만 인체에 유해
(有害)하다.

deadnettle
광대수염
광대수염 속(屬) 식물전체를 말하며, 쐐기풀 nettle 과
비슷하나 가시가 없다.

deamination
탈 (脫)아미노반응
아미노산에서 아미노기(-NH₂)가 떨어져 나가는 현상
이다. 암모니아로 변하여 오줌의 형태로 체내를 빠져
나가는 경우가 있다.

death
죽음
생물이 그 생명을 잃는 것으로 본래는 개체에 관한 개
념이나 기관, 조직, 세포 등의 단계에서도 생각할 수
있다. 최근에는 인간의 장기 이식과 관련하여, 인간의
죽음에 대한 여러 가지 방면에서 논의되고 있다. 장기
를 이식하는 의사 입장에서는 가능한 빠른 시점을 죽
음이라고 판정하고 목적하는 장기를 꺼내는 것을 원하
나 윤리상의 문제가 있어 명료한 결론은 아직 내지 못

하고 있는 상황이다.

decay

(1) 부패 (腐敗) (2) 붕괴 (崩壊)
(1) 부패 : 미생물이 동·식물의 유체를 분해하는 것을 말한다.
(2) 붕괴 : 방사성 붕괴를 말하며, 방사성동위원소 radioisotope 가 방사선을 방출하여 다른 원자핵으로 바뀌는 것이다. 화학 반응에서는 어떤 원소가 다른 원소로 바뀌는 일은 있을 수 없으나 붕괴에서는 원소가 바뀌어 버린다.

deciduous

낙엽성의

■ ~tree 낙엽수
잎의 수명이 1년이 되지 않아 잎을 가지지 않는 계절이 있는 수목으로 대부분 쌍떡잎식물이지만 겉씨식물인 은행나무·낙엽송 등도 있다.

decomposers

분해자
생물의 시체나 동물의 배설물 중의 유기물을 무기물로 분해하여 생활하는 생물이며 생산자 producer, 소비자 consumer 와 함께 생태계 ecosystem 를 구성한다. 곰팡이나 세균이 해당하며 분해 후에 생긴 것은 다시 식물의 영양분(비료)으로 흡수된다.

deficiency disease

결핍증
비타민 등의 부족에 의한 모든 증상으로, 비타민C가 결핍되면 괴혈병에 걸린다.

deletion

결실(缺失)
돌연변이 mutation 의 하나로 유전자 gene 나 염색체 chromosome 일부가 결여되는 것이다.

dendrite

수상돌기
신경단위 neuron 의 신경 세포체 cell body 로부터 돌출해 있는 부분으로 맨 끝이 나뭇가지처럼 나뉘어져 있다.

dendron 덴드론
신경단위 neuron 의 세포체와 수상돌기 dendrite 사이에 있는 부분을 가리킨다.

denitrifying bacteria 탈질균, 탈질세균
초산이나 아초산을 환원하여 가스형태인 질소(N_2)로 방출하는 세균.

dental health 구강위생, 치과위생 → 그림 25, p. 269

dentin(e) 치질 (齒質)
상아질 ivory 이라고도 한다. 치아 구강 내에 노출되어 있는 부분은 에나멜질 enamel 로 덮여 있는데 그 내부에 있는 부분을 말하며 뼈 bone 보다 강하다. → tooth

depressant 억제약, 억제제, 진정제
생명체의 다양한 기능을 저하시키는 약제를 말한다.

dermis 진피 (眞皮)
척추동물 표피 epidermis 아래에 있는 조직으로 표피와 함께 피부를 구성한다.

desert 사막
열대 일부에서부터 온대에 걸쳐, 대륙내부의 건조한 지방에 발달하는 것으로 강우량이 적고 식물이 거의 자라지 않으며, 자갈과 모래로 뒤덮인 매우 넓은 불모의 땅이다.

desert rat 사막쥐
날쥐 jerboa 라고도 하고 아프리카 사막에서 서식하는 쥐를 말한다.

desiccation

건조 (乾燥), 탈수
수분을 잃는 것으로 생물에게 있어 건조는 생명과 관계된다. desiccator 는 아래에 건조제를 넣어 물질을 건조한 상태에서 보존하는 유리기구이다.

desmosome

결합소체
상피세포 등에서 볼 수 있는 세포간 결합 양식의 하나이다.

detoxication

해독 (解毒)
생체 내에서 유해물질을 무해물질로 변화시켜 뇨(尿) urine 등으로 배출시키는 것을 말한다.

detrivore

부패동물
분해자 decomposer 의 하나로, 썩은 유기물 detritus 을 먹는 동물을 말한다.

detritus

파편 (더미)
생물체의 파편, 유체(遺體), 배출물 및 그것들이 분해됨에 따라 생긴 산물이다.

diabetes

당뇨병
혈액 속에 포도당이 많아져서 당뇨가 오랫동안 계속되는 병으로 증상은 오줌의 양이 많아지고 목이 마르며 쉽게 피곤해지나 식욕은 오히려 왕성해진다.

diagrams

도표, 도식

dialysis

투석 (透析)
신장 kidney 이 제 기능을 못하면 유해물질이 잘 배출되지 않아 혈액 속에 여러 가지 독소가 생겨 생명이 위험해진다. 이때 투석을 하게 되는데 반투막(반투성을 갖는 막)이 큰 역할을 하게 된다.

diaphragm

횡격막

포유류의 흉부(胸部)와 배 사이에 있는 막(膜) 모양의 근육이다. 폐와 심장을 다른 기관으로부터 분리하며 호흡운동을 할 때 상하로 움직이고 배변, 구토 등을 할 때 복압(腹壓)을 올리는 역할을 한다.

diarrhea

설사

바이러스나 세균에 의해 소화기관의 활동이 저하되어 변(便)이 액체가 되어 나오는 현상이다.

diastema

격질막

초식동물 앞니와 어금니 사이의 이가 없는 부분을 가리킨다 .

diastole

이완기. 확장기

심장 근육이 느슨해지는 시기이다. 심장은 이완과 수축을 반복하면서 체내에 혈액을 공급한다.

diatoms

규조류

규산질로 된 단단한 껍질을 가지고 있으며 독립영양으로 황색이나 갈색 색소체로 광합성을 한다.

dicot

쌍떡잎 식물

dicotyledons 의 영어식 표현이다.

dicotyledon

쌍떡잎 식물

속씨식물 Angiosperm 을 두 가지로 나눌 때의 1군(群)이고 싹이 날 때는 떡잎이 2개이다. ↔ mono-cotyledon 외떡잎류

diet

식이용법, 다이어트

미용이나 건강을 위해 살이 찌지 않도록 먹는 것을 제한하는 일을 말한다.

■ ~ food 감량식

미용이나 건강을 위해 당분이나 염분 등 특정 성분을 조정한 특수 영양식이다.

differentiation

분화 (分化)

생물발생에 있어 배아 embryo 로부터 세포의 특수화가 진행되어 여러 가지 조직이나 기관이 형성되는 과정. 아직 모르는 것이 많아 생물 세계에서는 아직까지도 커다란 연구 테마 theme 이다.

diffusion

확산(擴散)

농도 차에 의한 물질의 이동을 말한다. → concentration gradient

간(肝) 이야기

토끼가 용궁을 갔다가 간(肝)을 빼앗길 뻔했다는 전래 이야기를 비롯, 간(肝)은 많은 문학 작품에서 소재로 등장할 뿐 만 아니라, 간이 큰 남자니, 간이 부었다니, 혹은 간이 떨어질 뻔했다느니 우리네 표현 중에 애용되어 왔다. 간(肝)은 예전부터 '생명력'의 상징으로 쓰여 왔으니, 간(肝)의 영어 표현이 liver인 것만 보아도 잘 납득할 수 있다.

그렇다면, 간(肝)은 정작 우리 몸에서 어떤 역할을 하는 것일까? 첫째, 담즙을 분비하여 지방을 분해시키는 소화작용을 한다. 둘째, 각종 영양소를 분해 · 합성하며, 영양소를 보관하는 창고 역할을 한다. 셋째, 독성 물질을 제거하는 해독작용을 한다. 이런 점에 비춰 보면, 과연 간(肝)이 어떤 성격의 기관인지 예전 사람들도 잘 알고 있었던 것 같다.

digestion

소화 (消火)
동물이 체외로부터 에너지원을 섭취하여 이용할 수 있도록 분해하여 자기의 몸 속으로 흡수하는 것이다.

■ external ~ 체외소화
생물의 유체(遺體)나 배설물이 박테리아나 세균이 갖는 효소에 의해 분해되어 그들 체내로 들어가는 것.

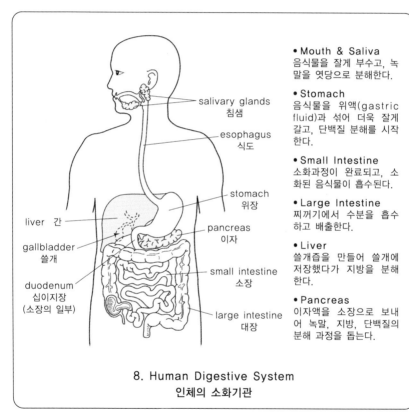

salivary glands
침샘

esophagus
식도

stomach
위장

liver 간

pancreas
이자

gallbladder
쓸개

small intestine
소장

duodenum
십이지장
(소장의 일부)

large intestine
대장

• **Mouth & Saliva**
음식물을 잘게 부수고, 녹말을 엿당으로 분해한다.

• **Stomach**
음식물을 위액(gastric fluid)과 섞어 더욱 잘게 갈고, 단백질 분해를 시작한다.

• **Small Intestine**
소화과정이 완료되고, 소화된 음식물이 흡수된다.

• **Large Intestine**
찌꺼기에서 수분을 흡수하고 배출한다.

• **Liver**
쓸개즙을 만들어 쓸개에 저장했다가 지방을 분해한다.

• **Pancreas**
이자액을 소장으로 보내어 녹말, 지방, 단백질의 분해 과정을 돕는다.

8. Human Digestive System
인체의 소화기관

dihybrid

양성잡종
2유전자잡종이라고도 한다. 2쌍의 대립유전자(예를 들면, AA와 aa 및 BB와 bb)가 다른 연쇄군에 존재하는 경우에 멘델의 분리의 법칙에 따라 잡종 제2대 (F2)에서 표현형 phenotype 분리비가 9(AB): 3(Ab):3(aB):1(ab)의 비율로 분리된다.

diploid
(1) 2배체 (2) 복상(複相)
(1) 2배체 : 세포의 핵 속 염색체수가 2n인 생물체를 말한다. 일반적으로 고등 동식물은 대개 2배체이다.
(2) 복상 : 생물의 세대교번에 있어 2n인 세대를 말한다.

disaccharide
2당류
엿당 maltose, 젖당 lactose 을 말하며 이것을 가수분해 hydrolysis 하면 2분자의 단당류 monosaccharide 가 된다.

discontinuous growth
분열 속 성장
곤충의 외골격은 성장할 수 없으나 탈피를 함으로써 몸이 커진다. 이때 몸의 크기가 불연속적으로 커지는 것을 말한다.

discontinuous variation
불연속 변이
한 쌍의 대립 유전자 allele 에 의해 생기는 변이로 환경에 의한 변이는 없으며 크거나 작고 중간은 없다 (불연속이다).

disease
병
개체의 생명활동이 어떤 원인(병의 원인)에 의해 흐트러진 상태로 선천성과 후천성으로 나뉘며 유전에 의한 병도 있다. 경과 정도에 따라 만성, 급성으로 나뉘며 병의 원인에는 내인(연령, 성(性), 인종, 유전적 요소, 체내 기관의 장애)과 외인(영양결핍, 병원균, 바이러스, 기생충)이 있다.

disinfectant

소독제
병원성 미생물을 죽여 감염을 막기 위한 약제이다.

dispersal

산포 (散布)
개체가 몸 위에 여러 가지 산포체 disseminule,
diaspore 를 분산하여 다음 세대로 넓혀 가는 것.

distal

맨 끝의

DNA

디옥시리보핵산
deoxyribonucleic acid 의 약자이다. 유전자 gene 의
본체이며 유전정보를 갖고 있다. 세포핵 속에 있으며
염기＋당＋인산으로 구성되어 있다. 뉴클레오티드로
된 고리가 2개이며 나선형으로 구부러진 모양을 하고
있다. DNA 염기에는 아데닌 adenine, 구아닌
guanine, 사이토신 cytosine, 티민 thymine 4 종류
가 있으며 물리적, 화학적으로는 안정된 물질이다.
→ 그림 7, p.76

dominance hierarchy   순위 (順位)
동물집단에 대해 구성원 상호간에 우위 dominance
와 열위 subordination 가 있을 때 이를 순위라고
한다.

dominant gene

우성 유전자
대립형질에 대응하는 유전자 중 잡종 1대에 나타나는
형질의 유전자를 말한다. 붉은 꽃과 하얀 꽃의 교배에
의해 생기는 형질이 붉은 꽃일 때 붉은 꽃에 대응하는
유전자가 우성유전자이다.

dormancy

휴면 (休眠)
생물의 발생과정에서 일어나는 생장이나 활동이 일시
적으로 정지되는 것으로 식물의 종자, 포자, 싹의 휴
면, 동물의 겨울잠, 여름잠 등이 있다.

double
2배의, 이중의

■ ~ circulation 이중 순환
척추동물의 혈액 순환은 폐순환(폐와 심장 사이의 순환)과 체순환(심장과 온몸 사이의 순환) 두 가지가 있는데 이것을 가리킨다.

■ ~ fertilization 중복수정
속씨식물의 수정형태로 꽃가루관 속에 2개의 정핵(精核)이 있는데 한 개가 난세포와 수정하여 배 embryo가 이 되고 또 하나가 2개의 극핵과 수정하여 배유(胚乳)가 된다.

Down's syndrome
다운 증후군
사람의 염색체 수는 2n=46인데, 핵형 분석에서 21번째 상동 염색체가 2개가 아니고 3개 있을 때 나타나는 증상으로 염색체 수는 47이다. 모체에서의 감수분열 이상이 원인으로 불치의 병이다. 이 병에 걸리면 발육이 늦고 40세 이전에 죽는 경우가 많다.

drainage
배수 (排水)
토양 내부의 물의 통로를 말하며 배수가 잘 된다는 것은 토양 속에 공간이 많은 것을 의미한다.

drawing
그림
생물학에 있어 현미경으로 보이는 상(像)이나 실물(實物)을 그리는 것을 말한다.

dried food
건조식품
완두콩, 건포도, 가루우유, 육포 등이 있는데 수분이 적어 박테리아 번식을 억제하여 장기적으로 보존할 수 있다.

drone
수벌
꿀벌 사회에서는 암컷인 왕벌과 일벌, 수컷인 수벌이

있다. 수정란에서 생기는 암컷은 염색체 수가 2n이나 미(未)수정란에서 생기는 수컷은 염색체 수가 n이다.

Drosophila

초파리

fruit fly 라고 하며 사육이 용이하며 자손 offspring 을 많이 만든다.

drug

약 (藥)

의료용, 건강유지용 약을 가리키는데 한편으로는 마약 이나 각성제를 의미하는 경우가 있다.

duodenum

십이지장

척추동물의 소장이 시작되는 부분으로 위의 유문(幽 門) 부와 연결되어 있고 인간의 경우 길이가 약 25cm 가량 된다. → 그림 8, p. 101

duplication

중복

돌연변이 mutation 의 하나로 유전자 genes 가 중복 되는 것을 말한다.

dutch cap

피임도구

정자가 난자에 가서 붙는 것을 막는 장치이다.

Dutch elm disease

네덜란드 느릅나무 병(病)

나무에 생기는 병의 하나로 느릅나무 좀에 의해 옮겨 진 균 때문에 생긴다.

dwarf

왜소형

동식물 각 종류의 표준 크기 보다 작은 상태로, 발육이 정지한 것을 말한다.

dysentery

이질

이질균에 의해 일어나는 병으로 발열과 함께 구토, 설 사를 동반한다.

ear   귀

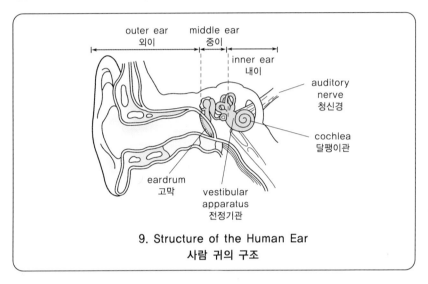

outer ear 외이   middle ear 중이

inner ear 내이

auditory nerve 청신경

cochlea 달팽이관

eardrum 고막

vestibular apparatus 전정기관

9. Structure of the Human Ear
사람 귀의 구조

ear drum   **고막**
중이 middle ear 에 있으며 소리에 의해 진동하는 막
으로 내이 internal ear에 소리를 전달한다.

ear lobe   **귓불**
귓바퀴 아래쪽으로 늘어진 살이다.

earthworm   **지렁이**
환형동물로 몸은 원통형이며 많은 체절로 이루어져 있
다. 부식토를 먹고 그 속의 물질을 영양으로 섭취한다.
→ 그림 3, p.37

ecdysis   **탈피**
곤충, 갑각류 등의 절지동물 및 선형동물과 같은 단단
한 큐티클 cuticle 층을 체표에 갖는 동물이 성장 과정에서 오래된 큐티클을 한꺼번에 벗어버리는 현상.

Echinodermata 극피동물 (棘皮動物)

성게류, 불가사리류, 해삼류 등이 이에 속하며 모두 바다에서 생활한다. 몸은 방사형태이고 내부에는 수관(水管)계가 있으며 체액(體液)과 해수가 섞여 있다. 관족(管足) tube-foot 으로 운동한다.

ecology 생태학

생물의 생활과 환경의 상호작용을 연구하는 생물학의 한 분야이다.

ecosystem 생태계

어떤 지역에서 생식하는 모든 생물과 그 지역내의 비(非)생물적 환경 abiotic environment을 하나로 합쳐 물질순환이나 에너지 흐름에 착안하여 파악한 것으로 구성요소로는 생산자, 소비자, 분해자, 비(非)생물적 환경이 있다.

ectotherms 외온 동물

체온이 환경온도에 의해서만 결정되는 동물로 생물체의 열이 들어오고 나가는 데에 착안한 명칭이다. 구체적으로는 변온동물 poikilotherm 과 냉혈동물 cold-blooded animal 이 여기 속하는데 실제로는 근육의 발열 등이 있으므로 체온이 기온이나 수온과 똑같다고 할 수는 없다. ↔ endotherm 내온동물

effector 작동체(作動體)

생물이 수용기(受容器)로 받아들인 자극에 응답하여 활동할 때 작동하는 기관이다. ↔ receptor 수용체, 수용기

egestion 배출

동물체 내에서 대사 metabolism 결과 필요 없게 된

물질을 체외로 내보내는 것을 말한다.

egg

난(卵), 난자
여성이 생산하는 생식 세포로, ovum 이라고도 함.

ejaculation

사정(射精)
남자의 성기에서 정액을 몸밖으로 내보내는 것으로 척수 하부의 사정중추가 흥분하면 일어난다.

electrolysis

전기분해
전해질(수용액에 녹아서 이온을 전리하는 물질)용액이나 융해 전해질 등의 이온 전도체에 전류를 통과시켜 화학 변화를 일으키는 것배우자.

electron

전자 (電子)
원자의 원자핵 주위에 있는 소립자의 하나로 − 전하를 가지며 전류는 전자의 흐름이다. 생물체 내의 여러 가지 화학반응에 있어서도 전자 교환이 이루어지고 있다.

electron transfer

전자전달
생체 내의 산화-환원 반응에서의 전자 이동을 가리킨다. 산화-환원 반응에는 효소 전달, 수소 전달, 전자 전달이 있다. 산소호흡 aerobic respiration, 광합성 photosynthesis 에서 중요한 역할을 한다.

element

원소(元素)
물질을 줄여나갈 때 더 이상은 나눌 수 없는 성분으로 원자의 종류이다. 수소(H), 탄소(C), 산소(O), 질소(N) 등이 있으며 천연원소는 약90종, 인공적으로 만들어진 원소는 10여종 있다. 상온(常溫) 하에서는 불변이며 동일원소는 어디 있어도 동일한 고유성질을 갖는다.

elephantiasis

상피증(上皮症)
림프관이 막혀 손,발이 팽창하는 병.

embryo

배(胚), 배아
다세포 생물의 발생과정 초기 단계배우자.
(1) 동물의 배(胚) : 수정란이 난할을 시작하면서부터
신경배까지라고 생각하면 된다. 개체가 독립하여 음식
을 먹게되면 배(胚)라고 불리게 된다.
(2) 식물의 배(胚) : 수정란이 어느 정도 세포분열을
하여 발달한 단계를 가리킨다.

embryolemma

배막
육지에서 산란하는 동물이나 포유류의 배아 embryo
에 형성되는 여러 가지 막(膜)을 말한다. 배(胚)의 보
호, 영양분 섭취, 호흡 및 배출에 중요한 역할을 한다.
양막(amnion, 배(胚)를 직접 덮는 배아), 장막
(chorion, 양막 형성시 그 바깥 쪽에 생기고 나중에
배(胚)의 가장 바깥 부분을 덮는 막), 요막(allantois,
척추동물 양막류에만 생긴다)이 있다.

emigration

이출(移出)
어떤 생활 장소나 개체군에 있던 개체 일부 또는 전부
가 다른 장소로 가는 것을 말한다.

EMP pathway

EMP 경로
포도당 glucose 까지 분해하는 대사(代謝) 단계로 10
단계 효소 반응(해당의 주요부분)이다.

emphysema

기종(氣腫)
담배 등으로 폐포(肺胞)가 파괴되는 것. 결과적으로
산소를 흡수하는 표면적이 감소한다.

emulsion test

에멀전 검사
지방분 검출실험으로 순수한 식물과 순수 에탄올 혼합

물을 여과하여 여과액에 여과액과 같은 양의 물을 첨가하여 하얗게 흐려지면 지방이 있다고 판명한다.

enamel

에나멜질(質)
치아 표면을 덮고 있으며, 법랑질이라고도 한다. 인체 중 가장 딱딱한 부분 → tooth

endocrine

내분비의

■ ~ gland 내분비선
여러 가지 호르몬을 만들어 직접 혈액 속으로 분비하는 기관으로 척추동물의 경우 뇌하수체 pituitary body, 갑상선 thyroid gland, 부갑상선 parathyroid, 부신수질 adrenal medulla, 부신피질 adrenal cortex, 이자의 랑게르한스섬, 난소 ovary mammal, 정소 testis 가 있다. ↔ exocrine gland 외분비선

■ ~ system 내분비계
몸 전체의 여러 가지 내분비선을 가리킨다.

endoderm

내배엽(內胚葉)
후생동물(원생동물을 제외한 모든 동물의 총칭)의 수정란이 난할을 시작한 뒤 발생과정에서 나타나는 배엽 germ layer 중 가장 안쪽 또는 아래쪽에 있는 것으로 발생이 진행되면 소화관의 주요부분을 형성하는 일 이외에 간 liver, 이자 pancreas, 흉선(胸線), 갑상선 thyroid gland 등을 만든다.

endodermis

내피(內皮)
고등식물의 줄기, 뿌리, 잎 모두에서 볼 수 있는 조직으로 일반적으로 피층 cortex 의 가장 내부에 있는 층(세포에서 생긴 층)을 가리킨다.

endolymph

내(內)림프
내이(內耳) inner ear 의 막미로(膜迷路) membra-

nous labyrinth 의 안쪽을 채운 림프액을 말한다.

endometrium   **자궁점막**
자궁 안쪽에 있는 점막이다.

endoplasmic reticulum   **소포체(小胞體)**
세포내의 소기관의 하나로 표면에 리보좀 ribosome 을
갖는 조면 소포체와 갖지 않는 활면(滑面) 소포체가
있다. 여러 가지 물질을 합성, 분해하거나 해독하여 세
포 속으로 수송하는 역할을 한다.

endoskeleton   **내골격**
척추동물의 몸 안에 있는 골격 skeleton 이다.

endosperm   **내유(內乳)**
종자식물의 배낭 embryo sac 에 발달하며 종자의 양
분이 되는 조직으로 내배유라고도 한다. 포자식물에서
는 단상(單相, n)이지만 속씨식물에서는 중복수정
double fertilization 결과 3배체(3n)가 된다.

endothelium   **내피(內皮)**
척추동물의 혈관이나 림프관, 심장 등의 내강(內腔)은
소화관이나 호흡 통로와 달리 밖과 연결되어 있지 않
은 내강벽 표면을 덮고 있는 상피를 말한다.

endotherms   **내온동물**
체온이 체내에서 생기는 대사열의 영향을 받는 동물로
정온동물 이외에도 대형 파충류, 활발하게 비행하는
곤충류 등이 있다. 체온은 일반적으로 환경 온도 보다
높다.

energy   **에너지**
생물이 몸을 유지하며 신진대사를 계속하기 위한 활동
의 근원이다. 눈에 보이는 형태로 에너지를 나타낼 수

는 없다. 이 활동의 근본은 태양의 빛에너지이다. 녹색
식물은 이 빛에너지를 이용하여 광합성
photosynthesis 으로 당(糖)을 만든다. 이 당(糖)은
화학에너지 chemical energy 를 가지고 있다. 동물은
광합성 생산물을 먹거나 다른 동물을 먹고 살아간다.
그 결과 화학에너지가 역학적 에너지, 빛에너지, 전기
에너지로 형태가 바뀐다.

energy chain **에너지 고리**
태양 에너지, 생산자 producer, 소비자 consumer, 분
해자 decomposer 의 순서로 에너지가 전달되는
상태를 말한다.

energy value of food **음식물의 에너지 가(價)**
음식물이 갖는 열량으로 열량계로 측정할 수 있다.
→ calorie

environment **환경**
생물학에서 생물이 생활하는 공간을 의미.

enzyme **효소**
생물체의 화학반응 대부분에 관여한다. 효소는 단백질
protein 이며 화학반응을 촉진시키는 촉매작용을 한
다. 단, 무기촉매와 달리 고온에 두면 변성(變性)되어
촉매로서의 기능을 잃어버리는 특징이 있다. 또한 하
나의 효소는 각각 정해진 물질(기질)에만 밖에 작용한
다. pH(산성, 중성, 알칼리성의 정도)에 따라 활성이
크게 변화한다.

enzyme substrate complex **효소-기질 복합체**
기질이란 촉매반응에 직접 관여하는 물질인데, 효소의
촉매작용 초기 단계에서는 효소와 기질이 결합한 복합
체가 생기는 것을 말한다. 줄여서 ES복합체라고도
한다.

epicotyl **상배축**

종자가 발아할 때는 처음에 유근 radicle 이 생기고 다음에 줄기 부분이 발달하는데 떡잎 cotyledon 보다 위에 있는 줄기 부분을 말한다. → hypocotyl

epidermis **표피**

동·식물의 바깥 표면을 덮는 세포층으로 대부분이 체내의 수분 손실을 막는다.

epidiydimis **부정소(副精巢)**

정소를 정관으로 연결하는 관으로 정자 sperm 를 성숙시키고 저장하는 곳이다.

epigeal (germination) **떡잎 지상 발아 (發芽)**

떡잎 cotyledon 이 땅 위에 나타나는 발아형태를 말하고, 지하 발아형태는 hypogeal germination 이라고 한다.

epiglottis **후두개 (喉頭蓋)**

음식을 먹을 때 기관 trachea 을 막아 음식물이 기관으로 들어가는 것을 막는다.

epinephrine **에피네프린**

부신수질에서 분비되는 호르몬. → adrenaline

epithelium **상피(上皮)**

동물의 외표면이나 체강 및 모든 기관의 내강(內腔) 등을 덮고 있는 세포층으로, 소화된 물질을 흡수하는 기능이 있다.

erector muscle of hairs **입모근(立毛筋)**

포유류의 피부에 있으며 모근이 피부표면과 둔각(鈍角)을 이루는 쪽에 있는 미소(微少)한 평활근(平滑筋)

smooth muscle 조직 다발로 털을 세워서 피부에 소름을 돋게 하는 근육이다.

erosion

침식 (侵食)

암석이 풍화 weathering 로 깎여 나가는 것.

erythrocyte

적혈구 (赤血球)

red blood cell, red blood corpuscle 라고도 한다. 모든 척추동물 및 일부 무척추동물의 산소를 운반하는 헤모글로빈 hemoglobin 이라는 붉은 색소를 포함하는 세포로 골수 bone marrow 의 혈구 모세포 hemocytoblast 가 분화하여 적혈구가 된다. 순환하는 피 속의 적혈구는 핵이 퇴화된다. 인간의 혈액 1㎣ 속의 적혈구 수는 남자가 약 500만(萬)개, 여자가 약 450만(萬)개가 들어있다. 적혈구는 세포막으로 둘러싸인 전형적인 동물세포이므로 침투압과 세포막의 관계를 알기 위해 쓰이는 적합한 실험 재료이다

Escherichia

대장균 (大腸菌)

사람 및 동물의 장(腸)속, 특히 대장에 많이 존재하는 세균으로 건강한 사람의 장에 늘 있다. 배양하기 쉬워 생물학 실험재료로 광범위하게 사용되고 있다.

esophagus

식도 (食道)

소화관 중 인두(咽頭)와 위를 연결하는 관상부(冠狀部). 음식물을 위나 장으로 보내는 일만 하며 소화 흡수와는 관계없다. 후방(위나 장 방향)으로 음식물을 보내는 일은 무척추동물에서는 식도내면의 섬모 cilia 가 하며 척추동물에서는 식도벽의 근육수축에 의해 일어나는 연동 peristalsis 에 의한다.

essential amino acid　　**필수 아미노산**

동물이 체내에서 합성하지 못하거나 만들기 힘들기 때문에 음식물로 반드시 섭취해야 하는 아미노산을 말한

다. 필요한 아미노산을 모두 합성할 있는 식물이나 미
생물에 대해서는 필수아미노산이라는 개념은 없다. 필
수아미노산의 종류는 동물의 종류나 성장시기에 따라
다르지만, 성인의 경우에는 다음의 8종이다. 이소류
신 · 류신 · 리신 · 페닐알라닌 · 메티오닌 · 트레오닌 ·
트립토판 · 발린이다. 어린아이의 경우에는 여기에 히
스티딘이 더해진다.

estrogen

에스트로겐

estrogenic hormone, estrus hormone, 발정(發情)
호르몬이라고도 한다. 여성 호르몬의 일종으로 척추동
물의 경우 주로 난소에서 분비된다. 포유류에서는 발
정이라는 상태를 유발시킨다.

estrous cycle

발정기 (發情期), 성(性)주기

oestrous cycle 라고도 한다. 포유류의 암컷이 수컷과
분리된 상태에 있으면 발정상태를 포함한 임신단계에
서의 생식활동(여포(濾胞)성장, 배란 등)이 주기적으
로 반복된다. 이 주기를 발정기라고 한다. 포유류에서
도 발정기가 있는 것과 없는 것이 있다.

estrus

발정 (發情)

동물이 교미 가능한 생리상태에 있는 것으로 주로 포
유류를 말한다. 인간 이외의 동물인 경우에는 번식기
breeding season 에만 발정을 한다.

ethanol

에탄올

에틸기(-C_2H_5)를 갖는 알코올로 포도당이 효모균
yeast 으로 분해되면 이산화탄소와 에탄올(알코올 발
효)이 된다. 주류(酒類)는 이 원리를 이용하여 만드는
것이며 진한 에탄올에는 강한 탈수작용이 있으므로 해
독용으로 쓰인다.

ethylene

에틸렌

분자식은 C_2H_4이고 식물 호르몬의 하나로 과일의 성장

을 촉진하는 작용이 있으므로 성숙호르몬 ripening
hormone 이라고 생각할 수 있다.

eukaryotic cell **진핵 세포 (眞核細胞)**
정지핵(세포분열을 하지 않는 상태의 핵)을 관찰했을
때 핵막 nuclear envelope 에 둘러싸인 핵이 있는 세
포이며 핵과 세포질 구분이 있다.

Eustachian tube **유스타키오관**
중이(中耳)와 목구멍을 연결하는 관으로 이탈리아의
해부학자인 B. 유스타키오가 발견하였다. 귀 내부와
목구멍(대기라고 생각해도 된다)기압을 같게 하는 기
능이 있다. 엘리베이터나 케이블카로 고도차가 큰 곳
을 이동하면 하품과 함께 고막이 움직이는 것을 경험
할 수 있는데 이것은 유스타키오관이 정상적으로 기능
하고 있기 때문이다.

eutrophication **부(富) 영양화**
호수나 늪 같은 곳이 식물 플랑크톤 등의 광합성 작용
으로 유기물이 풍부해지는 것으로 무기염 mineral
salts 도 풍부하며 부영양화된 곳은 조류(藻類)나 박테
리아가 급격히 증가하여 많은 산소를 소비하므로 산소
결핍 상태가 되는 경우도 있다. 이와 같은 호수나 늪지
대도 처음에는 빈(貧)영양호 oligotrophic lake
였다.

evaporation **증발 (蒸發)**
액체가 기체가 되는 것이고 고체가 직접 기체가 되거
나 기체에서 고체가 되는 현상은 승화 sublimation 라
고 한다.

evaporimeter **증발계**
수면에서 대기 속으로 물이 증발하는 비율을 측정하는
장치.

evergreen **상록수**

계절에 관계없이 잎이 늘 푸른 나무.

evidence for photosynthesis　　광합성증거 (光合成 證據)

잎에서 광합성이 일어나고 있는지 아닌지는 전분 starch 의 유무(有無)로 알 수 있다. 잎에서 전분이 검출되면, 광합성이 되고 있다는 증거가 된다. 이것을 확인하려면 한 장의 잎을 검은 종이나 알루미늄 호일 등으로 덮은 뒤에 빛을 쏘이는 것이 가장 간단하면서 알기 쉬운 방법이다. 빛을 쏘인 다음 잎 전체의 전분 분포를 조사하면 덮여 있던 부분에서는 전분이 검출되지 않는다.

evolution　　진화 (進化)

생물 발전 과정을 말하며　일반적으로 체제 structural plan 의 복잡화(생물체의 형태나 구조가 복잡해지는 것), 적응의 고도화, 종류의 증가를 동반한다. 거기에는 기본적으로 생물의 근원은 같다는 생각이 내재되어 있다. 진화의 근거는 고생물학, 비교 해부학, 비교 발생학, 분류학, 생태학, 생물지리학, 유전학, 생화학 등 대부분이 생물학 영역이다. 현재의 진화론 evolution theory 은 여러 가지 설이 있으나 원점은 다윈의 자연도태설(환경에 적응한 개체가 생존경쟁에서 이겨 자손을 증식해 왔다고 생각하는 설. 자연선택설이라고도 한다)에 있다고 말할 수 있다.

exalbuminous seed　　무배유종자 (無胚乳種子)

콩이나 밤 종자의 배유 endosperm 조직은 발생초기에만 증가하고 점차 파괴·흡수되어 성숙 시에는 소멸한다. 그리고 자엽(子葉) cytyledon 이 눈에 띄게 발달하여 저장물질을 축적한다. 이와 같은 종자 완성 시에는 배유가 아닌 것처럼 보이므로 무배유종자라고 불린다. 본래는 배유(胚乳)여야 할 물질이 자엽에 흡수된 종자라고 이해할 수 있다.

excretion　　배설, 배출 (排出)

생물체가 생명활동 결과 생긴 필요 없게된 물질을 체
외로 방출하는 것으로 호흡에서의 이산화탄소 방출,
신장 kidney 에 의한 요소 urea 등의 제거, 간 liver
에 의한 담즙색소 bile pigment 배출, 오줌이나 땀을
통해 수분이나 염류를 방출하는 것 등이 있다.

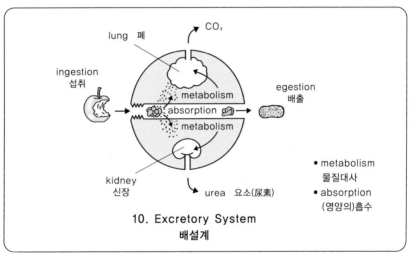

10. Excretory System
배설계

excretory organs **비뇨기**
인간의 경우는 비뇨관이라고 한다. 배설을 담당하는
기관이며 전형적인 배설기관은 신장 kidney 이다.

exocrine gland **외분비선**
선세포(腺細胞) glandular cell 로 구성되며 분비물을
도관(導管)을 통해 일정의 장소로 배출하는 기관으로
이하선 parotid gland, 타액선 salivary gland, 한선
sudoriferous gland, sweat gland 등 여러 가지 소화
선이 있다. 선세포(腺細胞)란 상피세포 epthelium 가
특수한 물질(분비물)을 만들 수 있도록 분화한 것이다.

exoskeleton **외골격 (外骨格)**

피부 부속물로 몸 바깥 부분을 덮어 몸을 유지·보호
하는 것으로 연체동물의 껍질, 절지동물의 키틴질
chitin 외층, 극피동물의 갑판 외에 척추동물의 비늘도
외골격의 일종으로 생각할 수 있다.

experiment   **실험**

가설이나 추정한 것을 실증하거나 교과서에 서술되어
있는 사항을 체험을 통해 아는 행위로써 자연과학 세
계에서는 필수 불가결한 것이다. 생물을 있는 그대로
를 보거나 절편 section 하여 광학현미경이나 전자현미
경으로 보는 것인 경우에는 관찰 observation 이 적절
하다.

exponential growth   **지수증식 (指數增殖)**

2배, 4배, 8배, 16배, 32배 등과 같이 지수관계
$f(x) = a^x$ 처럼 증식해 가는 것이다.

external digestion   **체외소화 (體外消化)**

생물의 유체(遺體)나 배설물이 박테리아나 세균이 갖
는 효소에 의해 분해되어 생물 체내로 들어가는 것.

external respiration   **외호흡 (外呼吸)**

호흡기관에 의한 가스교환으로 외기(外氣)와 혈액 사
이의 가스교환(산소와 이산화탄소의 교환)이다. 외호
흡의 정지는 죽음을 의미한다.

extracellular digestion   **세포외 소화**

소화관 속에서 소화하는 것. ↔ intracellular
digestion

eye muscle   **안근(眼筋)**

눈이나 눈꺼풀의 운동을 맡아보는 근육.

FAD

플라빈 효소군 (酵素群)의 보조효소

flavin adenine dinucleotide 의 약자이다. 호기성(好氣性) 생물과 혐기성(嫌氣性) 생물 모두에 분포하며 산소호흡 internal respiration 의 경우 전자 전달 electron transfer 계에서 전자를 교환한다.

faeces

대변 (大便)

feces 라고도 한다. 항문으로부터의 배출물을 말하며 음식물이 소화 흡수되지 않은 것, 소화액의 나머지, 위장관의 상피가 벗겨진 것, 장내 미생물 등을 포함하고 있다

Fallopian tube

나팔관

이탈리아의 해부학자 Fallopius의 이름에서 유래하였다. 수란관(輸卵管) oviduct 이라고도 한다. 이것을 발견한 이탈리아의 해부학자 G. 팔로피우스(Fallopius)의 이름을 따서 팔로피오관이라고도 한다.
→ 그림 11, p.122

false

가짜의

■ ~ fruit 위과(僞果)

심피 carpel 이외의 조직을 구성단위에 포함하는 과일을 말하며, 사과, 배, 딸기 등이 있다.

■ ~ leg 위각(僞脚)

곤충이 유충 larva 일 때 나타나는 복각(腹脚)을 가리키며 성충 adult 이 되면 소실되므로 위각이라 불린다. 나비 유충의 위각은 4 쌍이다.

family

과(科)

생물 분류상의 그룹.

fats

지방(脂肪)

식품의 3대 영양소 중의 하나로 탄소(C), 수소(H), 산소(O)로 구성되는데 수소에 비해 산소의 양이 매우 적다. 평상시 온도에서 고체인 것을 fats 라고 하고, 액체인 것을 oil 이라 한다. 이 두 가지를 합친 것을 유지(油脂)라고 한다.

fatty acids

지방산 (脂肪酸)

유지(油脂)의 화학적 구성단위의 하나이며, 유지를 분해하면 글리세롤 glycerol 과 지방산 fatty acid 이 된다. 1 분자의 지방산 속의 칼복실기(-COOH)를 1개 갖는 유기물이다. → glycerol

fauna

동물상 (動物相)

특정지역에 사는 동물의 모든 종류를 말한다. ↔ flora 식물상(植物相)

feather

깃털

조류의 털.

feces

대변

→ faeces

feedback

피드백, 되먹임

어떤 행위나 동작 등에 대한 결과나 반응을 보고 조절을 하는 것으로 몸 상태를 알고 조절하여 자기 몸의 컨디션을 최상으로 하거나 (예를 들면 자동차를 탔을 때 몸의 균형을 잡는 것), 체내 호르몬이나 자율신경으로 혈당치를 조절하는 등 여러 가지가 있다.

Fehling's test

펠링실험

펠링용액 fehling solution 으로 하는 실험으로 원액은 청색이나 환원력이 있는 물질과 반응하면 붉은색의 침전이 생긴다. 환원당(단당류) 검출과 정량(定量)에 쓰인다. → reducing sugar femur

대퇴골 (大腿骨)
허벅지 속에 있고 허리 바로 아래 있는 두껍고 긴뼈로
곤충의 경우, 다리의 제 3절(節)을 대퇴골이라고 부
른다.

fermentation

발효 (醱酵)
미생물 작용으로 유기물을 분해 또는 변화시켜 보다
작은 화합물로 되는 현상으로 알코올 음료나 빵 그 밖
의 양조제품 제조에 쓰인다.

ferns

고사리류, 양치류
녹색식물중 유관속 식물류의 한 강(網)class 으로 세계
에는 약 9,000종 있으며 목생(木生)고사리류나 수생
(水生)고사리류 등의 종류가 있다. 분명한 세대교대
alternation of generation 를 한다.
→ Bryophyta 이끼류

fertilization

수정 (受精)
난자 ovum 와 정자 sperm 의 핵이 합치는 것으로 유
성생식 sexual reproduction 을 하는 동·식물의 공통
적 현상이다.

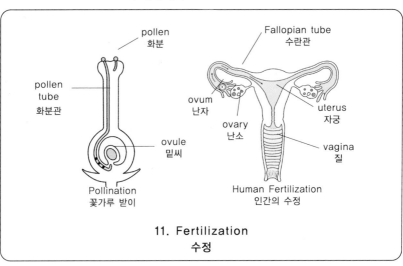

11. Fertilization
수정

■ external ∼ 체외수정 (體外受精)

수생동물이 물 속에 난자, 정자를 방출하여 암컷의 체
외에서 이루어지는 수정의 방법으로 어류나 개구리 등
이 해당된다.

fertilizer

비료 (肥料)

같은 땅에서 작물을 오랜 기간 재배하기 위해 토양이
나 작물에 직접 뿌리는 물질로, 수확으로 인해 소실된
무기 영양분을 보충한다. 비료효과가 큰 질소, 인산,
칼륨을 비료의 3요소라고 한다.

fiber

섬유 (질)

fibre 라고도 한다. 야채에 많이 들어있고 소화되지 않
으며 위나 장의 연동작용 peristalsis 을 돕는다.

fibrin

섬유소 (纖維素)

혈장 속의 피브리노겐 fibrinogen 에 트롬빈
thrombin 이 작용하여 생긴다. 상처가 나서 출혈이
되어도 섬유소가 혈구(血球)를 감싸 단단해지면서 출
혈을 멎게 함과 동시에 잡균의 침입을 막는다.

fibrinogen

섬유소원 (纖維素源)

척추동물의 혈장에 있으며 혈액응고에 있어 중요한 기
능을 갖는다. → fibrin

fibula

비골, 종아리뼈

무릎 밑에 두 개의 뼈가 있는데 그 중의 하나이다. 경
골과 쌍을 이루고 있는 뼈이다.

filament

수술대

암술 stamen 이나 꽃밥 anther 을 지탱하는 가늘고
실 모양으로 된 부분.

filter feeder   **여과식 섭식자(濾過式 攝食者)**
물벼룩 등이 먹이를 잡아먹는 방법과 관련.

fin   **지느러미**
어류의 가슴지느러미, 등지느러미, 배지느러미, 꼬리
지느러미 등을 가리킨다. → **그림 14, p.134**

fitness   **적응도**
다윈 적응도 Darwinian fitness 라고도 한다. 자연도
태에 대한 개체의 유리함을 나타내는 척도로 특정 유
전자형 또는 표현형의 적응도는 다음 세대에 기여하는
자손(오래 살아 생식연령에 이른 자손)의 수에 의해
표시된다. 적응치와 같은 의미이다.

flaccid   **시든**
식물세포가 원형질분리 plasmolysis 를 일으켜서 세포
전체가 시든 상태.

flagellum   **편모 (鞭毛)**
원생동물 protozoa, 정자 sperm 가 갖는 운동성 있는
가늘고 긴 실 모양의 세포기관. → **그림 5, p.48**

flatworm   **편형동물 (扁形動物)**
Platyhelminthes 이라고 한다. 몸은 등배로 편평하며
약간 세로로 길다. 앞쪽이 머리, 뒤쪽이 꼬리이며 배면
의 거의 중앙에 입이 열려 있다.

flea   **벼룩**
몸길이 2~4 mm이고 좌우로 밀어붙여 세로로 납작한
모양이며 날개가 없고 겹눈이 없으며 보통 2개의 홑눈
만 있다. 벼룩은 페스트(pest) 외에도 발진열(發疹熱)
을 매개한다. 세계 각지에 널리 분포한다.

Fleming, Alexander　　알렉산더 플레밍

리소자임 lysozyme (눈물이나 침 속에 있는 천연 살균제)과 항생물질인 페니실린 penicillin 을 발견한 생화학자.

flight　　비행 (飛行)

새 등이 공중을 나는 것.

flocculation　　면상화 (綿狀化)

흙더미를 부수어 공간이 많은 연한 흙으로 만드는 것으로 작물재배를 하기 쉽게 한다.

flora　　식물상 (植物相)

특정 지역에 생육하고 있는 식물의 종류. ↔ fauna

florigen　　플로리겐

개화(開花) 호르몬으로 꽃봉오리 형성을 촉진하는 기능이 있다. 그 존재는 알려져 있으나 화학조성과 분화구조는 아직 분명치 않다.

flowering hormone　　화성(花成) 호르몬

플로리겐 florigen 과 같은 말로 개화(開花) 호르몬이라고도 한다.

flower　　꽃

종자식물의 생식 기관으로 꽃잎 petals, 수술 stamen, 꽃받침 calyx 의 분화를 볼 수 있다. 일반적으로 겉씨식물 Gymnosperm 의 꽃은 수수하고 눈에 띄지 않으며 장식용 꽃으로 쓰이는 것은 속씨식물 Angiosperm 이다. → 화보 그림 2

fluoride　　불소화물

불소(F)가 다른 원소들과 화학결합을 하고 있는 화합물로 치아의 불소처리에 쓰이는 경우도 있다.

focusing   **초점 맞추기**
눈이 보려고 하는 것에 초점을 맞추는 것.

follicle   **여포 (濾胞)**
여러 가지 동물의 난소 ovary 중에서 난모(卵母)세포 주위를 감싸고 있는 것이며 여포가 성숙하면 그 중에서 한 개의 란(卵)이 생겨 여포가 파괴되면서 배란된다.

     ■ ~ cell 여포세포
난모세포 주위를 감싸고 있는 세포.

food   **음식**

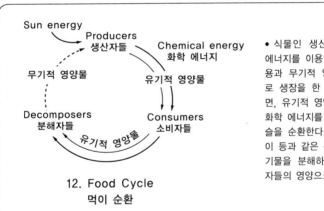

12. Food Cycle
먹이 순환

● 식물인 생산자들이 태양에너지를 이용한 탄소동화작용과 무기적 영양물의 섭취로 생장을 한 후 먹이가 되면, 유기적 영양물의 형태로 화학 에너지를 싣고 먹이 사슬을 순환한다. 최후로 곰팡이 등과 같은 분해자들이 유기물을 분해하면 다시 생산자들의 영양으로 돌아간다.

     ■ ~ chain 먹이사슬
생물군집 내에서 생산자와 포식자(소비자)의 관계를 나타내는 것으로 태양에너지를 고정하여 무기물에서 유기물로 합성하는 녹색식물을 생산자, 자기 스스로 합성할 수 없는 동물을 소비자라고 한다. 소비자 중에서 생산자를 먹는 것을 초식동물 또는 1차 소비자, 1차 소비자를 잡아먹는 것을 육식동물 또는 2차 소비자, 2

차 소비자를 잡아먹는 것을 3차 소비자라고 한다. 이 동식물의 죽은 몸체는 세균 즉, 분해자에 의해 분해되고, 그 결과 생긴 무기염류는 최종적으로 다시 식물로 흡수된다.

- ~ cycle 먹이순환
하나의 생물 군집 community 에서 모든 먹이사슬을 통합한 것이다.

- ~ poisoning 식중독
자연독이나 유해물질이 함유된 음식물을 섭취함으로써 생기는 급성 또는 만성적인 건강장애로 주로 발열·구역질·구토·설사·복통 등의 증세가 나타난다.

- ~ storage 영양분 저장
인체 내에서 탄수화물은 포도당 glucose 이 되어 간 (肝) liver 이나 근육 muscle 에 저장된다. 포도당이 과잉되면 피하 지방이 되어 축적된다. 지방은 우선 간 liver 에 그리고 피하에 저장된다.

- ~ vacuole 식포(食胞)
아메바 같은 원생동물 protozoa 이 고체 성질의 먹이를 세포 속으로 집어넣어 만드는 특수한 구멍으로 이 속에서 먹이를 소화시킨다.

- ~ web 먹이망(網)
생물군집에 있어서의 모든 섭식(攝食) 관계를 가리킨다. 모든 먹이사슬 및 먹이순환을 포함한다. 각 생물이 여러 가지 생물을 먹기 때문에 그물형태가 된다.

forebrain

전뇌 (前腦)

척추동물이 수정란으로부터 발생되어 가는 과정에 있어 신경배(神經胚) neurula 시기에는 신경관 neural tube 이 생긴다. 이 신경관의 앞쪽, 장차 뇌가 생길 부분에 3개의 뇌포(腦胞)가 형성되는데 그 중 가장 앞부분을 전뇌(前腦) 라고 한다.

fovea

망막의 중심 와 (窩)

fovea centralis retinae 가 정식 이름이고 안구의 망막 retina 에 있는 홈으로 황색을 띠고 있으므로 황점, 황반이라고도 하며, 빛에 가장 민감한 곳이다. → yellow spot

fracture

골절 (骨折)

뼈에 잔 금이 생기거나 부러지는 것이고 유전학적으로는 염색체의 절단(切斷)을 의미한다.

frontal lobe

전두엽 (前頭葉)

대뇌반구 cerebral hemisphere 는 전두엽(前頭葉), 두정엽(頭頂葉), 후두엽(後頭葉), 측두엽(側頭葉) 4개로 구성되는데 얼굴 정면에서 가장 가까운 부분이 전두엽이며 기억력·사고력 등의 고등행동을 관장한다.

fruit

과일

종자식물의 꽃 부분이 발달하여 생기는 기관으로 꽃봉우리를 형성하는 기관이면 어느 기관에서 나왔든지 과일이라고 한다. 개화, 수정 뒤에 꽃받침, 암술, 꽃밥 등은 시들어 떨어지거나 시들어 남으며 암술의 씨방 ovary 이 발달하여 과일이 된다.

■ ~ body 자실체

균류에 있어 포자를 만드는 생식체다. 일반적으로 버섯이라고 하는 것은 담자균류 basidiomycota 와 자낭균류 Ascomycota 의 자실체 중 큰 것(육안으로 볼 수 있는 것)을 가리킨다.

fucus

바닷말, 해초

fuels

연료

인간이 일상생활을 영위하는데 있어 필요한 에너지원

(源)이다. 화석원료의 소비량 증대에 따라 이산화탄소로 인한 온실효과 greenhouse effect 가 문제가 되어 지구 온난화가 발생한다.

fungi

균류 (菌類)
버섯, 곰팡이류를 말한다. 단수형은 fungus.

fungicide

살균제 (殺菌劑)
동·식물체·목재·섬유·식품에 있는 유해한 균류나 흙 속의 균류를 죽이는 약제이다.

gallbladder

쓸개
간의 분비물인 쓸개즙 bile 을 저장하는 기관.

gametangium

배우자낭(配偶者囊)
한번에 다수의 배우자 gametes 를 만드는 주머니 모
양의 기관으로 갈조류, 녹조류, 조균류에서 볼 수
있다.

gamete

배우자
생물에서 2개씩 대합하여 새로운 개체(접합체)를 만드
는 생식세포로 난자, 정자, 화분(花粉), 배낭(胚囊) 등
을 가리킨다.

gametogenesis

배우자형성
배우자(정자, 난자, 화분, 배낭 등)가 만들어 질 때까
지의 과정.

gametophyte

배우체
세대교번을 하는 식물에서 유성의 포자를 만드는 염색
체 수가 반수(n)인 시기의 식물체. → sporophyte

ganglion

신경절 (神經節)
말초 신경계의 중심으로서 신경 세포 및 신경 조직이
모인 곳.

gaseous exchange 가스 교환
생물이 산소를 흡수하고 이산화탄소를 배출하는 호흡
운동으로 세포내 호흡을 내호흡 inner respiration 이
라고 하고 가스교환은 외호흡 external respiration
이라 한다.

gasohol

가소홀
사탕수수 발효로 생긴 에탄올을 증류하여 제조하는 자

동차용 연료이며 브라질에서는 실용화되고 있다.

gastric juice

위액
동물의 위에서 분비되는 소화액으로 펩신 pepsin 이라는 소화효소를 포함하며 단백질 protein 을 펩톤 peptone 으로 분해한다.

gene

유전자 (遺傳子)
유전에 관여하는 여러 가지 형질이 염색체 chromosome 속에 있는 것으로 유전인자라고도 한다. 핵산(DNA)의 염기(아데닌, 구아닌, 사이토신, 티민의 4종이 있다)배열에 유전 정보가 숨겨져 있다.
→ DNA

genetic

유전자의, 유전학

▪ ~ engineering 유전공학
어떤 생물로부터 인간에게 유용한 유전자를 얻어내어 다른 생물로 전환하여 유용한 작용을 하게 하거나 두 종류의 세포 핵융합에 의해 유용한 세포를 만들어 내는 것이다.

▪ ~ polymorphism 유전적 다형(多型)
동일한 생물 집단 내에 있는 정상적인 개체 사이에서 불연속적인 유전적 변이가 존재하는 현상.

genetics

유전학
유전현상을 연구하는 생리학의 한 분야로 연구재료나 연구방법에 따라 여러 가지로 분류할 수 있다.

▪ problems in ~ 유전학의 문제
유전문제의 해법에는 요령이 있는데 유전자의 우성, 열성을 확실하게 파악하여 배우자는 반수체(半數體) haploid, 생물체는 배수체(倍數體) diploid 라는 것을 아는 것이다.

genotype   유전자형

생물체의 형질을 결정하는 유전자 조합으로 우성 유전자, 열성 유전자를 의미하는 글자의 조합으로 표시한다. 우성 유전자를 A, 열성 유전자를 a 로 하면, AA, Aa, aA, aa 등이며 유전자형의 반대는 표현형 phenotype 이며 유전자형으로부터 표현형을 결정하는 것은 가능하나 유전형질 A를 표현형으로 갖는 생물은 호모(homogenous, AA)와 헤테로(heterogenous, Aa)가 있기 때문에 단순하게 유전자형을 결정할 수는 없다.

genus   속 (屬)

생물 분류상의 단위.

geographic isolation   지리적 격리

생물의 생식지나 분포권이 어떠한 원인에 의해 서로 떨어지게 되어 같은 종(種)의 유전자 교류가 막히게 된 것으로 해양, 높은 산맥, 광대한 건조지대가 원인이 된다. 생물진화의 한가지 요인이라고 생각할 수 있다.

geotaxis   주지성 (走地性)

중력 자극에 대하여 일어나는 주성(走性)이다. 파리 유충이 땅으로 기어들어가서 번데기가 되는 것은 양(+)의 주지성이고 짚신벌레를 진한 배양액이 있는 시험관에 넣으면 짚신벌레는 시험관 위쪽으로 모여들게 되는데 이것은 중력이 작용하는 방향에 반대되는 음(−)의 주지성이다.

geotropism   굴지성 (屈地性)

식물이 중력에 반응하여 줄기는 위로 자라고 뿌리는 밑으로 자라는 현상으로 뿌리는 +굴지성, 줄기는 − 굴지성을 갖는다고 한다. 식물의 생존에 꼭 필요한 반응으로서 굴중성이라고도 한다.

germination   발아 (發芽)

휴면 dormancy 상태에 있는 싹(생장점. 종자의 배아에 있다)이 발육을 시작하는 것이다. 간단히 말하면 종자가 싹을 내는 것이다. 발아에는 수분·적당한 온도·산소를 필요로 하며 추가로 빛이 필요한 경우도 있다.

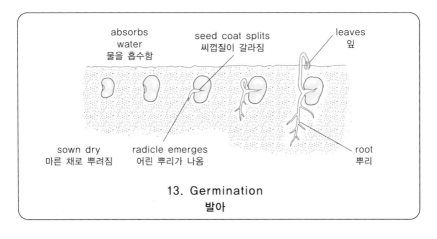

absorbs water
물을 흡수함

seed coat splits
씨껍질이 갈라짐

leaves
잎

sown dry
마른 채로 뿌려짐

radicle emerges
어린 뿌리가 나옴

root
뿌리

13. Germination
발아

germinative layer

배아층 (胚芽層)

말피기층 malpighian layer 이라고도 한다. 동물의 표피 epidermis 안쪽에 있는 세포 층으로 증식능력을 가지며 표피의 표면은 점점 떨어져 나가는데, 배아층에서 만들어진 세포가 그것을 돕는다.

gestation

임신 (姙娠)

포유류의 수정란이 배아 embryo 가 되어 모체와의 사이에 계속적인 연락을 해 나가는 현상이나 그 상태.

gibberellin

지베렐린

벼에 기생하는 균(키다리병균)인 지베렐라 푸지쿠로이 (Gibberella fujikuroi)의 배양액 속에서 나온 식물 호르몬의 일종으로 고등식물에는 약 40종 있는 것으로 알려져 있다. 식물의 전체적인 성장을 촉진한다.

gill **아가미**
수중생활을 하는 동물의 호흡기관으로 척추동물에서는
어류나 양서류의 유생 larva 또는 일부 성체에서 볼 수
있다. 모세혈관으로부터 물 속의 산소를 받아들이고
물 속으로 이산화탄소를 방출한다.

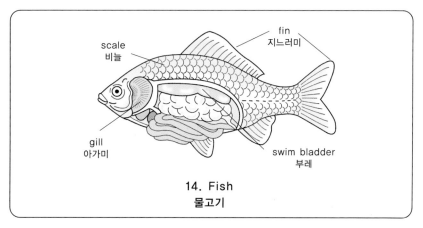

scale
비늘

fin
지느러미

gill
아가미

swim bladder
부레

14. Fish
물고기

■ ~ raker 아가미 갈퀴
어류, 양서류 유생 larva 의 아가미 활(gill arch)이
나란히 나와 있는 부분으로 음식물이 호흡수(呼吸水)
와 함께 통과하는 것을 막는 역할을 한다.

gland **선(腺)**
한 개 또는 여러 개의 선세포가 주성분을 이루고 다른
조직성분이 합해져서 여러 가지 물질을 분비하는 조직
이다. 동물의 경우에는 도관이 있는 외분비선과 도관
이 없이 분비물(호르몬)을 혈관이나 림프관으로 직접
분비하는 내분비선이 있다. 식물의 경우에도 특별한
물질을 분비하는 조직을 가리킬 때 쓰는 말이다.

glomerulus **사구체 (絲球體)**
신장 피질에 있는 말피기소체에 들어 있는 모세혈관의
덩어리로 혈장이나 혈관 속의 저분자 성분을 걸러 보

우먼주머니로 보내는데 이것이 요(尿)의 기본이 된다.

glucagon

글루카곤
동물이자 pancreas 의 랑게르한스섬에서 분비되는 호르몬으로 혈당량을 증가시키는 기능이 있고 이 기능으로 인해 항(抗) 인슐린이라고도 한다.

glucose

포도당
단당류의 하나로, 광합성 photosynthesis 에서 만들어지며 생물의 에너지원(源)이 된다.

■ fate of ~ (식물체 내에서의) 포도당의 운명
광합성 photosynthesis 으로 만들어진 포도당 glucose 은 다음의 4가지 일을 한다.
(1) 자당 sucrose 으로 되어 각 부분으로 운반된다 .
(2) 전분 starch 형태로 저장된다.
(3) 호흡이나 아미노산 합성에 쓰인다.
(4) 셀룰로오스 cellulose 로 되어 세포벽 cell wall 을 형성한다.

glycerine

글리세린
→ glycerol

glycerol

글리세롤
글리세린이라고도 한다. 무색(無色)이며 점성이 있고 단맛이 있는 액체로 3 가(價) 알코올(1 분자 속에 OH 를 3개 갖는다)이며 지방의 가수분해로 만들어진다.

glycogen

글리코겐
포도당 glucose 이 많이 연결된 분자로 다당류의 하나이다. 동물체 내에서 포도당이 저장 될 경우에 글리코겐이 된다고 생각하면 된다. 식물의 녹말 starch 과 대비(對比) 되지만 일부 식물체 내에도 존재하는 것으로 알려져 있다. 간 liver 이나 근육 muscle 에 포함되어 있다.

glycolysis

해당 (解糖)

근육 속에 들어 있는 탄수화물(글리코겐)이 젖산으로 변화하는 과정이다. 넓은 뜻으로는 생체 내에서 일어나는 탄수화물이 산소 없이 분해되는 경로를 가리키는 경우도 있다. 생물계에서 매우 보편적으로 볼 수 있는 당대사의 주요 경로이며, 간 liver 이나 근육 muscle 에서도 글리코겐이 기질이 된다. → EMP pathway

goiter

갑상선종 (甲狀腺腫)

goitre 이라고도 하는데 갑상선종이라는 개념에 대해서는 일치된 의견이 없다. 일반적으로 갑상선 조직의 증식 · 비대 및 그 일부분의 기능 저하를 가져오는 갑상선 비대 증상으로 요오드부족으로 생기는 병이다.

Golgi body

골지체

1898년 이탈리아의 조직학자 C. 골지가 올빼미의 신경세포체에서 처음으로 발견하였다. 동물세포(척추동물의 신경세포 및 장 등의 분비세포 등)에서 주로 관찰되었으나 근래에 와서 전자현미경의 관찰에 의해 식물세포에서도 그 존재가 확인되고 있다. 골지체는 편평한 구조의 소포인 시스터나(cisterna)로서 3~10개가 나란히 겹쳐 층상구조를 이루고 있다. 반면 식물세포의 골지체는 동물세포와는 달리 골지주머니가 작고 골지 액포(液胞)가 없는데, 이것을 딕티오솜(dictyosome)이라고도 한다. 골지체의 주요기능은 분비작용이다.

gonad

생식선 (生殖腺)

수컷의 정소와 암컷의 난소를 가리키며 성호르몬을 분비한다.

gonorrhoea

임질 (淋疾)

임균의 감염에 의하여 일어나는 성병으로 주로 보균자와의 성교에 의하여 감염된다. 또한 임균은 요도 · 자궁·눈의 점막 등을 잘 침범한다.

grafting

접붙이기, 접목(接木)

번식시키려는 식물체의 눈이나 가지를 잘라내어 뿌리가 있는 다른 나무에 붙여 키우는 일로 인위적인 영양생식 vegetative propagation 방법이다. 형성층끼리 잘 접착시키는 것이 중요하며 우량품종을 선택하는 것이 일반적이다. 이것은 과수재배에 널리 이용된다.

grain

곡과 (穀果)

종자가 성숙한 후 건조하여 종자에 밀착하는 과실로 벼과, 과일 등에서 볼 수 있다.

Gram staining method   **그램 염색법**

1884년 C. 그램에 의해 완성된 세균 염색법이다. 세균을 크게 2가지로 분류할 수 있으므로 옛날부터 사용되고 있다. 그램 양성균(陽性菌)(포도상구균, 폐렴구균, 결핵균 등)에서는 짙은 보라색으로 물든다.

grana

그라나

양치식물 이상의 고등식물의 엽록체 내부에서 볼 수 있는 구조이다. 광학현미경에서는 녹색의 진한 과립모양으로 보인다. 전자현미경에서는 편평한 주머니(틸라코이드)가 겹쳐 있는 것을 볼 수 있는데 이 겹쳐 있는 부분을 그라나라고 한다. 틸라코이드 thylakoid 는 라멜라 lamella 라고 불리는 막계(膜系)로 구성되어 있다. 라멜라에는 엽록소가 들어있으며 광합성 photosynthesis 명반응이 일어나고 있다.

grass

목초 (牧草)

가축사료로 재배되는 식물로 성장이 잘 되고 부드러우며 양질의 단백질이 풍부한 것이 좋으며 콩과식물을 많이 쓰인다.

gravity

중력(重力)

지구와 다른 물체 사이의 인력에 의해 생기는 힘으로 중력의 가속도는 지구에서는 $9.8\text{kg} \cdot \text{m/s}$ 이지만 다른 천체 상에서는 다른 값이 된다. 예를 들면 달표면에서의 중력 가속도는 지구의 6분의 1이다. 생물학적으로는 주지성 geotaxis, 굴지성 geotropism 자극의 원인이 된다.

gravitropism

굴중선

gravity + tropism(굴성)에서 만들어진 말이며 굴지성 geotropism 이라고도 한다. 보통 굴지성의 의미로는 geotropism이 사용된다.

grazing

목초

→ grass

greenfly

진디

학명(學名)은 *Aphis* 이다.

greenhouse effect

온실효과 (溫室效果)

대기 중의 수증기와 이산화탄소 등이 온실의 유리처럼 작용하여 지구표면의 온도를 높게 유지하는 효과로 최근 지구전체의 대기조성 속에서 차지하는 이산화탄소의 비율이 증가하여 온실효과를 가져오는 것이다.

grey matter

회백질

척추동물의 중추신경(뇌와 척수)에서 신경세포가 모여 있는 곳이다. 중추신경의 조직을 육안으로 관찰하면 백색인 부분과 회백색인 부분으로 나뉘어 있다. 회백색 부분을 회백질이라 하고 주로 신경세포와 수상돌기 · 무수신경돌기 등이 차지한다.

growing point

생장점 (生長點)

고등식물의 줄기나 뿌리 끝에 있으며 생장을 활발하게 하고 있는 부분이다. → 그림 23, p.238

growth

성장 (成長), 생장 (生長)
생물이 알에서 성체로 변화하고 있는 사이에 크기·무게를 늘려가는 현상으로 발육과 같은 뜻으로 쓰인다.

■ discontinuous ~ 분열 속 성장
곤충의 외골격은 성장할 수 없으나 탈피를 함으로써 몸이 커진다. 이때 몸의 크기가 불연속적으로 커지는 것을 말한다.

■ ~ hormone 성장 호르몬
동물의 근육이나 뼈의 성장을 촉진하는 호르몬으로 부족하면 난쟁이, 과잉되면 거인이 된다.

■ ~ ring 성장바퀴
수목(樹木)의 생장이 정기적으로 변화함으로써 목질부(木質部)에 생기는 조직으로 동심원 모양으로 보인다. 1년 주기로 형성되는 것을 연륜 annual ring 이라고 한다. 짙게 보이는 동심원을 가리키는 것이 아니라 1년간 비대성장한 폭이 있는 부분을 가리킨다.

guanine

구아닌
핵산(DNA, RNA) 구성성분의 하나이며, 이 밖에도 아데닌, 사이토신, 티민, 우라실이 있다. 아데닌, 구아닌, 사이토신은 DNA, RNA에 공통으로 있고 티아민은 DNA, 우라실은 RNA에 있다.

guard cells

공변세포 (孔邊細胞)
기공 stoma 을 형성하는 세포이다. 기공은 바나나 같은 모양을 한 공변세포 2개가 서로 마주한 곳에 생긴다. 수분으로 팽창하면 기공이 열리고 팽압 turgor pressure 이 저하되면 기공이 닫힌다. 일반적으로 잎의 표면에 있으며 가스교환이나 수분을 조절한다.
→ 그림 26, p.273

gymnosperms

겉씨식물
종자식물 중 밑씨 ovule 가 심피 carpel 에 싸이지 않은 상태인 것으로 은행나무, 소철 및 침엽수가 있다.

habitat

서식지
입지(立地)는 본래는 임학 forestry 에서 사용되고 있는 용어이고 환경은 식물학 일반에서 쓰이고 생활장소는 동물세계에서 쓰인다. 쉽게 말하면 생물이 생활하고 있는 환경 environment 이다.

haemoglobin

→ **hemoglobin**

haemophilia

→ **hemophilia**

haploid

반수체 (半數體)
염색체 수가 n인 생물체로 핵상이 n인 생물체라고도 할 수 있으며, 배우자 gametes 는 반수체이다.

Hardy-Weinberg principle　　**하디바인베르크의 법칙**
1908년 영국의 수학자 G. H. 하디와 독일의 의사 W. 바인베르크가 각기 독자적으로 발견하였다. 집단에서의 유전자의 구성의 유지 또는 변화에 관한 이론이다. 즉, 커다란 개체군에서 유전자를 변화시키는 외부적 힘이 작용하지 않는 한 우성유전자와 열성유전자의 비율은 세대를 거듭해도 변하지 않고 일정하다는 것이다. 이러한 자연적 평형상태를 깨뜨리는 외부적인 힘으로는 선택·돌연변이·이동 등이 있다. 이 법칙은 진화의 메커니즘인 자연선택을 설명하는 데 특히 중요한 역할을 하였다. 의학유전학자들은 이 법칙을 이용하여 결함을 갖고 태어날 자손의 확률을 추정하기도 하며, 또한 방사선에 의한 개체군 내의 유해한 돌연변이의 발생을 예측하기도 한다.

Haversian system　**해비스계 (系)**
뼈 사이를 길게 잇는 원통 모양 구조로 다수의 혈관이나 신경을 중심으로 하고 있다. 골단위, 골소통(骨小筒)이라고도 한다.

heart

심장 (心臟)

순환계(혈관계)의 중심으로, 혈관 속 혈액을 체내로 보내는 펌프 역할을 하는 기관이다. 전형적인 심장은 어류 이상의 고등생물에서 볼 수 있다. 척추동물의 심장을 수축, 확장(이완)시키는 근육은 심근(심장근)이며 횡문근 striated muscle 에 속한다. 단, 횡문근은 일반적으로 골격근이며 수의근(隨意筋)이지만 심근은 불수의근(不隨意筋)이다.

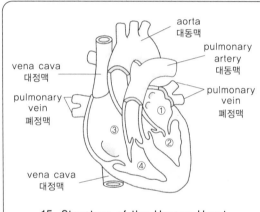

aorta 대동맥
pulmonary artery 대동맥
vena cava 대정맥
pulmonary vein 폐정맥
pulmonary vein 폐정맥
vena cava 대정맥

① ② ③ ④

15. Structure of the Human Heart
사람의 심장 구조

① **Left Auricle (좌심방)**
폐에서 산소를 받아들인 피가 폐정맥을 통해 들어온다.

② **Left Ventricle (좌심실)**
좌심방에서 좌심실로 들어온 피는 대동맥을 통해 신체 각부로 보내진다.

③ **Right Auricle (우심방)**
신체 각부에서 산소를 공급하고 이산화탄소를 받아들인 피가 대정맥들을 통해 들어온다.

④ **Right Ventricle (우심실)**
우심방에서 우심실로 들어온 피는 폐동맥을 통해 폐로 보내진다.

■ ~ attack 심장발작
관상동맥중의 어느 혈관이든 막히게 되어 심장근육에 혈액이 가지 못할 때 발생하며 병증세가 갑자기 나타났다가 비교적 짧은 시간에 사라진다.

■ ~ cycle 심장박동
심장의 수축과 확장의 반복운동.

■ ~ disease 심장병
순환기 질환 중 심장의 질환을 말한다.

■ ~ muscle 심근(心筋)
심장의 수축활동을 담당하는 근육으로 수의근과 비슷

하며 끝이 갈라진 것이 특징이다. 수축력이 강하며 지속성이 있는 불수의근이다. 심근 이외의 내근육은 평활근이며 불수의근이다.

heat

열
에너지의 일종으로 물체의 온도를 높이고 또 상태변화를 일으키는 역할을 하는 것.

hemoglobin

헤모글로빈
haemoglobin 이라고도 한다. 적혈구 erythrocyte 에 있는 붉은 색소로 폐 lung 에서 산소와 결합하여 몸 전체로 운반되어 분해된다. 산소와 결합한 것을 산소 헤모글로빈 oxyhemoglobin 이라고 한다.

hemophilia

혈우병 (血友病)
haemophilia 라고도 한다. 출혈하면 멎지 않는 병으로 혈액을 응고시키는 인자(혈소판인자)가 부족해서 생기는 유전병이다.

hepatic portal vein

간 문정맥 (肝 門靜脈)
척추동물의 혈관계는 심장 → 동맥 → 모세혈관 → 정맥 →심장의 순으로 체내를 순환한다. 심장을 나온 혈액이 다시 심장으로 되돌아갈 때까지는 여러 기관이나 조직 내에서 한 번만 모세혈관으로 갈라져서, 혈액 내의 산소나 영양을 조직세포에 제공한다. 그러나 간과 신장을 통하는 혈액에 한하여 모세혈관을 두 번 통과한다. 즉, 간을 통과하는 혈액은 장벽(腸壁)의 모세혈관에서 영양을 흡수하여 정맥혈이 되고, 간 내에서 다시 모세혈관으로 들어가 영양을 간의 조직 내에 남긴 뒤에 한 줄기의 정맥으로 들어가서 대정맥을 거쳐 심장으로 되돌아온다. 간과 대정맥 사이의 혈관을 간정맥이라 하고, 장과 간 사이의 혈관을 간 문정맥이라 한다.

herbicide

제초제

잡초 weed 를 철저하게 또는 선택적으로 죽이는 약으로 선택적 제초제의 하나인 2-4D는 성장호르몬과 비슷한 것으로 벼과 이외의 식물제거에 유효하기 때문에 논이나 잔디 제초에 자주 이용된다.

herbivores 초식동물 (草食動物)

나뭇잎 · 열매 · 풀 등 식물(植物)을 먹는 동물.

Hering-Breuer reflex 헤링 브로이에 반사

폐 미주(迷走) 신경(연수에서 폐에 이르는 부교감신경)의 호흡반사로 폐의 날숨과 들숨의 정상적인 리듬을 지속한다.

hermaphrodite flower 양성화 (兩性花)

하나의 꽃 속에 암술과 수술을 모두 가지고 있는 꽃.
→ unisexual flower

heroin 헤로인

디아세틸모르핀 diacetylmorphine 이라고도 한다. 마약성 진통제로 진통, 마취작용도 모르핀 보다 몇 배 강하며 도취, 탐닉(眈溺)을 일으키기 쉽다. 헤로인 중독 치료는 마약 중독 치료 중에서 가장 어렵다.

Herpes 포진(疱疹)

포진균 herpes virus 에 의해 몸에 작은 수포성 발진이 생기는 병으로 염증이 회복되어도 바이러스는 체내에 남아 몸 상태가 안 좋을 때 다시 염증이 생긴다.

heteroploids 이수체(異數體)

→ heteroploidy

heteroploidy 이수성(異數性)

개체나 계통이 그 종(種)에 고유의 염색체 기본 수(게놈)의 정합배(整合倍)이외의 염색체 수(2n-1, 2n-2,

2n+1, 2n+2 등)를 갖는 것이다. 이수성을 갖는 개
체를 이수체 heteroploids 라고 한다. 이수성의 원인은
생식세포가 생길 때의 감수분열 meiosis 시(時) 염색
체가 정상으로 분배되지 않았기 때문인 것으로 생각된
다. 이수성은 일반적으로 생물에 적합하지 않은 경우
가 많다. 인간의 선천성 이상(異常)인 다운증후증은
염색체 수가 $2n=46$이 아니라 $2n=47($ $2n+1$의 이
수성)인 것에 기인하여 생기는 것을 알 수 있다.

heterotrophy

종속영양 (從屬營養)
자기 몸에서 에너지원을 만들지 못하는 것으로 광합성
을 하지 못하는 식물(버섯이나 곰팡이)이나 동물은 종
속영양으로 살아간다. ↔ autotrophy

heterozygote

이형(異形) 접합체
특정 대립 유전자 allele 에 대해 생각할 때 우성유전자
와 열성유전자 조합을 갖는 개체로 우성유전자를 A,
열성유전자를 a라고 하면 Aa 또는 aA와 같은 조합이
다. ↔ homozygote

hibernation

동면 (冬眠), 겨울잠
동물이 마치 죽은 것처럼 비활동적인 상태로 겨울을
보내는 것이다. 추위와 먹이부족에 대한 적응으로, 육
생의 많은 변온동물과 일부의 정온동물에서 볼 수 있
다. 개구리 · 뱀 · 도마뱀 · 거북 등의 양서류나 파충류
는 온도 변화가 작은 물밑이나 땅속에서 월동하는데
체온은 주위 온도와 거의 같아지고 물질대사는 저하
된다.

hilum

배꼽
동물의 경우는 배꼽을 말하며 식물의 경우는 종자가
태좌(胎座) placenta 에 닿는 점 또는 태좌로부터 유
리되어 떨어진 흔적을 가리킨다.

hindbrain **후뇌 (後腦)**

척추동물의 개체 발생(수정란에서 개체가 발생하는 과정)에 있어 신경배 neurula 기(期)에 신경계의 기본이 되는 신경관 neural tube 이 형성되면 그 전단부에 3개의 뇌포(腦胞)가 생긴다. 그 중 맨 뒷부분의 뇌포가 후뇌이다.

histamine **히스타민**

여러 가지 동·식물 조직에서 볼 수 있는 오타코이드 autacoid 의 일종인데 미량으로도 다량의 약리 작용을 한다. 염증, 알레르기 질환형성에 관여하는 것으로 알려져 있다.

histogram **히스토그램**

도수분포를 나타내는 그래프로 기둥그래프·기둥모양 그림 등이라고도 한다. 관측한 데이터의 분포의 특징이 한눈에 보이도록 기둥 모양으로 나타낸 것이다. 가로축에 각 계급의 계급간격을 나타내는 점을 표시하고, 이들 계급간격에 대한 구간 위에 이 계급의 도수에 비례하는 높이의 기둥을 세운다.

histology **조직학 (組織學)**

조직 tissue 을 대상으로 하는 생물학 분야로, 세포학 cytology 이 여러 가지 세포에 초점을 맞추는데 비하여 조직학은 서로 유기적 연관성을 갖는 세포 집단을 연구한다. 동물에서는 상피조직, 결합조직, 근조직, 신경조직 등, 식물에서는 분열조직, 영구조직, 통도(通道)조직, 기계조직 등이 있다.

histone **히스톤**

세포의 핵 내 DNA와 결합하고 있는 염기성 단백질이다. DNA와 히스톤 복합체를 뉴클레오히스톤이라고 한다.

hive　　　　　　　　　꿀벌

보통 5,000~10,000 마리가 집단 생활을 한다. 수정
란에서 생기는 암벌은 2배체이며 여왕벌과 일벌이 있
다. 수벌은 미수정란에서 생기며 반수체이다. 수벌은
여왕벌과 교미하는 역할을 할 뿐이다.

holophytic nutrition　　　완전 식물성 영양

독립영양 autotrophic 을 구체적으로 설명하는 말로
전형적인 녹색식물이 여기에 속한다. 체내에서 유기물
을 합성할 수 있으므로 무기영양소와 클로로필
chlorophyll 이 받아들이는 태양 에너지만으로 살 수
있다.

holozoic nutrition　　완전 동물성 영양

고형 유기물질을 음식물로 섭취하는 동물의 전형적인
영양 양식이다.

homeostasis　　　　　항상성 (恒常性)

생물체가 체내외의 모든 변화에 대응하여 몸의 형태나
체내 상태를 안정시키면서 개체의 생명을 유지하는 성
질로 동물에서는 신경계와 호르몬이 항상성 유지에 큰
역할을 한다.

homoiotherms　　　　항온동물 (恒溫動物)

체온이 일정하게 유지되는 동물.

homologous chromosome　　　상동(相同) 염색체

체세포의 염색체(통상은 2n)에 있어 같은 수의 동일
유전자(동일형질을 보인다) 또는 대립유전자가 같은
순서로 늘어서 있는 염색체이다. 같은 형태, 같은 크기
의 염색체이다.

homozygoye　　　　　동형(同型) 접합체

완전히 동일한 유전자 조합을 갖는 개체로 호모 개체

군에는 우성 유전자 조합을 갖는 우성 호모와 열성 유
전자 조합을 갖는 열성 호모가 있다. ↔ heterozy-
gote

hormone

호르몬
동물체내의 내분비선에서 생산되며 일정한 조직에서
일정한 변화를 주는 물질로 도관을 거치지 않고 혈액
이나 림프액 등의 체액 속에서 직접 분비되어 체내를
순환한다. 각 호르몬마다 작용하는 조직이 정해져
있다.

■ plant ~ 식물 호르몬
고등식물 체내에서 자연적으로 생산되는 유기 화합물
로 생장이나 그 밖의 생리적 기능을 지배한다. 미량으
로 활성작용 효과가 있고 천연 옥신 natural auxin,
지베렐린 gibberellin 등이 잘 알려져 있다.

horsetails

목부류 (木賦類)
Sphenopsida 라고 하며 양치식물의 한무리.

humerus

상완골 (上腕骨)
위팔뼈.

humidity

습도 (濕度)
대기의 습기로 보통 포화 증기압에 대항하여 어느 정
도의 수증기가 있는가를 나타내는 상대 습도가 쓰인
다. 대기는 그 온도에 따른 양의 수증기를 포함할 수
있으며 각 온도의 최대 수증기량을 포화 증기압이라고
한다.

humus

부식질(腐植質)
생물, 특히 식물 고사체(枯死體)가 부식됨으로써 만들
어지는 산물로 분해가 충분하게 진행되지 않아 육안으
로도 식물 조직을 식별할 수 있다.

hybridization

교잡(交雜)

cross 라고도 쓴다. 유전자형이 다른 두 개체의 교배를 말한다. 교잡 hybridization 과 교배 mating 는 의미가 다른 것에 주의해야 한다.

hydrogen carbonate 탄산수소

- ~ indicator 탄산수소염 지시약

수용액 속의 이산화탄소 농도를 색으로 나타낸 것으로 대기 중의 농도와 같을 때에는 갈색이다. 이산화탄소의 농도가 그 보다 높아지면 오렌지색에서 황색으로 변한다. 한편 대기 중의 이산화탄소 농도 보다 낮을 경우에는 보라색을 나타낸다.

- ~ ions 탄산수소 이온

혈액 속에 있고 세포 호흡으로 생긴 이산화탄소와 결합하여 탄산수소나트륨($NaHCO_3$)이 되며 폐까지 운반하는 작용을 한다. 이 혈액이 폐로 가면 이산화탄소를 해리(解離)한다.

hydrolysis 가수분해 (加水分解)

물 분자가 작용하여 일어나는 분해반응이다. 고분자 녹말 starch 이 침 속의 효소(아밀라아제)로 엿당 maltose 이 되며 마지막에 포도당 glucose 으로까지 소화되는 것은 가수분해에 의한 화학변화이다.

hydrophilic 친수성 (親水性)의

물 분자와 사이가 좋은 것, 물과 섞이기 쉬운 것을 가리킨다.

hydrophobic 소수성 (疏水性)의

물 분자와 사이가 나쁜 것, 물과 섞이기 어려운 것을 가리킨다.

hydrotaxis 주수성 (走水性)

물에 대한 주성 taxis 으로 주습성(走濕性)이라고도 한다.

hygiene

위생학
인간의 건강 유지와 향상을 목적으로 하며 선천적(유전적)요인이나 외계의 여러 가지 요인이 인간이나 인간집단에 미치는 영향을 조사하는 학문이다.

hyperactivity

과민
어떤 종류의 식품 첨가제(착색 · 보존 · 산화방지)가 원인이 되어 아이들에게 일어나는 증상으로 불면 sleeplessness, 천식 asthma, 습진 eczema 등이 생긴다.

hypersensivity

과민증
특정물질이나 균(菌)등에 대한 항원항체반응 antigen-antibody reaction 으로 수(數) 초에서 수시간 내에 발진, 발열, 재채기, 기침 등이 생기는 것으로 개인차가 많다.

hypha

균사 (菌絲)
균류의 영양체(생물의 생식기 이외의 부분)를 구성하는 기본구조이며 원통형 세포가 일렬종대로 연결되어 있는 형태이다.

hypocotyl

배축 (胚軸)
식물의 배(胚)embryo 에서 떡잎 cotyledon 아래쪽의 축 axis 혹은 줄기stem.
→ epicotyl

hypogeal (germination)

떡잎 지하 발아
발아할 때 떡잎 cotyledon 을 땅속에 남기는 발아 형식이다. ↔ epigeal germination

hypothalamus

시상하부 (視床下部)
간뇌(間腦)의 일부로, 뇌하수체(腦下垂體)전엽

anterior lobe of hypophysis 과 중엽 intermediate lobe of hypophysis 으로부터의 호르몬 분비를 조절하기 위해 여러 가지 호르몬을 분비한다.

identical twins

동형 쌍생아 (同型 雙生兒)
한 개의 수정란이 발생 도중에 두 개의 배아(胚芽)로
나뉘어 생긴 쌍둥이. 유전자가 동일하므로 성(性)은
같으며 그 밖의 형질도 매우 유사하다.

ileum

돌창자, 회장(回腸)
포유류의 소장(小腸) 중 십이지장과 공장(空腸)에 뒤
이어 3번째 부분으로 대장(大腸)에 이어진 부분. 몇몇
영양분을 흡수한다.

immunity

면역 (免疫)
특정 병원체나 독소(毒素)에 대해 개체가 특히 강한
저항성을 갖는 것이다. 이것은 체내에 특이한 항체가
생겨 병원균이나 매독과 결합하여 그들의 작용을 약화
시키기 때문이다. → vaccination

implantation

착상 (着床)
포유류의 수정란은 난할(卵割) cleavage 하기 때문에
수란관(輸卵管)으로부터 자궁 uterus 에 이르면 포배
blastula 로 점막 벽에 붙어 모체의 영양을 흡수할 수
있는 상태가 되는 것이다. 수정에서부터 착상에 이르
기까지 소요되는 시간은 약 10일이다. 착상 후에는 본
격적인 발육을 시작하여 태아가 된다.

impulse (nerve)

신경 흥분
신경이 자극(충격)을 받으면 흥분상태가 뉴우런을 통
해 전달된다. 흥분이 일어날 때 뉴런 세포막 밖에서 안
으로 나트륨 이온(Na^+)이 흘러 들어오고 칼륨이온
(K^+)이 안에서 밖으로 흘러나온다. 흥분이 멈추었을
때에는 세포막 전위가 역전된다. 이것이 충격이 되어
점차 전달되는 것이다.

inbreeding

동계교배 (同系交配)

동일 계통(공통의 조상을 가지며 유전자형이 똑같은 개체군)에 속하는 개체간 교배이다. 동계교배를 반복하면 생활력이 저하된다고 하는데 이것은 숨겨져 있던 열성 형질이 나타나기 쉬워지기 때문이다.

incisor

앞니, 문치 (門齒)

포유류의 치아로 치열 앞쪽에 있는 이들.

incomplete dominance

불완전 우성 (優性)

어느 개체가 어떤 형질에 대해 두 개의 유전자(헤테로 조합. 예를 들면 Aa 유전자)를 가질 때 우성형질이 나타나는 것이 우성 호모(AA) 개체보다도 약한 경우를 말한다. 우성과 열성의 중간 성질을 나타내는 잡종을 중간 잡종 intermediate hybrid 이라고 한다.

incubation

부화(孵化)

어미 새가 알을 품어 따뜻하게 하는 것.

incus

모루뼈, 침골(砧骨)

포유류 귀의 이소골 auditory ossicle 의 하나이다.

Industrial melanism

공업흑화 (工業黑化)

공업지대에서 생활하는 동물이 본래의 야생형보다 어두운 색이 되는 것이다. 이것은 돌연변이로 볼 수 있으며 어두운 색으로 나타나는 것이 매연투성이인 환경에 적응한 것이라고 생각할 수 있다.

Infection

감염(感染)

전염이라고도 한다. 병원균 등이 생체 내에 침입하는 것으로 감염 후 일정한 잠복기를 거쳐 발병한다. 단 몸에 저항력이 생겨 감염되어도 발병하지 않는 경우도 있다.

inflorescence

꽃차례, 화서(花序)

가지에 달린 꽃의 배열상태, 또는 꽃이 피는 모양으로 여러 가지 양식이 있다.

influenza

독감(毒感)

매우 격심한 전신 증세가 나타나는 전염성이 강한 감기로 인플루엔자라고도 한다. 병원체는 인플루엔자 바이러스이며, 현재 면역과 성질이 각기 다른 바이러스 A형·B형·C형 등이 발견되었다.

ingestion

섭취(攝取)

inheritable variation

유전적 변이

생물에게 일어나는 유전적인 변이이고 유전자의 변화, 유전자의 조합 변화, 염색체의 변화, 염색체수의 변화 등 유전 조성의 변화에 의하여 생기는 형질(形質)의 변이이며, 자손에게 유전한다. 자연상태에서도 일어나지만 인위적(人爲的) 조작을 일으켜서 생물의 개량에 이용할 수 있다. 돌연변이도 이에 속한다. 일반적으로는 생물에 있어 적당한 유전적 변이가 일어날 확률은 매우 낮지만 진화의 큰 요인중의 하나라고 생각할 수 있다.

innate

정생 (頂生)

암술의 화사(花絲) filament 끝에 꽃밥 anther 의 하단(下端)이 닿는 것.

inorganic

무기(無機)의

지구상에 있는 물질을 크게 나누면 무기물과 유기물이 된다. 유기물은 탄소(C)의 화합물이며 무기물은 탄소(C) 이외의 원소만으로 이루어지는 화합물 및 탄소(C)를 함유하는 화합물 중에서도 비교적 간단한 것이다. 이산화탄소, 물, 무기염(산과 알칼리가 중화하여 생긴 물질), 금속 등은 무기물이다. 탄소 화합물이라도

일산화탄소, 이산화탄소, 탄산염 등은 무기물에 들어
간다.

곤충
무척추동물의 절지동물 arthropods 에 속한다. 몸이
머리 · 가슴 · 배 3부분으로 구성되는데 다리는 6개이
고 머리부분에는 한 쌍의 촉각이, 가슴부분에는 두 쌍
의 날개가 있는 것이 특징이다.

- **cycles of ~ life** 곤충의 생활 순환
수정란에서 유충을 거쳐 성충이 되기까지의 과정이다.
유충에서 번데기가 되어 성충이 되는 완전변태
complete metamorphosis 를 하는 곤충과 번데기 과
정을 거치지 않는 불완전 변태 incomplete metamor-
phosis 를 하는 곤충이 있다.

- **importance of ~** 곤충의 중요성
인간생활을 영위하는데 있어 유익한 곤충과 유해한 곤
충이 있다. 꽃가루를 옮겨 수분(受粉)을 돕거나 해충
을 먹거나 땅을 비옥하게 해주는 곤충이 있다. 한편,
농작물을 먹거나 나무에 구멍을 뚫거나 병원균을 매개
하는 해충이 존재한다.

- **pollination by ~** 충매
곤충이 화분(花粉)을 수술에 옮겨 수분을 돕는 것을
말한다. 충매화에는 일반적으로 밀선(蜜腺)이 발달한
것, 눈에 띄는 꽃잎을 갖고 있는 것, 강한 냄새를 내는
것 등이 있다.

살충제
해충 구제나 방제에 쓰이는 약제로 벌레를 죽이는 것
뿐 만 아니라 인간의 몸에 유해한 것도 있다. 살포된
살충제가 비에 녹아 지면으로 스며들어 환경을 파괴하
기도 한다. 근래에는 인체에 해가 없고 수질오염을 일
으키지 않는 미생물 살충제가 주목받고 있으며 이것은
해충을 선택적으로 죽이는 병원균이나 바이러스를 이

용한 것이다.

instar

령(令)
곤충 등에 대하여 유충(幼蟲) larva 발달 단계를 구분하는 단위이다. 알이 부화하고 난 뒤 1회 째 탈피까지를 1령 이라고 하며 1회 째 탈피에서 2회 째 탈피까지를 2령 이라고 한다. 종류에 따라 다르지만 3령 또는 5~6령의 유충시기가 있고 다음 단계인 번데기로 진행되는 곤충(완전변태)이 많다.

instinct

본능 (本能)
가르쳐주지 않아도 아기가 어머니의 젖을 빨고, 병아리가 달걀 껍질을 깨뜨리고 나오는 것과 같이 동물이 태어나면서부터 가지고 있는 능력이다.

insulin

인슐린
척추동물의 이자 pancreas 의 랑게르한스섬에서 만들어지는 호르몬으로 혈액 속 포도당 glucose 을 글리코겐 glucogen 으로 전환시켜 혈당치를 내리는 작용을 한다. 당뇨병 환자에게 정기적으로 주사한다.

integuments

(1) 주피(珠被) (2) 외피
(1) 주피 : 꽃의 밑씨 ovule 를 구성하는 조직의 하나로 발달하여 종피 testa 가 된다.
(2) 외피(표피) : 동물의 몸 표면을 덮는 피부.

intelligence

지능 (知能)
기억, 판단 등 대뇌 작용에 의한 고도의 정신활동으로 동물이 태어나면서부터 가지고 있는 능력인 본능 instinct 과는 전혀 다른 것이다.

interbrain

간뇌 (肝腦)
척추동물 뇌의 한 부분으로 대뇌와 소뇌 사이에서 내장과 혈관의 활동을 조절하는 기관이다. 시상하부

Dictionary of Biology for studying abroad

hypothalamus, 뇌하수체 pituitary body, 시상 thalamus 이 있다.

intercellular layer 중층(中層)
→ middle lamella

intercostal muscles 늑간근(肋間筋)
늑골을 올렸다 내렸다 하여 폐에 호흡운동을 일으키는 근육.

interferon 인터페론
바이러스 감염 때 대부분의 동물 세포가 생산, 분비하는 당(糖)단백질로 바이러스 억제 인자라고도 부른다. 바이러스 증식을 저지하여 바이러스 감염 초기의 생체 방어 기구로써의 기능을 한다. 나아가서 세포, 특히 종양세포의 증식을 억제하는 기능을 가지고 있어 폐렴이나 악성 종양에 대한 실험적 임상 응용이 시작되고 있다.

internal respiration 내호흡
호흡기관에 의한 가스교환(산소를 흡수하고 이산화탄소를 방출하는 것)을 외호흡 external respiration 이라고 하는데 비해 세포 내에서 포도당 (에너지원)으로부터 에너지를 만들어 내는 반응을 내호흡이라 한다. 산소를 필요로 하는 산소호흡 aerobic respiration 과 산소를 쓰지 않는 무기호흡(발효)과 해당 glycolysis 이 있다.

internode 절간 (節間)
줄기의 마디와 마디 사이를 가리킨다.

interphase 간기 (間期)
세포가 세포분열을 하지 않는 시기로 현미경을 통해 전형적인 세포 형태를 관찰할 수 있다. 이 시기의 핵을 정지핵이라고 부르는데 일반적으로 단순히 핵이라고 하면 이 정지핵을 가리킨다. 단, 세포의 활동은 정지하고 있는 것이 아니라 DNA 복제 등 다음 세포분열 준비가 이루어지고 있다.

intertidal zone

조간대 (潮間帶)

바다에서 만조선과 간조선 사이를 차지하는 지대이다. 만조 때에는 수중에 잠기고, 간조 때에는 수면 밖으로 모습을 드러낸다. 수온 · 염분 · 수광량(受光量) 등의 환경조건이 매일 또한 계절에 따라서 급격하고 폭넓게 변한다. 여러 종류의 해조류와 작은 동물들이 서식한다.

intervertebral discs

추간원판 (椎間圓板)

척추동물에서 척주의 추골(椎骨) vertebra 사이에 있으며 뼈와 뼈의 완충작용을 하는 연골 조직이다.

intestinal juice

장액(腸液)

췌액 pancreatic juice, 담즙 bile, 장의 분비액을 가리킨다. 여러 가지 소화효소를 포함하고 있으며 당, 단백질, 지방을 분해한다.

intracellurar digestion

세포 내 소화 (細胞內消化)

식세포 소화 phagocytotic digestion 이라고도 한다. 생물이 세포 내에 직접 먹이를 들여보내서 소화하는 현상이다. 아메바, 짚신벌레와 같은 단세포동물에서 볼 수 있다.

intrauterine device(IUD)

자궁 내 기구

피임을 위해 자궁 속에 장착하는 기구.

intron

인트론

진핵생물(진핵세포를 갖는 생물)의 유전자에 들어 있는 DNA 속에는 어떤 단백질 유전정보가 잘려서 유전정보를 갖지 않는 부분이 많은데 이렇게 유전정보를 갖지 않는 부분을 인트론이라고 하고 유전정보가 있는 기관을 엑손 exon 이라고 한다.

inversion

역위 (逆位)
유전자 배열 순서가 부분적으로 역전(逆轉)된 경우.

invertibrates

무척추동물
등뼈가 없는 동물로 하나의 세포로 되어 있는 동물에서부터 복잡한 구조로 되어 있는 다세포동물에 이르기까지 그 체제가 다양하다. 대체로 척추동물에 비하면 몸이 작은 것이 많고 기관의 구조도 단순하다.

involuntary muscle

불수의근 (不隨意筋)
수의근 voluntary muscle 에 대응되는 말로 의지에 관계없이 운동을 하는 근육이다. 내장의 벽을 만드는 근 등이 이에 속하고, 대개 민무늬근이나 심근(心筋)은 가로무늬근이면서도 불수의근이어서 불수의근과 민무늬근은 반드시 동의(同意)는 아니다. 일반적으로 수의근에 비해 운동속도는 늦고, 호르몬이나 신경(神經)의 조절에 따라 움직이며, 긴장상태의 변화에 따라서 작용한다.

iodine

요오드
원소기호가 I이고 1811년 프랑스의 B. 쿠르투아에 의해 해초회(海草灰) 속에서 발견되었다. 후에 J. L. 게이뤼삭에 의해 그 증기가 보라색인 데서 '보라색 같은'의 뜻인 그리스어 iodes 를 따서 iodine 이라고 명명되었다. 천연의 것으로는 해조나 해산(海産)동물 속에 유기물로 존재한다.

iodine test

요오드시험
요오드 용액에 의한 녹말 starch 검출 시험으로 녹말과 반응하면 청색~보라색이 되는 성질을 이용하고 있다.

ion

이온
중성 원자로부터 전자가 나오고 거꾸로 중성원자가 전자를 끌어들여 생긴, 전기를 띤 원자이다. 전자가 나오면 +, 들어가면 −로 대전(帶電)한다. 이온은 한 개의 원자인 경우도 있고 복수의 원자가 결합한 경우도 있다.

ionic bonds

이온결합
양이온과 음이온이 전기적인 인력으로 결합하는 것이다. 소금은 나트륨이온(Na^+)과 염화이온(Cl^-)이 결합해서 생긴 물질이다. → covalent bond

iron

철(鐵)
금속 원소의 하나로 생체 속에 존재한다.

islets of Langerhans

랑게르한스섬
이자 pancreas 에 있는 내분비선 조직으로 혈당량 조절에 관여하는 호르몬인 인슐린 insulin 과 글루카곤 glucagon 을 분비한다. 포유류에는 α, β, γ라는 3 종류의 세포로 구성되는데 글루카곤은 α 세포에서, 인슐린은 β세포에서 분비된다.

isotope

동위원소 (同位元素)
동위체(同位體)라고도 한다. 원자번호는 같지만 질량수가 다른 원소로 화학적 성질은 완전히 같으나 물리적 성질이 약간 다르다. 영어의 isotope 는 그리스어인 isos (같은)와 topos (장소)의 합성어인데, 질량은 서로 달라도 원소의 주기율표에서 같은 장소에 배열되는데서 1901년 영국의 화학자 F. 소디가 그 개념을 확립시킴과 동시에 이 명칭을 붙였다고 한다.

ivory

치질(齒質), 상아질(象牙質)
치수(齒髓) pulp 를 둘러싸고 있으며 치아의 주요부분을 이룬다. → tooth

jaws

턱
척추동물에서는 안면의 주요한 일부로 위턱과 아래턱
으로 나뉘어 쌍을 이루고 섭식에 도움이 되는 기관이
다. 영장류에서는 안면에서 차지하는 턱 부분이 작다.

Jenner, Edward

에드워드 제너
영국의 의사로 천연두 smallpox 를 예방하기 위한 종
두법을 발명하여 예방접종의 창시자가 되었다.

jerboa

사막쥐
→ desert rat

joints

결합(結合), 관절

immovable joint

부동결합(不動結合)
뼈의 결합양식의 일종으로 다른 쪽에 대해서 서로 움
직이지 않는 결합관계에 있는 경우를 가리킨다.

■ **synovial ~** 가동결합 movable joint (움직이도록
결합하고 있다) 뼈의 경우 양면이 활액 synovial
fluid 을 분비하는 활막 synovial membraine 으로 덮
여 있어 부드럽게 움직이도록 되어 있는 관절이다.

■ **joule ~** 줄
영국의 물리학자 J. P. Joule(1818~1889)의 이름
을 딴 에너지와 일의 MKSA 단위이다. 1J은 1N의 힘
으로 물체를 1m 움직이는 동안에 하는 일 및 그 일로
환산할 수 있는 양에 해당하며, 1W의 전력을 1초간에
소비하는 일의 양과 같다

jugular vein

경정맥 (頸靜脈)
목에 분포하는 정맥으로 고등 척추동물에서는 내경정
맥 vena interna 과 외경정맥 vena externa 으로 되
어 있다.

Kaibab plateau

카이밥 고원
그랜드캐년 북방에 있는 고원의 명칭.

kangaroo

유대류(有袋類)
주머니쥐 목(目) 캥거루 과(科)의 포유류로 대부분은
뉴기니아 · 호주 초원에서 산다. 새끼는 미숙아로 태어
나 암컷의 배부분에 있는 주머니 속에서 자란다.

karyotype

핵형(核型)
세포의 핵분열 중의 중기 또는 후기에 나타나는 염색
체 chromosome 의 형태 · 크기 · 수의 특징을 나타내
는 말이다.

keratin

케라틴
단백질의 일종으로 모발, 손톱, 뿔, 양모, 깃털 등의 주
성분이고 어류, 파충류의 비늘에도 포함되어 있다.

key

검색표
동 · 식물의 분류군(分類群, 과 · 속 · 종 등)을 식별하
기 위해 대응이 확실한형질을 들어서 만든 표.

kidney

신장 (腎臟)
척추동물의 중요 배출기관으로 혈액 속에서 노폐물을
걸러 내어 방광에서 오줌으로 배출하고 또한 체액의
균형을 유지하는 역할을 한다.

■ ~ diseases 신장병
신장염, 신장결석, 신장암, 요독증 등이 있다.

kingdom

계(界)
생물을 분류할 때의 최고 단계로 보통은 동물계와 식
물계로 분류한다. 최근에는 균류를 균류계(菌類界)로
독립시키는 경향이 있다. → 화보 그림 6

kiss of life

인공호흡법

가사(假死)상태의 생명체를 소생시키기 위해 입으로
공기를 폐에 불어넣는 방법.

kiwi

키위

야행성(夜行性)조류의 일종으로 뉴질랜드 산림에서 산
다. 날개가 발달되어 있지 않아 날 수 없다.

klinostat

식물 회전기

수평 방향의 회전축을 가지고 10~20분에 한번 회전
하는 정도의 저속 회전을 하는 기계로 여기에 식물을
고정하면 중력 gravity 의 영향을 없앨 수 있다.

Krebs cycle

크렙스 회로 (回路)

트리칼본산 회로(TCA 회로), 구연산 회로라고도 한
다. 산소호흡(내호흡)과정에서 유기산을 가수분해(加
水分解)함으로써 ATP와 수소를 생산하는 회로이다.
Krebs는 독일 출신 생화학자의 이름이다.

kwashiorkor

쿼시오커

남아프리카의 소아병(小兒病)으로 옥수수를 편식함으
로써 생기는 단백질 결핍성 영양실조이다.

L abium – lysozyme

labium

(곤충 등의) 아랫입술
곤충 등의 분화된 입술 기관 중 아랫부분을 가리키는 말로, 예컨대 모기의 경우, 피부를 찌를 때 지지대, 입술 전체의 보호대, 그리고 혈관 감지대 역할을 한다.

labrum

(곤충 등의) 윗입술
labium (곤충 등의 아래 입술)과 짝이 되는 말로, 영양물을 빨거나 입 안으로 밀어 넣는 역할을 한다.

lactation

(1) 비유(泌乳) (2) 수유(授乳)
(1) 비유 : 유선(乳腺)에서 젖의 분비가 일어나는 곳으로 발달된 유선에 몇 가지 호르몬이 작용하여 일어난다.
(2) 수유 : 새끼에게 젖을 물려서 기르는 것으로 포유류의 가장 중요한 특징의 하나이다.

lacteal

암죽관
소장의 융털이나 장간막에 있는 지방흡수에 중요한 역할을 하는 림프관으로 효소에 의하여 소화가 끝나면 탄수화물은 포도당, 단백질은 아미노산, 지방은 글리세롤과 지방산과 같은 최종 산물로 분해된다. 이러한 최종 산물은 소장의 벽에 많이 나 있는 융털을 통해 흡수된다. 융털은 한 겹의 세포층으로 이루어지며 그 속에는 모세혈관과 림프관이 복잡하게 얽혀 있는데, 이 림프관을 암죽관이라고도 한다.

lactic acid

젖산
유기산의 하나로 유산발효나 격렬한 근육운동 등 당을 무산소 상태로 분해함으로써 생긴다. 요구르트나 김치에서 나는 신맛의 주성분이다.

lamella

라멜라
엽록체 chloroplast 속에 있는 틸라코이드 thyla-

choid 표면의 막으로 클로로필 chlorophyll 이 들어있어 광합성을 일으킨다.

lamina

잎몸

잎의 평면적으로 넓어진 부분으로 엽신(葉身)이라고도 한다. 잎은 보통 잎몸 · 잎자루 · 턱잎(으로 이루어진다. 그러나 잎자루나 턱잎이 없는 잎도 있는데, 잎몸은 잎의 주요 부분으로 이것이 없는 잎은 적다. 잎몸은 평면적인 외형에 의해서 햇빛을 받기 쉽다. 또, 내부조직에는 엽록체를 함유한 세포가 많고 세포간극이 풍부하며, 표면에는 기공이 적당하게 분포되어서 광합성 photosynthesis 을 하기 쉽게 되어 있다.

large intestine

대장 (大腸)

소장 small intestine 에서 이어지기 시작하여 항문 anus 에서 끝나는 소화기관으로 맹장 caecum, 결장 colon, 직장 rectum 으로 구성된다. 식물성 섬유의 소화 및 음식 찌꺼기의 수분흡수를 한다.

larva

(1) 유생 (幼生) (2) 유충 (幼蟲) (3) 애벌레

(1) 유생 : 후생(後生)동물 metazoa 로 알에서 부화하여 독립생활을 하게 된 새끼가 어미와 다른 형태를 하고 있을 때를 말한다. 변태 metamorphosis 하여 성체 adult 가 된다. 올챙이는 개구리의 유생이다.

(2) 유충 : 곤충, 거미류, 다족류 등 육생(陸生) 절지동물의 유생 larva 을 말하며, 특히 완전변태 complete metamorphosis 인 것에 국한하여 유충이라고 하는 경우가 많다.

(3) 애벌레 : 님프 nymph 라고도 한다. 불완전 변태 incomplete metamorphosis 를 하는 곤충(흰개미, 메뚜기, 잠자리)의 유충을 말한다. → 그림 18, p.181

larynx

후두 (喉頭)

양서류 이상의 척추동물이 갖는 기관(氣管)
trachea 바로 위에 있고, 몇 개의 연골 cartilage 이
지지하고 있으며 그 안쪽에 성대(聲帶)가 있다.

lateral meristem **측부(側部) 분열조직**
식물체의 축을 둘러싸고 크기를 늘리는 수평방향으로
세포를 증식하는 조직으로 형성층 cambium 이나 코
르크 형성층 cork cambium 등을 가리킨다.

lead **납**
금속원소의 하나로 원소기호 Pb이고 원자번호 82이
다. 푸른 기를 띤 회색 금속으로 무겁고 부드럽다. 그
대로 또는 합금이나 화합물로 연관(鉛管), 연판(鉛
版), 축전지의 전극판, 활자합금 등에 이용한다.

leaf **잎**
유관속(維管束) 식물의 중요 기관 중의 하나로 광합
성, 물질전환, 수분 증발 등을 담당한다. 형태는 여러
가지인데 일반적으로 편평한 모양을 하고 있으며 잎사
귀, 줄기, 턱잎 세 부분으로 이루어진다. 꽃잎, 꽃받침
등은 잎이 변형된 것이다.

- ~ fall 낙엽
고등 식물의 잎이 떨어지는 현상으로 정상적인 낙엽은
일종의 생리현상이다.

- ~ structure 잎의 구조
잎의 횡단면 구조로 잎의 표면에서 이면(裏面)을 향하
여 표피세포, 울타리세포, 해면세포, 표피세포의 순서
로 되어 있다. 이면에는 마주보는 공변(孔邊)세포 사
이에 생기는 기공(氣孔)이 있다. 수분이 충분하여 공
변세포의 팽압(膨壓)이 높아지면 이 공간이 넓어지고
수분이 부족해 공변세포의 팽압이 작아지면 이 공간은
좁아진다.

Dictionary of Biology for studying abroad

learned behavior　학습 행동

동일하거나 유사한 행동을 반복한 결과 어떤 목적을
위해 새로운 행동을 할수 있게 되는 것.

legume　두과 (豆果)

콩과의 열매로서 심피에서 발달하고 성숙한 후 건조하
면 두 줄로 갈라지는데 씨가 방출하게 된다. 콩과식물
에서 볼 수 있으며, 팥·콩·완두가 여기에 속한다.

leguminous bacteria　뿌리혹 박테리아

고등식물과 공생하여 유리질소를 고정하는 세균이며,
특히 뿌리에 기생하는 것을 뿌리혹박테리아라고 한다.
콩과식물의 뿌리혹 속에서 사는 뿌리혹박테리아는 유
리질소의 동화작용에 관여한다. 이 세균이 콩과식물에
질소화합물을 공급하면 콩과식물은 탄소와 그 밖의 세
균의 증식물질을 공급한다. 뿌리혹은 1년생 뿌리혹과
다년생 뿌리혹이 있으며, 기생되는 식물의 종류에 따
라 각각 특유한 외형과 구조를 가지고 있다.

lens　수정체

동물의 잘 발달된 눈 앞면에 있으며 광선을 굴절시켜
망막 위에 상을 맺게 한다.

lenticel　피목 (皮目)

코르크층이 생겨 가스교환을 할 수 없게 되었을 때 형
성되는, 식물체 안팎에 공기를 통과시키기 위한 조직
으로 나무의 줄기·가지·뿌리 등에 있다. 길고 가는
모양을 하고 있어 육안으로도 관찰할 수 있다.

leucocyte　백혈구 (白血球)

동물의 혈액에 들어있으며 혈액색소(헤모글로빈)를 갖
지 않는 세포를 말하며, 형태나 성질이 다른 여러 종류
의 백혈구가 있는데 일반적으로 백혈구라고 할 때에는
아메바 운동을 하여 세균이나 이물질을 세포 속에 끌

어들여 소화하는 세포를 말한다. → 그림 6, p.55

leukemia

백혈병
leukaemia 라고도 한다. 혈액 속의 미숙한 백혈구가 비정상적으로 늘어나는 병으로 만성과 급성이 있으며 골수나 림프선이 세균에 침투되거나 암화(癌化)되어 생긴다.

lichens

지의류 (地衣類)
균류(菌類)와 조류(藻類)가 공생 symbiosis 하고 있는 식물군으로 조류는 균류를 서식처로 하고 균류는 조류로부터 광합성에서 생긴 영양분을 받는다.

life

생명, 생물, 생활

■ ～ cycle 생활주기
생물의 생활사 life history 를 생식세포의 출현으로 연결된 고리로 표현하는 것으로 세대(世代)나 핵상 교대, 수정과 감수분열, 체세포나 생식세포의 발달, 기생 생물의 숙주로의 관계 등을 나타내는 방법도 있다.

■ ～ history 생활사
개체가 발생하여 사망하기까지의 과정으로 세포나 조직이라는 차원에서 생각하는 것은 발생이지만 생활사는 생식양식, 발생과정, 생활 양식 등에 주목한다. 생활사를 잘 알 수 없는 생물도 있다.

ligament

인대(靭帶)
(1) 연체동물의 다리 좌우의 표피를 연결하는 조직으로 표피의 이음새 부분에 있다.
(2) 척추동물의 경우 골편(骨片)을 서로 연결하는 결합 조직이다.

light

빛, 태양광

■ ～ microscope 광학 현미경

Dictionary of Biology for studying abroad

표본으로부터 빛을 사용하여 대물렌즈에 의해 표본이 확대된 실상을 맺고, 이것을 접안렌즈에 의해서 재확대하는 장치.
→ electron microscope

■ ~ reactions 명반응
광합성 단계 중 빛이 관여하는 반응 단계.

lignin
리그닌
셀룰로오스 및 헤미셀룰로오스와 함께 목재를 이루고 있는 성분으로 식물체를 견고하게 하는 역할을 한다.

lime
석회 (石灰)
수산화칼슘 $Ca(OH)_2$을 말하는 경우도 있다. 수용액은 알칼리성을 나타낸다.

■ ~ water 석회수
수산화칼슘의 포화수용액으로 알칼리성을 보이며 이산화탄소를 포함한 기체에 닿으면 이산화탄소를 흡수하여 탄산칼슘($CaCO_3$)의 하얀 침전을 만든다. 이 성질을 이용하여 생물체가 배출하는 이산화탄소를 쉽게 검출할 수 있다.

liming
라이밍
산성 토양이나 물에 석회를 뿌려 산성도를 약화시키는 것이다.

limiting factors
제한 인자 (制限 因子)
한정인자라고도 한다. 생물현상에 관계되는 몇 가지 인자(온도·빛·수분 등) 중 어느 하나가 그 현상의 성질이나 크기, 속도 등을 주로 결정하여 다른 인자가 다소 늘거나 줄어도 거의 영향을 주지 못할 때의 이 인자를 가리키는 용어이다.

linkage
연쇄 (連鎖)

연관이라고도 한다. 두 조(組) 이상의 대립형질이 함께 유전하는 현상으로 멘델의 독립법칙에 따르지 않는다. 비대립 유전자가 동일염색체 위에 놓여있기 때문에 생긴다. 동일염색체 위에 있는 유전자는 감수분열 meiosis 을 할 때 함께 움직이며 하나의 생식세포 속에 들어가기 위해 함께 유전한다.

■ ~ groups 연쇄군(連鎖群)
동일염색체 상에서 서로 연쇄 linkage 를 보이는 유전자의 한 군(群)을 가리킨다. 개개의 생물은 반수(半數)염색체 수와 같은 수만큼의 연쇄군을 갖는다.
→ linkage

Linnaeus, Carl

칼 린네
스웨덴의 식물학자이며 모든 자연물을 정리하여 이명법 binomial nomenclature 을 확립하고 분류학을 대성하였다.

lipase

리파아제
지방을 지방산 fatty acid 과 글리세롤 glycerol 로 분해하는 효소로서 이자액에 있다.

lipid

지질 (脂質)
생체에 존재하는 기름모양의 물질로 지방산과 다른 물질이 결합하여 생긴 유기화합물을 말한다. 당이나 단백질과 함께 생체를 구성하는 주요물질이다.

lipoprotein

리포단백질
생체에 넓게 분포하는 복합 단백질(아미노산과 다른 성분이 결합하고 있는 단백질)의 하나로 지질 lipid 과 단백질 protein 이 결합한 것이다.

Lister, Joseph

요셉 리스터
영국의 외과의사로 외과수술을 할 때 세포감염의 중대성을 생각하여 석탄산을 응용한 소독법을 개발해 외과

수술에 혁신을 가져왔다.

litter

낙엽 낙지(落枝)
삼림 지표면에 떨어진 채 분해되지 못한 잎 · 가지 · 과
실 · 나무껍질 등을 말한다.

littoral zone

연안대
호수 해안으로부터 수심 3~20m의 지역으로 태양광
선이 투과하는 투광대 중에서 녹색식물이 생장할 수
있는 범위이다.

liver

간 (肝)
척추동물 소화관에 속하는 기관으로 쓸개즙 bile 생성,
당 · 지방 · 단백질의 대사 · 저장, 요소의 저장, 요소의
합성, 독물 분해 등의 기능을 갖는다.

liverworts

이끼류
녹색식물 이끼류의 한 군(群)으로 줄기 · 잎의 구분이
없는 것이 많으며 전체적으로 편평하다. 습기가 많은
땅이나 나무껍질에 퍼져 있다. 우산이끼 등이 그 예
이다.

loam

양토
약 60%의 모래에 점토, 침적토 혹은 유기물이 혼합된
토양으로 작물재배에 가장 적합하다.

locust

메뚜기
대륙의 넓은 초원지대에서 메뚜기 과(科)의 참메뚜기
나 사막메뚜기 등이 많아져 집단으로 이동하는 현상
이나 그 곤충으로 농작물에 큰 피해를 입힌다.

loop of Henle

헨리 고리
사구체에서 나오는 세뇨관이 수질을 거쳐 굽어 되는
구조이다. 헨리는 독일의 병리학자이다.

lumbar vertebra   요추 (腰椎)
가슴 아래 등뼈. 사람은 5개의 추골(椎骨)로 되어 있다.

lung   폐
양서류 이상의 척추동물이 공기 호흡을 하기 위한 기관으로 산소를 흡입하고 이산화탄소를 배출한다.

  - ~ cancer 폐암

luteinizing hormone   황체 형성 호르몬
생식선 자극 호르몬의 하나로 뇌하수체 전엽에서 분비되며 성숙한 난포에 작용하여 배란을 돕고 배란 후 난포(卵胞)의 황체형성을 촉진시킨다. 또한 고환의 간세포에 작용하며 남성 호르몬 분비를 돕는다.

lymph   림프액
척추동물의 혈장(血漿)이 혈관벽 밖으로 나온 것으로 림프관 속의 액체만을 가리킬 때도 있다. 림프는 모세림프관에서 림프관을 통해 정맥으로 되돌아간다. 림프 속의 세포 대부분은 림프구 lymphocyte 이다.

  - ~ node 림프절
포유류의 림프관 중간에 있는 관절로 인간은 둥근 모양 또는 타원형이다. 림프선이라고도 한다.

lymphatic system   림프계
척추동물의 경우 림프를 채우는 일련의 관계(管系)와 부속기관.

lymphocyte   림프구, 임파구
백혈구의 일종으로 식세포 작용을 하는 세포.
→ 그림 6, p.55

Dictionary of Biology for studying abroad

| lysosome | **리소좀** |
| | 여러 가지 가수분해 효소를 갖는 세포질 속의 과립으로 세포의 필요 없게 된 물질을 분해한다. 아메바나 짚신벌레는 세포 속으로 들어온 음식물을 소화한다. |

lysosome

리소좀

여러 가지 가수분해 효소를 갖는 세포질 속의 과립으로 세포의 필요 없게 된 물질을 분해한다. 아메바나 짚신벌레는 세포 속으로 들어온 음식물을 소화한다.

lysozyme

리소자임

세균의 세포벽을 용해하는, 단백질에서만 생기는 효소로 침이나 지라, 난백(卵白) 등에 있다.

M acromolecule – myxomatosis

macromolecule　　거대 분자 (巨大分子)
일반적으로 분자량이 10,000이상인 화합물을 말하며,
녹말 starch, 셀룰로오스 cellulose, 단백질 protein,
합성고무, 플라스틱 등이 그 예이다.

maggot　　구더기
몸이 가늘고 긴 반투명한 유충으로 파리 등의 유충만
을 가리키는 경우도 있다.

magnesium　　마그네슘
금속원소의 하나이며 원소기호 Mg, 원자번호 12이다.
은백색의 금속으로 산(酸)에 녹기 쉽다. 산화되기 매
우 쉬운 금속으로 얇은 마그네슘 리본을 가열하면 하
얀빛을 내며 탄다.

maize　　옥수수
벼과 1년생 작물로 세계 각지에서 재배된다. 식용 · 공
업원료 · 식품 등에 사용되는 중요한 작물이다.

malaria　　말라리아
학질모기가 매개하는 말라리아 원충이 혈구 속에서 기
생하며 일으키는 전염병으로 적혈구 속에서 말라리아
원충이 증식 · 분열하여 혈구를 파괴하는 시기에 발열
한다.

malleus　　추골 (椎骨)
중이(中耳)를 구성하는 3개의 작은 뼈중 첫번째로 망
치처럼 생겼다.

malnutrition　　영양실조증
단백질이나 탄수화물 같은 열량원이 부족해서 생기는
생체의 병적 상태로 비타민이 결핍되면 더 심해지는
경우가 많다.

Malthus　　맬서스

영국의 경제학자로 인구는 기하급수적으로 증가하나 식량은 산술급수적으로 증가하므로 인구와 식량 사이의 불균형이 필연적으로 발생할 수밖에 없으며, 여기에서 기근·빈곤·악덕이 발생한다고 하였다. 이러한 불균형과 인구증가를 억제하는 방법으로 기근·질병 등으로 인한 사망과 같은 적극적 억제 외에 성적 난행(性的 亂行)을 막고 결혼을 연기하여 출산율을 감소시키는 등의 도덕적 억제를 들고 있다.

malting　　맥아 제조법

보리가 발아 할 때 나오는 아밀라제(효소의 일종, amylase)가 녹말 starch 을 엿당 maltose 으로 바꾸는 것을 이용하여 맥아(麥芽)를 제조하는 것을 말한다.

maltose　　엿당

말토오스라고도 하며, 맥아 속에 다량으로 함유되어 있기 때문에 맥아당이라고도 한다. 이당류 중의 하나이다.

mammal characteristics　　포유류의 특징

태생(胎生)이며 유선에서 분비되는 모유로 새끼를 키운다. 귀가 외부에 있으며 이빨은 4종류 있다. 땀샘은 냉각기능, 체모는 보온기능을 갖는다. 횡격막이라는 얇은 근육이 다른 기관으로부터 폐와 심장을 분리하고 있으며 적혈구가 핵을 가지고 있지 않다.

mammalia　　포유류

척추동물 중 하나로. 암컷의 유선에서 분비되는 모유로 새끼를 보육하는 온혈동물. → mammal characteristics

mammals　　→ mammalia

mammary gland

유선 (乳腺)
포유류 표피선의 일종으로 암수 모두에 있으나 수컷에
는 흔적만 있다. 암컷은 성적으로 성숙함에 따라 발달
하게 되고 임신하게 되면 더 발달하게 된다. 분만 후에
는 젖을 분비하여 새끼를 기르는 것이 가능해진다.

manure

거름, 비료 (肥料)
토지를 기름지게 하고 초목의 생육을 촉진시키는 것.

marijuana

마리화나
마약의 일종으로 대마를 말린 것 또는 대마에서 얻은
수지(樹脂)모양 산출물을 말한다. 섭취하게 되면 해방
감, 안도감, 졸음을 느끼고 시간적, 공간적 감각이 둔
해지며, 환청, 환각 등이 생긴다.

marrow

골수 (骨髓)
뼈의 내부에 있는 연한 조직으로 적혈구, 백혈구, 혈소
판을 형성하는 각종 세포가 있다.

■ red ~ 적색골수(赤色骨髓)
조혈작용을 한다.

marsupials

유대 목(目)의 포유류
캥거루처럼 암컷이 주머니를 갖는 동물.

masseter muscle

교근(咬筋)
턱의 측면에 있는데 광대뼈에서 시작되어 아래턱뼈로
이어지므로 아래턱을 끌어올려 위턱으로 밀어붙이는
작용을 한다. 음식물을 씹을 때 중요한 역할을 한다.
피부 바로 밑에 있으므로 아래위의 턱을 꼭 물면 귀의
앞쪽 아랫부분에서 심줄의 운동을 만져볼 수가 있다.

maternal inheritance

모계 유전
부모로부터 자식이 물려받는 유전적 형질이 여성배우
자를 통해서만 유전하는 현상.

measly pork   **촌충이 기생한 돼지고기**

인간이 익히지 않은 돼지 고기를 먹게 되면 촌충이 체내에 생기게 된다. 촌충의 머리 부분에는 날카로운 갈고리가 있어 인간의 소화관에서 떨어지지 않게 된다.

medulla oblongata   **연수 (延髓)**

척추동물의 뇌 가장 아랫부분에 있고, 척수 spinal cord 위쪽에 이어지는 부분이다. 호흡 운동·혈액순환 등의 중추로, 생명 유지에 필수 불가결한 자동조절작용을 한다.

meiosis   **감수분열 (減數分裂)**

2회 연속 유사분열 mitosis 이 일어나 염색체수가 반으로 줄어드는 핵분열이다. 제 1분열에서 염색체수가 반감하고, 제 2분열에서 염색분체(染色分體)가 분리된다. 생식세포를 형성할 때 일어나므로 성숙 분열이라고도 한다. 정자와 난자가 수정에 의해 합쳐지면 정상적 염색체 수를 갖게 된다.

식물이냐, 동물이냐? - Venus' fly trap (파리 지옥풀) 이야기

식물이 동물을 잡아 먹다니! 그것도 온갖 교묘한 장치와 함께. 파리 지옥풀은 마치 깍지 끼기 전 양 손을 모은 모양을 하고 있으며, 원판 안쪽에는 달콤한 꿀이 흐르고 있다. 또한 음험하게도 닿기만 하면 원판을 0.3초 내로 닫혀 버리게 하는 털이 가운데 나 있어 어리석은 방문객을 기다리고 있다. 너무 기묘한 모습으로, 처음 이 식물의 이야기에 접한 생물학자 중 그 존재를 믿지 못한 사람도 있었다고 한다.

자연은 뚜렷한 분류의 기준을 주는 한편, 그 경계를 어떨 때는 지워버리는 듯이 보일 때가 있다. 그것은 과연 진화의 진실를 보여주는 것일까? 아니면, 모든 것이 하나라는 진리를 가리키는 것일까?

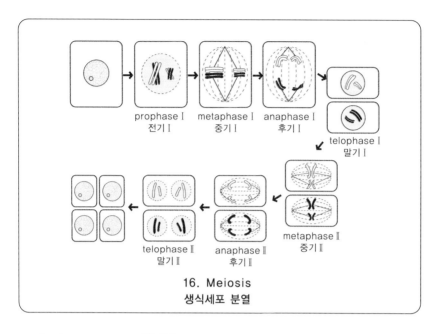

prophase I
전기 I

metaphase I
중기 I

anaphase I
후기 I

telophase I
말기 I

metaphase Ⅱ
중기 Ⅱ

telophase Ⅱ
말기 Ⅱ

anaphase Ⅱ
후기 Ⅱ

16. Meiosis
생식세포 분열

melanin

멜라닌
피부, 모발, 멜라닌 종양, 눈 등에 있는 흑갈색 색소.

melanism

흑화 (黑化)
피부가 검게 되는 것 또는 공업 흑화형을 가리킨다.
→ industrial melanism

memory

기억 (記憶)
학습한 것이나 경험한 것 등의 정보를 축적하여 나중
에 그것을 재생할 수 있게 하는 대뇌의 기능을 말한다.

Mendel, Gregor

멘델
오스트리아의 생물학자며 유전학자이다. 유전의 기본
원리인 멘델의 법칙을 발견하였으며 이는 다음의 3가
지로 나눌 수 있다.
1) 분리의 법칙 : 배우자가 생겼을 때 쌍을 이루는 유

Dictionary of Biology for studying abroad

전자는 하나 씩 하나 씩 배우자에게 분배된다.

2) 독립의 법칙 : 복수의 독립 유전자가 각각의 상동염색체(相同染色體) 위에 있을 때 그들의 대립 유전자는 서로 관계없이 독립하여 배우자에게 분배된다.

3) 우성의 법칙 : 우성 유전자 조합을 갖는 개체와 열성 유전자 조합을 갖는 개체를 교잡하면 잡종 제 1대에서는 우성 형질만 나타난다.

Mendelian population   멘델 집단

유성생식에 의해 공통의 유전자공급원을 서로 나누어 가질 수 있는 생물의 집단으로 미국의 유전학자 T.도브잔스키가 1935년 만든 용어이다.

menopause   폐경(기)

여성의 월경이 멈추는 것을 말하고 인간의 경우 49~54세에 일어난다고 한다.

menstrual cycle   월경 주기

월경에서 다음 월경까지의 주기를 가리킨다. 배란 전에는 여포가 발육하고 발정 호르몬의 분비가 활발해져 자궁 내막이 발달한다. 배란이 일어나는 여포는 황체로 변화하고 황체가 분비되어 그 작용을 받아 자궁선의 분비활동이 활발해진다.

menstruation   월경

포유류 가운데 인간, 유인원, 원숭이의 암컷에 있어 발정주기에 맞추어 일어나는 현상으로 배란 후에 수정란의 착상이 없을 때 자궁 내막의 일부가 출혈과 함께 체외로 배출되는 현상이다.

mercury   수은 (水銀)

원소기호는 Hg이고 평상시 온도에서는 액체상태이다. 유기수은은 인체에 축적되어 여러 가지 장애를 일어나는 것으로 밝혀졌다.

meristem | 분열조직 (分裂組織)
식물의 경우 줄기 끝, 뿌리 끝, 형성층, 생식세포와 같이 분열에 의해 새로운 세포를 만드는 능력을 가진 조직이다. 뿌리나 줄기의 생장점 growth point 에서 볼 수 있는 길이 방향의 성장을 하는 조직을 정단분열조직 apical meristem 이라 하고 형성층, 코르크 형성층 등과 같은 부피를 늘리는 조직을 측방분열조직 lateral meristem 분열조직이라 한다. 주로 연속 분열 능력을 가지고 있는 조직을 1차 분열 조직이라 하고 식물의 신장에 관계한다. 그에 비해 분화된 영구조직이 다시 분열능력을 회복한 경우를 2차 분열이라 하며, 주로 비대 성장에 관계한다.

mesophyll | 엽육 (葉肉)
식물의 동화조직(광합성을 하는 장소가 된다)의 하나로 잎의 상하 껍질 사이의 조직이다. 주로 유세포(원형질이 풍부하고 얇고 부드러운 세포)로 이루어지며 엽록체를 포함한다.

mesophyte | 중성식물 (中性植物)
적당한 온도에서 성장하는 식물.

mesosome | 메소좀
원형질막이 세포질로 들어가 이루어진 것으로 막이 여러 층으로 겹친 구조이며 2가지 기능과 관계가 있다고 생각되고 있다. DNA에 부착점을 제공하고 있을지도 모른다는 점과 분비활동에 관계가 있을지도 모른다는 점이다

messages | 전달 암호
단백질 합성을 하기 위한 아미노산의 순서를 지정하는 유전 정보.

messenger RNA | 메신저 RNA, 전령(傳令) RNA

세포핵 속의 DNA에서 유전 정보를 알아내어 세포질
속의 리보좀 ribosome 에 유전정보를 옮겨 합성하는
단백질을 지정하는 리보핵산 RNA의 일종이다.

metabolic rate
대사속도 (代謝速度)
단위시간당 동물의 물질과 에너지의 총체적 출입 속도
로 물 소비량, 열로 방출되는 에너지 양 또는 에너지
획득을 위해 각종 산화과정에서 소비되는 효소의 양으
로 산정 할 수 있다. 일반적으로 산소 소비속도의 측정
이 자주 사용된다. 또한 산소 소비속도를 대사속도로
간주하는 경우가 많다.

metabolism
물질대사 (物質代謝)
생물이 생명을 유지하기 위해 물질을 외계로부터 섭취
하여 필요한 구성물질로 바꾸고, 다시 에너지 발생과
함께 생긴 노폐물을 체외로 배출하는 전 화학과정.

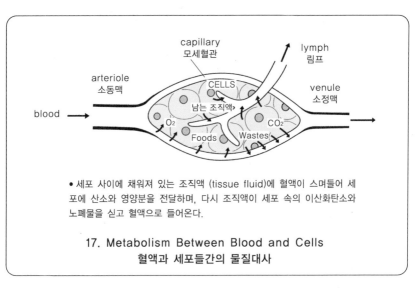

• 세포 사이에 채워져 있는 조직액 (tissue fluid)에 혈액이 스며들어 세
포에 산소와 영양분을 전달하며, 다시 조직액이 세포 속의 이산화탄소와
노폐물을 싣고 혈액으로 들어온다.

17. Metabolism Between Blood and Cells
혈액과 세포들간의 물질대사

metamorphosis
변태 (變態)

동물이 개체발생 과정 중 극심한 형태변화를 거치면서 성체가 되는 현상으로 일반적으로 동물인 경우를 가리키지만, 식물에서도 잎 · 줄기 등 본래 목적하는 기능 외의 기능을 나타내는 경우를 변태라고도 한다.

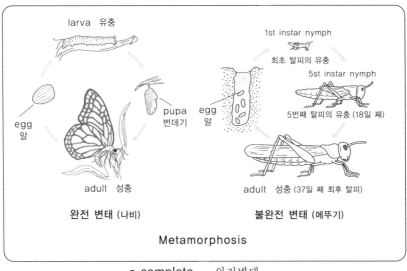

larva 유충

1st instar nymph

최초 탈피의 유충

5st instar nymph

5번째 탈피의 유충 (18일 째)

egg
알

pupa
번데기

egg
알

adult 성충

adult 성충 (37일 째 최후 탈피)

완전 변태 (나비)

불완전 변태 (메뚜기)

Metamorphosis

■ complete ∼ 완전변태
곤충이 유충 larva 에서 성충 adult 으로 되는 과정에서 번데기 pupa 시기를 반드시 거치는 변태를 하는 것.

■ incomplete ∼ 불완전 변태
곤충이 번데기를 거치지 않는 변태를 하는 것.

metaphase **유사(有絲)분열 중기**
세포의 유사분열 과정에서 동원체 centromere 가 적도면에 배열한 시기를 가리킨다. → meiosis, mitosis
→ 그림 16, p.177

meteorite **운석**
유성이 타고남은 것이 지상으로 떨어진 것.

methane

메탄
분자식은 CH$_4$이고 유기물이 물 속에서 부패 발효할 때 생기는 것이다.

microfilament

미세섬유, 마이크로필라멘트
세포질 속에 존재하는 5~8nm 크기의 조직으로 각 섬유가 평행하게 집합하여 다발모양 구조를 나타내는 경우가 많다. 마이크로필라멘트는 원형질 유동, 아메바 운동, 첨체반응(尖體反應) 등의 비근육성 세포운동에 관여한다.

micropyle

(1) 난문(卵門) (2) 주공(珠孔)
(1) 난문 : 동물 란(卵)의 난막(卵膜)에 있는 가는 구멍으로 수정을 할 때 정자의 통로가 되는 경우가 많다. 정자가 난문(卵門)을 통과하지 않고 직접 난막을 통하는 경우도 있다. 란(卵)의 발육에 있어 영양분의 통로가 되는 경우도 있다.
(2) 주공 : 종자식물의 경우 밑씨 맨 끝에서 볼 수 있는 작은 구멍으로 수정을 할 때 화분관 (花粉管)이 배낭(胚囊)에 이르는 길이 된다.

microscope

현미경
렌즈를 맞추어 육안으로 볼 수 없는 작은 것도 확대해서 볼 수 있게 한 기구로 보통 현미경이라 하며 투과형 광학현미경을 가리킨다. 이것은 얇게 자른 생물 자료에 빛을 통과시켜 상을 맺게 하는 것으로 광학현미경은 대체로 이것을 가리킨다. 배율은 대물렌즈의 배율과 접안렌즈의 배율을 곱한 값이 된다. 계산상으로는 얼마든지 배율을 크게 할 수 있지만, 실제로는 희미한 상이 보일 뿐이다. 광원으로는 가시광선을 사용하므로 실험적인 확대배율에는 한계가 있고 최고 배율은 1,500배 정도이다.

microtubules

미세 소관
식물이나 동물의 세포에 있는 속이 빈 관 모양의 구조

물로 지름이 20~25nm 정도이고 튜불린 tubulin 이라는 둥근 모양의 단백질로 되어 있다. 튜불린은 주로 α-튜불린과 β-튜불린의 두 종류가 있으며 서로 결합하고 있다. 이 튜불린이 나선형을 이루면서 13개가 계속적으로 배열되어 속이 빈 관 모양의 미세소관을 형성하게 된다. 미세소관은 세포 골격의 유지에 절대로 필요하다. 미세소관이 파괴되면 세포는 둥글게 변해서 정상적인 형태를 잃게 된다. 또 중심립·섬모 cilia ·편모 flagellum 를 구성하기 때문에 세포의 운동에도 관여한다고 할 수 있다. 세포분열을 할 때 많은 미세소관이 방추체(紡錐體)를 형성해 염색체를 분리, 이동시키는 역할을 하고, 세포 내의 물질 운반에도 관여하는 것으로 알려져 있다.

midbrain

중뇌(中腦)
척추동물 개체 발생에 있어 신경배 neurula 기(期)에 형성되는 신경관 앞에 생기는 뇌포(腦胞) 중에서 중앙에 위치하는 부분이다.

middle lamella

중엽 (中葉)
식물 조직에서 서로 접해 있는 세포를 접착하고 있는 얇은 층으로 세포벽의 가장 바깥 층으로 볼 수 있다. 펙틴 pectin 을 주성분으로 한다. intercellular layer 라고도 한다.

migration

(1) 이동 (2) 물고기의 회유 (3) 기생충의 체내 이행
(1) 이동 : 생물(주로 동물) 또는 세포가 이동하는 것으로 대개는 생식장소의 이동(예를 들면 철새의 이동)을 가리킨다.
(2) 물고기의 회유 : 수성(水性) 생물이 이동 후 원래의 생식지로 되돌아가는 현상.
(3) 체내이행 : 기생충이 숙주 내의 기생부위에 도달하기 위해 이동 하는 것.

milk

(1) 젖 (2) 유액(乳液)

Dictionary of Biology for studying abroad

183

(1) 젖 : 포유류의 경우 새끼를 기르기 위해 어미의 유선으로부터 분비되는 액체로 갓 태어난 새끼는 일정기간만 젖으로 자란다. 단백질, 지방, 탄수화물, 비타민 등을 함유한다.
(2) 유액 : 유세포, 유관 속에 포함되어 있는 식물 유액.

Minamata disease   **미나마타 병**
유기 수은 중독에 의한 신경질환으로 마비, 언어장애, 정신이상 등을 일으키며 심한 경우 사망한다. 공장에서 배출하는 폐수 속의 유기수은에 오염된 물고기류를 계속적으로 먹음으로써 체내에 유기수은이 축적되어 집단적으로 발생한다.

mineral   **광물, 무기물**

■ ～ salts 무기염류(無機鹽類)
산과 알칼리가 중화되어 생긴 화합물로 생체 내에서는 이온이 되어 존재한다.

miscarriage   **유산**
태아가 아직 생활력을 갖지 못한 시기(인간은 28주 이전)에 어떠한 이유로 임신이 중절된 경우를 말한다.

mitochondria   **미토콘드리아**
모든 진핵세포의 세포질 cytoplasm 속에 있는 세포소기관(細胞小器官)으로 안팎 2중 막구조를 가지며, 내막은 스트로마 stroma 를 싸고 있다. 이와 동시에 다수의 주름이 있어서 스트로마 속으로 돌출하여 있다. 이 내막 돌출부를 크리스타 crista 라고 한다. 호흡의 구연산 회로와 전자 전달계 과정을 받아들이는 중요한 부분이다.

mitosis   **유사 분열(有絲 分裂)**
진핵생물의 일반적인 분열양식으로 유사분열에는 체세

포 증식에서 볼 수 있는 체세포분열과 생식 세포 생성
에서 볼 수 있는 감수분열이 있다. → meiosis

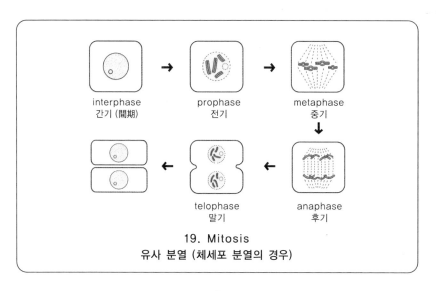

interphase
간기 (間期)

prophase
전기

metaphase
중기

telophase
말기

anaphase
후기

19. Mitosis
유사 분열 (체세포 분열의 경우)

MKSA system of units   **MKSA 단위계**
물리학 용어로 길이, 질량, 시간의 기본단위를 각각
m, kg, s로 한 MKS단위계에 전류의 단위 A를 덧붙
인 단위계이다. 이 단위계에서 힘의 단위는 N, 일과
에너지, 열량의 단위는 J 이다.

molars   **어금니**
포유류 이빨의 한 종류로 치열의 상하 가장 끝 쪽에 있
는 이빨이다. 먹이를 갈고 부수는 데에 사용된다.

mold   **곰팡이**
균류 중에서 진균류에 속하고 유기물을 포함한 표면에
생기는 미생물을 가리킨다. 곰팡이는 보통 그 본체가
매우 가는 사상의 균사로 되어 있는 사상균을 가리킨
다. 일반적으로 균류 중에서도 세균 · 고초균 · 버섯 등이나, 경우에 따라서는 효모와도 구별하지만 엄밀하게 구별하기에는 어려움이 많다.

molecule
분자 (分子)
원자가 공유결합 covalent bond 하여 생기는 물질.

molt
탈피 (脫皮)
절지동물이나 선형동물 등 딱딱한 표피층을 몸 껍질로 갖는 동물이 성장과정에서 낡은 표피층을 벗어버리는 현상으로 척추동물인 뱀이나, 개구리 등이 낡은 피부를 벗어 던지는 것도 탈피라고 한다.

monera
모네라
생물계의 한 분류. → protista

monocot
외떡잎 식물
속씨식물 Angiospem 을 크게 두 가지로 나눌 때 하나의 군(群)으로 다른 하나는 쌍떡잎 식물 dicot 이다. 떡잎 cotyledon 은 한 장이며 잎의 엽맥은 평행으로 달린다. → 화보 그림 6

monoculture
단일 재배
한 종류의 작물만을 재배하는 것.

monohybrid
단성잡종
한 쌍의 대립유전자 allele 에 대해서만 이루어지는 다른 개체 간의 잡종으로 1 유전자잡종이라고도 한다.

mononucleotide
모노뉴클레오티드
뉴클레오티드라고도 한다. 핵산의 기본 단위로 1 분자씩의 유기염기와 5탄당과 인산이 결합한 것이다. → DNA, RNA

monosaccharides 단당

탄수화물 속에서 가수분해 hydrolysis 해도 더 이상은
분해되지 않으며 이당 disaccharides, 다당
polysaccharides 구성의 기초가 되는 것을 가리킨다.
포도당 glucose 이 있다.

monotreme
단공 목(目) 동물
난생(卵生)이지만 새끼를 젖으로 기르는 포유류로 오
리너구리 등이 있다.

morphology
형태학
생물형태의 기술과 그 법칙성을 조사하는 생물학 분야
이다. 기능에 초점을 맞추는 생리학 physiology 과는
대조적인 학문이다.

mortality
사망률
단위시간당 사망 수를 그 기간 최초로 존재한 개체수
로 나눈 것으로 백분율로 표시하는 경우가 많다.

morula
상실배
다세포동물의 배 발생과정에서 수정란이 세포분열하여
세포의 모임이 된 것으로 생김새가 뽕나무 열매를 닮
아 상과배라고도 한다. 보통 난황이 거의 없는 난세포
에서 난할이 일어나 덩어리 모양의 할구를 32~64개
정도 만든다. 할강은 극히 일부만 발달한다. 할구들은
생김새와 위치 등에 따라 앞으로 특정기관을 만들어내
는 외배엽·중배엽·내배엽이 된다. 이러한 배의 시기
를 상실기라고 한다.

moss
이끼식물
작은 음지식물의 총칭이다.

motile cilium
부동(不動) 섬모
외관은 섬모 cilia 와 비슷하나 운동성을 갖지 않는 단
순한 원형질 돌기이다.

motility

운동성
생물체가 능동적으로 일어나는 움직임으로 생명의 유무를 식별하는 중요한 특징이 된다.

motor neuron

운동 뉴런
축색 axon 이 운동신경으로 되어 골격근 skeletal muscle 의 수축을 일으키는 뉴런이다. → **neurone**

mouthparts

구기(口器)
무척추동물 특히 절지동물의 입 주변에 있으며 전체적으로 음식을 먹거나 씹는데 유용한 여러 가지 기관을 종합해서 가리키는 말이다.

movement

운동
중력이나 풍력, 수력 등 다른 동력을 의존하지 않고 생물이 스스로 능동적으로 일으키는 움직임이다

mucor

털 곰팡이
접합균 문(門) 접합균 강(網) 털곰팡이 목(目)에 속하는 균(菌)의 총칭으로 기본적으로는 음지에서 사는 균류(菌類)이다. 야채나 감자, 딸기나 털복숭아 같은 과실에 생긴다. 하얀색 또는 회색의 곰팡이는 털 곰팡이류(類)인 경우가 많다.

mucus

점액(粘液)
생물이 생산하는 점액의 총칭이다.

multifactorial inheritance   **다(多)인자성 유전**
복수 또는 다수의 유전자 좌(염색체 상에서 유전자가 있는 위치)의 유전자에 의해 지배되는 형질의 유전양식이다.

multiple

다수의

■ ~ alleles 복대립유전자(複對立遺傳子)

동일유전자 좌(염색체 상에서 유전자가 있는 위치)에 그 발현형질이 다른 유전자가 세 개 이상 존재할 때 그 유전자군을 가리키는 말이다. 사람의 ABO식 혈액형을 지배하는 유전자 IO, IA, IB도 그 예이다.

Musca domestica | **집파리**

몸 길이 7~8 mm이고 다리는 검정색이다. 축사와 인가에 출입하며 그 수가 많은 종으로 세계적으로 분포되어 있다. 번식력이 강하고 1년 동안 쉴 사이 없이 발생한다. 성충으로 월동하고 이른봄 월동한 암컷이 산란한다. 전염병 매개 곤충으로 위생해충이다. 한국·일본·타이완·중국·아시아 남부·인도네시아 등지에 널리 분포한다.

muscle | **근육 (筋肉)**

생물의 운동기관의 하나로 수축, 이완을 반복할 때 생긴다. 원생동물, 중생동물, 해면동물을 제외한 모든 동물에 존재한다. 그 구조로부터 가로무늬근 striated muscle 과 민무늬근 smooth muscle 으로 크게 나뉜다. 가로무늬근의 근육세포는 다양하고 옆으로 줄이 있으며 빠른 속도로 수축하지만 피로하기 쉽다. 민무늬근의 근섬유는 단핵으로 방추형을 하고 있으며 완만하게 수축하여 쉽게 피로해지지 않는다.

mushroom | **버섯**

균류(菌類) 중에서 눈으로 식별할 수 있는 크기의 자실체(子實體)를 형성하는 무리를 말하며 산야에 널리 여러 가지 빛깔과 모양으로 발생하는 버섯들은 갑자기 나타났다가 쉽게 사라지기 때문에 옛날부터 사람의 눈길을 끌어 고대 사람들은 땅을 비옥하게 하는 대지의 음식물(the provender of mother earth)' 또는 '요정(妖精)의 화신(化身)'으로 생각하였으며 수많은 민속

학적 전설이 남아 있다. 또한 버섯은 그 독특한 향미로 널리 식용되거나 또는 약용으로 하는가 하면 목숨을 앗아가는 독버섯으로 두려움을 받기도 하였다. 고대 그리스와 로마인들은 버섯의 맛을 즐겨 '신(神)의 식품(the food of the gods)'이라고 극찬하였다고 하며, 중국인들은 불로장수(不老長壽)의 영약(靈藥)으로 이용하여 왔다.

mutagen
돌연변이원(突然變異原)
자연히 발생하기생물의 돌연변이 보다도 높은 빈도로 일어나게 하는 원인. 물리적인 원인으로는 온도변화나 방사선 등이 있고 화학적인 원인으로는 여러 가지 화학물질 등이 있다.

mutation
돌연변이(突然變異)
유전자가 변화하는 것으로 때로는 염색체의 이상도 포함하는 경우가 있다. 초파리의 눈 색이 돌연변이를 일으키는 것처럼 표현형 phenotype 으로 현저한 변화를 일으키는 것도 있으나, 형질로 나타나지 않고 외견상의 변화로는 알 수 없는 돌연변이도 있다.

mycelium
균사체(菌絲體)
사상균(絲狀菌)류의 영양체로 나뭇가지처럼 갈라진 균사 hyphae 집단이다.

mycoprotein
마이코프로테인
미생물이 만드는 단백질이다. → single cell protein

myelin
미엘린
축색의 겉을 여러 겹으로 싸고 있는 인지질 성분의 막으로 미엘린수초라고도 한다. 팽윤성(膨潤性)이며 알코올에 녹는다. 굴광성을 가졌는데, 신경섬유의 말초나 뇌·척수의 백질이 하얗게 보이는 까닭은 바로 이것이 있기 때문이다. 사후에는 즉시 변화되어 응고체가 된다. 미엘린은 단백질 30%, 지질 70%로 구성되어 있으며, 뉴런을 구성하고 있는 축색을 여러 막으로 둘러싸고 있다.

myosin

미오신
액틴 actin 과 함께 근육을 구성하는 중요 단백질로 액틴이 미오신 사이에 미끄러져 들어옴으로써 근 수축이 일어난다.

Myriapoda

다족류 (多足類)
절지동물 중에서 결합류, 소각류, 대각류, 순각류를 종합해서 이르는 말로 기관 trachea 을 가지며 육지에서 살고 다리가 많다.

myxomatosis

점액종증(粘液腫症)
다수의 점액종(점액조직으로 이루어진 종양) myxoma 이 발생하는 상태를 말한다.

NAD

니코틴아미드아데닌디뉴클레오티드
nicotinamide adenine dinucleotide 의 약자이고 여러 대사 과정에 관여하는 조효소이다. 수소원자 1개와 전자 1개를 받아들여 환원형($NADH_2$, $NADPH_2$)이 된다. 2 종류의 탈수소효소 사이에 작용하여 두 기질 사이의 산화환원(전자교환)을 촉매한다. 호흡의 에너지 생성과정에서의 해당 glycolysis 계와 구연산 회로에서 분리된 수소를 받아들여 전자전달 electron transfer 계로 운반된다.

$NADH_2$

니코틴아미드아데닌디뉴클레오티드 환원형
→ NAD

natality

출생율
단위 시간당 평균 산란수를 나타내고 출생수나 증식력을 막연하게 나타내는 말로도 사용한다.

natural

자연의, 자연적인

■ ~ gas 천연가스
땅속에서 천연으로 산출하는 기체를 말하나, 통상적으로 탄화수소를 주성분으로 하는 가연성 가스를 말한다.

■ ~ selection 자연선택, 자연도태
자연적인 원인에 의하여 생기는 도태를 말한다. 생물집단 중에서 개체에 따라 유전자형 genotype 이 달라지고, 개체 사이의 생존율이나 임성(임신하기 쉬운것)에 차이가 생길 때에 도태가 된다고 하며 또한 그와 같은 차이를 일으키는 작용이나 인위적인 조작도 도태라고 한다. 인위적인 조작에 의한 도태는 인위도태, 인위선택(artificial selection)이라고 한다.

nectar

화밀(花蜜), 넥타

식물이 분비하는 꿀이나 감미로운 음료를 말한다.

마이너스 피드백
→ feedback

선충
원체강류에 속하는 선형동물 문(門)의 동물로 길고 가는 실모양 또는 원통모양의 몸을 갖는다. 기생성(寄生性)인 것도 많으며 식물이나 동물체에 기생하여 병의 원인이 된다.

네프론
척추동물의 각 사구체와 그와 연결되는 세뇨관을 합쳐 신장의 구조와 기능의 기본이 되는 단위로 실제로 오줌을 만드는 기관이다

신경 (神經)
말초신경계에서의 신경섬유 다발을 가리킨다. 혈관이나 림프관을 따라 있다. 뇌에서 나오는 뇌신경, 척수에서의 척수신경, 교감신경과 부교감신경으로 구성되는 자율신경으로 크게 나뉜다. 또한 운동섬유만으로 이루어진 것을 운동신경, 감각섬유 만으로 이루어진 것을 감각신경이라고 한다.

- **~ cord** (무척추동물의) 신경삭(神經索)

- **~ impulse** 신경자극
신경의 일부분을 충분한 강도로 자극하면 거기서 활동 전위가 발생하여 신경섬유 양(兩)방향으로 전달된다. 이 활동 전위를 신경자극이라 하거나 단순히 자극이라고도 한다. → impulse

신경계
신경조직으로 구성되는 기관계로 신경세포, 신경섬유가 갖는 흥분전달 능력과 그 복잡한 구성에 의해 동물

의 몸 각 부분 기능이 통일적으로 지배되어 각 부분에
서의 기능 연동, 개체로서의 행동 정확성을 갖게 한다.

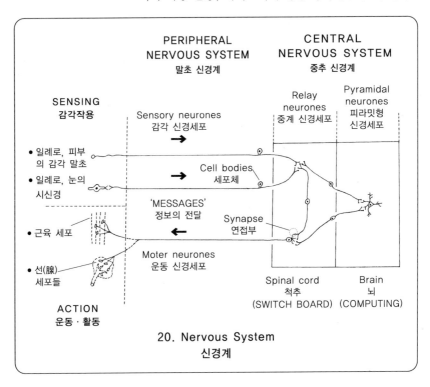

20. Nervous System
신경계

nest

보금자리
동물이 휴식하거나 외적환경에서 자기를 방어하거나
새끼를 낳아 기르는 장소를 말한다. 이는 대부분의 동
물에서 볼 수 있다. 좁은 의미로는 어떤 장소를 이용하
는 것이 아니라 동물자신이 만들어내는 것을 말한다.
예를 들면 각종 새나 곤충, 거미 등이 만드는 집이 잘
알려져 있다.

neural

신경(계)의

- ~ canal 신경계의 추공(椎孔)

척추골 구조로 척수신경 다발이 통과하는 부분.

- ~ tude 신경관

척추동물의 배(胚)후기에 원구 blastpore 에서 원구 반대쪽을 향해 배아 외배엽 ectoderm 에 신경판 neural plate 이 생긴다. 이것이 발달하여 신경구 neural groove 가 되고 그 좌우의 주름이 융합하여 관 모양이 된 것이 신경관이다. 발생이 진행되면 뇌와 척 수가 된다. 뇌와 척수는 이와 같은 과정으로 만들어지 므로 외배엽의 유래가 된다.

neurone

뉴런

신경단위로 신경세포체(神經細胞體)와 그 돌기인 신경 섬유나 축색돌기 axon 를 합쳐서 가리키는 말이다. 신 경계의 구조적, 기능적 단위이다. 단순히 신경세포라 고 불러도 되나, 뉴런이 하나의 세포나 복수의 세포로 이루어진 것을 몰랐던 시대의 이름이다.

neurula

신경배(神經胚)

신경관이 형성되는 시기의 배아 embryo 를 말한다.

niche

생태적 지위

어떤 생물체가 경쟁이나 포식과 같은 여러 종류의 관 계에 있어 그 생물적 환경에서 차지하고 있는 위치로 이 개념은 연구자에 따라 조금씩 다른 의미를 부여해 왔다. 현재도 연구자에 따라 미묘한 차이가 있음에 주 의하여야 한다.

nicotine

니코틴

담배에 들어있고 특유의 냄새를 가진 아주 지독한 물 질이다. 강력한 독성을 가지며 많이 섭취하면 신체에 유해하게 작용한다. 발암성을 갖는다는 지적도 있다. 담배의 습관성은 정신적인 것이며, 니코틴의 생화학적 인 작용에 의한 것은 아니다.

nicotinic acid   **니코틴산**
비타민 B군에 속하는 비타민의 한 종류이며 효모, 간
liver , 수조(獸鳥)육류, 엽채류(葉菜類)에 많이 있다.
→ pellagra

nitrate   **질산**
화학식은 HNO_3이고 질산염(질산칼륨 등)은 질소원으
로 식물에 들어가거나 세균에 의해 암모니아로 환원됨
으로써 질소순환의 중요한 물질이 되고 있다.

nitrifying bacteria   **질산화세균**
암모니아(NH_3)를 질산염으로 산화시키는 세균으로 질
산염은 뿌리를 통해 식물로 들어가 아미노산의 기초가
된다.

nitrogen   **질소**
원소기호는 N, 원자번호 7인 원소이다. 탄소, 수소,
산소와 함께 생물체를 구성하는 주요 원소이다.

- ~ cycle 질소순환
주로 생물 작용에 의해 자연계의 질소가 순환되어 가
는 현상으로 대기 속 분자상 질소(N_2)가 아질산염, 질
산염 등의 무기화합물이 되고 나아가서는 복잡한 유기
화합물(단백질)로 변환되어 최종적으로는 대기 속의
질소로 변화되어 간다. → nitrogen fixing

- ~ element 질소원소

- ~ fixing 질소고정(窒素固定)
생물이 대기 중의 분자형태의 질소를 생물체가 생리적
으로 또는 화학적으로 이용할 수 있는 상태의 질소화
합물로 바꾸는 현상이다. 질소고정을 하는 생물로는
호기성세균인 아조토박터 *Azotobacter*, 혐기성세균인
크로스토리디움 *Clostridium* 가 있다.

- ~ gas 질소가스
기체형태의 질소로 분자상 질소라고도 한다. 대기의

대부분을 차지한다.

■ ~ oxide 산화질소, 질소산화물
화학연료가 연소됨에 따라 발생하는 NO와 NO_2는 대기오염 물질로 알려져 있으며 생물에 직접적인 피해를 미치는 이외에 근래에는 산성비의 원인이 된다는 지적도 있다.

node 절(節)
식물의 줄기로 잎이 부착되어 있는 부분이며 줄기의 그 이외의 부분은 절간(節間)이라고 한다.

noise 소음
필요하지 않은 장애가 되는 소리로 본질적으로는 주관적인 것이며 음악 등도 소음으로 느껴지는 경우가 있다. 어떤 장소에서의 소음이라고 하는 경우에는 그 장소에서 들리는 모든 소리를 가리키며 그 크기는 소음계에 의해 측정된다.

nondisjunction 비분리
감수분열 meiosis 의 경우에 쌍을 이루는 상동염색체 homologous chromosome 가 분리하지 않고 양쪽 모두 같은 극으로 향하는 현상을 말한다. 이 결과 배우자 gametes 의 염색체수가 한 개 많아지거나 적어지기 때문에 정상적인 배우자와 결합하여 통상적인 염색체 수와 다른 염색체수의 세포가 생기는 원인이 된다.

noninheritive variation 비유전적 변이(變異)
생물의 변이 가운데 외부 환경에 의해 생긴 것으로 계절변이, 일시변이가 여기에 포함된다. 자손에게는 그 변이가 전해지지 않으며 유전자형의 차이에 의해 생긴다. 유전적 변이 inheritive variation 와 구별하기 위한 용어이다.

noradrenaline 노르아드레날린

→ norepinephrine

norepinephrine　**부신수질호르몬**
부신수질에서 에피네프린과 함께 추출되는 호르몬으로
노르아드레날린 noradrenaline 이라고도 한다. 포유
류에서는 교감신경 말단에서 화학전달물질로서 분비된
다. 그 작용은 에피네프린과 비슷하나 활성은 에피네
프린 보다 작다.

nuclear　**원자핵의, 핵의**

　■ ~ energy 핵에너지
원자핵을 구성하는 양자 proton, 중성자의 결합상태가
변화하여 발생하는 에너지로 원자로나 원자폭탄에서
방출되는 에너지가 그 예이다.

　■ ~ envelope 핵막
→ nucleus

　■ ~ phase 핵상
염색체 수라고 생각해도 되나, 염색체는 세포분열을
할 때만 볼 수 있기 때문에 세포분열을 하지 않는 세포
체에서 염색체 수라는 말은 적합하지 않다. 핵에 포함
되는 염색체 수(핵산의 양과 비례)를 보편적으로 나타
내는 말이 핵상이다.

　■ ~ pores 핵공, 핵막공
핵막에 열려있는 작은 구멍. → nucleus

　■ ~ reactor 원자로
핵분열 연쇄반응을 제어시킨 상태에서 에너지나 방사
성 동위원소를 얻는 장치로 중심부 구조 등에 따라 여
러 가지 종류가 있고 용도도 여러 가지가 있다.

nuclease　**뉴클레아제**
뉴클레오티드 nucleotide 나 핵산 DNA, RNA 분자에
작용하는 효소.

nucleolus

인
세포 핵 속의 RNA가 풍부한 부분으로 리보좀 RNA의 합성장소이다. 대부분의 세포핵 속에 존재하는데 원핵 생물 prokaryote 에는 보이지 않는다.

nucleoplasm

핵질(核質), 핵액(核液)

nucleosome

뉴클레오좀
진핵생물의 염색체에 존재하는 구슬모양의 구조물로 히스톤 histone 이라고 불리는 8개의 단백질에 DNA 가 감겨져 있는 구조이며 거대분자 복합체이다.

nucleotide

뉴클레오티드
핵산의 구조단위로 염기(鹽基), 당(糖), 인산(燐酸)으 로 구성된다. → DNA, RNA

nucleus

핵 (核)
세포핵이라고도 한다. 원생동물 이외의 생물, 즉 진핵 생물의 세포 속에 있는 핵막으로 둘러 쌓인 구조이다. 핵막 nuclear envelope 에는 작은 구멍 (핵공 nuclear pore)이 많이 열려있다. 핵막에 의해 둘러 쌓인 부분 의 원형질을 핵질 nucleoplasm 이라 한다. 유전정보 를 담당하는 DNA는 그 대부분이 핵 속에 있다.
→ 화보 그림 1

nuptial

결혼의

- ~ flight 혼인 비행
곤충이 교미하기 위해 암수 앞에서 나는 현상으로 꿀 벌 등의 혼인비행이 유명하다.

- ~ pads 엄지 융기
꼬리 없는 양서류의 제 2차 성징의 하나로 생식 시기 에 앞다리의 엄지 언저리에 나타나는 융기(隆起)를 말 한다. → thumb pad

Dictionary of Biology for studying abroad

nut

견과 (堅果)
건조된 딱딱한 과피(果皮)를 가지며 터지지 않고 두
개 이상의 심피 carpel 로 구성되는 과실로 속에는 한
개 내지 여러 개의 씨를 가지고 있다.

nutrient

영양소 (營養素)
생물의 영양을 위해 섭취하는 물질로 호흡을 위해 받
아들이는 산소는 영양소에 들지 않는다.   → nutri-
tion

nutrition

영양
생물이 체외에서 물질을 섭취하여 몸의 기능을 유지하
며 성장하는 것.

nutritional type

영양 형식
생물이 영양소로 섭취하는 물질이 무엇인가에 따라 생
물의 영양 방법을 구별하는 것으로 생물의 영양형식은
무기영양(독립영양)과 유기영양(종속영양)으로 크게
나뉜다. 녹색식물이나 광합성세균은 무기영양, 동물이
나 균류 등은 유기영양이다.

nymph

불완전 변태 경우의 유충
→ 그림 18, p.181

obesity
비만
지방조직이 비정상적으로 축적된 결과 체중이 골격계
또는 생리기능의 한계를 넘은 상태로 심한 경우 합병
증이 일어날 수 있다.

oesophagus
식도 (食道)
소화관 중에서 목과 위(혹은 그에 상당되는 기관)사이
의 관을 말하며 소화, 흡수의 기능은 없다.

oestrogen
발정 호르몬 물질
발정 호르몬으로서의 작용을 갖는 물질을 합쳐서 부르
는 말로 발정호르몬은 척추동물이 주로 난소 ovary 에
서 분비되는 호르몬으로 여성 생식기관의 성숙과 기능
이 나타나는 것을 촉진하며 포유류에서는 발정 estrus
이라는 상태를 초래한다.

oestrous cycle
→ estrous cycle

olfactory lode
후엽 (嗅葉)
냄새를 담당하는 중추가 있는 부분으로 대뇌반구 앞부
분의 피질에 있다.

omnivores
잡식성 동물
동물과 식물 모두를 영양원(營養源)으로 하는 동물.

one gene – one enzyme theory   **1유전자 1효소설**
1개의 유전자가 1개의 특정한 효소를 지배한다는
학설.

oocyst
접합자낭
원생동물 포자충(胞子蟲)류의 배우자 gamete 가 합체
하여 접합자 zygote 를 형성한 뒤 그 주위에 만들어지

는 주머니 모양의 막에서 접합자는 분열하여 다수의
포자(布子)세포를 만들어 낸다.

operculum

아가미 뚜껑
연골어류에 발달하는 것으로 아가미나 머리부분을 보
호하기 위해 덮여 있는 얇은 판으로 상어나 가오리에
는 없다.

operon

오페론
어떤 형질이 나타나는 단위가 되는 유전자의 작동단위
이다. 미생물 유전에서 발견된 것으로 다음 네 가지로
구성된다. ① 구조유전자 : 단백질(효소) 구조를 결정
하는 정보를 가진 유전자(DNA) 부분 ② 작동유전자 :
구조유전자 가까이에 있어서 그 작용을 지배하는 유전
자 부분 ③ 촉진유전자 : 구조유전자의 이웃에, 작동유
전자와의 사이에 있으며, 구조유전자의 작동 개시점이
되는 유전자 부분 ④ 조절유전자 : 작동유전자 근처에
있으며, 그 작동을 조절하는 유전자(DNA) 부분으로
제어물질(억제유전자)을 만든다.

optic

눈의, 시력(각)의

▪ ~ lobe 시엽(視葉)
조류이하의 척추동물의 경우 중뇌 midbrain 뒷면 좌
우에 부풀어 있는 부분으로 안구운동 중추가 있으며
시각과 관계가 깊다.

▪ ~ nerve 시신경
시각을 전달하는 신경으로 척추동물에서는 망막
retina 과 함께 뇌의 일부이다.

oral cavity

구강 (口腔)
척추동물 소화관 가장 앞부분에 있는 공간으로 먹이의
섭취, 씹기, 타액에 의한 소화, 가스 출입구 등의 여러
가지 기능을 갖는다.

order

목 (目)
생물 분류군 계급 중의 하나로 강(網) class 의 아래, 과(科) family 의 위에 위치한다.

organ

기관 (器官)
생물의 개체 속에 부분적으로 있으면서 특정한 기능을 한다. 형태적으로 독립한 부분으로 다세포생물의 경우 복수의 조직이 모여있는 형태를 하고 있다. 동물에서는 뇌, 위, 간 등을 식물에서는 꽃, 잎, 뿌리 등을 예로 들 수 있다.

■ ~ of corti 코르티 기관
나선기관이라고도 하며 내이 inner ear 의 달팽이관 속에 있는 소리를 느끼는 감각기관이다. 내부에는 청(聽)신경과 연결된 유모섬유(청세포)가 있고 위 부분에는 많은 막이 있다. 외(外)림프를 통해서 기저막으로 전달된 진동이 코르티기관에 전해져 유모세포가 많은 막과 접촉하면 흥분이 청신경에서 뇌로 전달되어 소리를 지각할 수 있게 된다.

■ ~ system 기관계
공통 기능을 가지고 공동작용을 하는 여러 가지 기관이 모여 기능적, 형태적 집합을 이루는 것이다. 많은 다세포 동물에 공통으로 있는 기관계로는 신경계, 감각계, 운동계, 골격계, 소화계, 호흡계, 순환계, 배출계, 생식계가 있다. 편의상 신경, 감각, 운동 각계에 속하는 기관을 동물성기관, 영양, 배출, 생식에 관계하는 기관을 식물성기관 이라고 부른다.

organelle

세포 소기관
원형질 protoplasm 의 일부가 특수화되어 일정한 기능을 갖게 된 세포 속 구조단위로 핵 nucleus, 미토콘드리아 mitochondria, 색소체 plastid, 리소좀 lysosome, 미소체 microbody 등을 들 수 있다.

organic

유기체의, 기관의

■ ~ compound 유기 화합물
일산화탄소, 이산화탄소나 금속의 탄산염 등 특정의
간단한 구조를 제외한 모든 탄소 화합물을 말한다. 기
본골격은 탄화수소로, 탄소-탄소와 탄소-수소의 공유
결합으로 구성되어 있다. 원래 유기체가 생산되어 그
것을 구성하는 물질이라는 의미에서 붙여진 명칭이며
생물의 구조, 활동과 밀접한 관련이 있으며 지금은 공
업적으로도 많이 이용되고 있다.

■ ~ molecule 생체분자
생물이 생산하는 유기화합물이라는 의미로 종속영양
heterotrophy 생물은 이것을 체내에 받아들여 유기화
합물이 갖는 화학 에너지를 생명유지에 사용한다.

organism **생물, 유기체**
모든 살아 있는 것이 생물과 무생물이라고 확실히 구
별지을 조건은 아직 확정되어 있지 않다. 증식, 성장,
세포구조, 물질대사, 조절능력 등이 생물의 특색이지
만 무생물이면서 위에 든 몇 가지 기능을 갖기도 하는
데 바이러스 같은 경우는 생물인가 아닌가에 대해 의
견이 분분하다. → 그림 24, p.268

ornithine cycle **오르니틴 회로**
동물체 내에서 암모니아를 요소로 전환하는 화학반응
경로인데 한번 회전하면 암모니아, 이산화탄소, 아스
파라긴산의 아미노기 질소를 원료로 요소가 생성된다.

Orytolagus cuniculus **집토끼**
야생토끼가 사육에 의해 변종된 것으로 앙고라·친칠
라·렉스 등 그 종류가 다양하며 육용, 모피용으로 쓰
인다.

osmoregulation **삼투 조절**
동물의 체내에서 액체의 침투농도를 일정한 값으로 유
지하는 기능을 말한다.

osmosis

삼투 (滲透)
물질이 막을 통과하여 확산 diffusion 되는 현상을 말한다.

osmotic

삼투의, 삼투성의

▪ ~ pressure 삼투압
용매 solvent 는 자유롭게 통과하나 용질 solute 은 통과하지 않는 막(반투막 semipermeable membrane)을 고정시켜 한쪽에 용매, 또 한쪽에 용액을 둘 때 용매는 반투막을 통과하여 용액 쪽으로 침투한다. 이 용매의 이동을 막기 위해 필요한 압력을 그 용매의 삼투압 osmosis pressure 이라고 한다. 최근에는 이 압력의 크기를 그 용액이 갖는 삼투 포텐셜 osmosis potential 이라고도 한다.

ossicle

소골 (小骨)
소리를 내이 inner ear 에 전달하는 소형 뼈. 사람의 경우 3개로 구성되어 있다.

Osteichthyes

경골 어류 (硬骨 魚類)
척추동물 어류상강(魚類上綱)의 한 강(綱)으로 뼈의 일부 또는 전체가 딱딱한 뼈로 되어 있어 이런 이름으로 불리운다. 물에서 육지로 이동한 최초의 척추동물의 조상이며, 현재 우리가 말하는 물고기들의 조상이다. 골성(연골성)의 내골격이 있으며 아가미를 가지며 부레나 폐가 있다.

osteoblast

조골세포 (造骨細胞)
골조직 bone tissue 형성을 담당하는 세포.

osteoclast

용골(파골) 세포
척추동물에서 뼈가 성장하는 과정에서 불필요하게 된 뼈조직을 파괴 또는 흡수하는 대형의 다핵세포로 결과적으로 뼈 속의 칼슘이나 인(燐)을 방출 저장하는데 관여한다.

ova
난자 (卵子)
난(卵) ovum 의 복수형.

oval window
(중이의) 난원창, 전정창(前庭窓)
내이 inner ear 의 달팽이관과 중이 middle ear 의 이소골(耳小骨)이 접한 곳으로 진동을 내이의 전정계 바깥 림프에 전달한다.

ovary
난소, 씨방
동물에서는 난자를 생성하는 생식선(腺), 식물에서는 밑씨를 안고 있는 씨방을 가리킴.

oviduct
난관 (卵管)
난자를 자궁으로 운반하는 관으로 수란관(輸卵管)이라고도 한다. 포유류에서는 태생(胎生)과 관련하여 수란관 일부가 자궁으로 분화되며 나아가 자궁과 체외의 개구부 사이에 질이 분화 형성된다.

ovulation
배란 (排卵)
동물의 경우 일정한 성숙단계에 이른 난자가 난소에서 배출되는 것.

ovule
밑씨
종자식물에서 볼 수 있는, 씨방 ovary 속에 생겨 나중에 종자가 되는 기관으로 배낭 embryo sac 과 그것을 감싸는 주심 nucellus, 다시 그것을 감싸는 주피 integument 로 구성되어 있다.

ovum
난자(卵子)
암수 배우자 사이에서 형태적으로도 명확히 분화되어 남성 배우자가 정자라고 불리는 경우, 그에 대응하는 여성배우자를 말한다.

oxidation   **산화(酸化)**
옛날에는 물질이 산소와 화합하는 것을 가리켰으나 지금은 물질에서 전자(電子)가 빼앗기는 변화를 말한다. 반대의 반응이 환원(還元, reduction)인데 이것은 전자와 결합하는 반응이다.

oxidative phosphorylation   **산화적 인산화**
전자 전달계에서 무기인산과 ADP로부터 ATP가 생성되는 생체반응을 말하며 호흡에 의한 에너지를 획득할 때 중요한 작용을 한다.

oxygen   **산소 (酸素)**
원소기호 O, 원자번호 8, 원자량은 15.9994이다. 무색 무취의 기체로 지구상의 거의 모든 것이 녹색식물의 광합성 photosynthesis 에 의해 만들어진 것이다. 생물의 호흡에 관여한다.

■ ~ debt 산소부채
운동 중에 산소가 부족하게 되는 현상으로 가벼운 운동을 할 때에는 산소 섭취량과 산소 수요량이 비슷하나 격렬한 운동을 할 때에는 산소 섭취량이 산소 소모량보다 부족하게 되어 운동을 지속하기 어렵게 된다. 이와 같이 안정시 섭취하는 산소의 양 이상으로 섭취하는 여분의 산소량이 산소부채를 일으킨다. 즉, 운동시 빚진 산소 부족분을 운동이 끝난 후에 갚는다는 개념이다.

■ heavy ~ 중(重)산소
산소의 동위체이며 지구에 존재하는 산소원자 중 0.204%를 차지한다.

oxyhemoglobin   **산소헤모글로빈, 옥시헤모글로빈**
동물의 혈액 색소인 헤모글로빈과 산소와의 결합체를 말한다. 산소 분압이 낮은 곳에서 쉽게 산소를 방출하여 헤모글로빈이 되며 산소 운반을 한다.

ozone

오존

약하지만 냄새를 가지며 산화력이 강한 무색 기체로 산소의 동소체이다. 생체 내에서 매우 유해하지만 산소호흡을 하는 생물이 반드시 가지고 있는 효소인 페르옥시타제에 의해 분해된다. 또한 대기 상층부에는 오존층 ozone layer 이라고 불리는, 오존량이 비교적 많은 영역이 있으며 자외선을 흡수하는 기능이 있다.

P acemaker – pyruvic acid

pacemaker

페이스메이커
동물의 심장 박동처럼 리듬감 있게 반복되는 활동의 기점이 되어 다른 부분의 보조를 결정하는 작용을 하는 부위로, 예를 들면 포유류의 심장에서는 동방결절(洞房結節)이 제 1차 페이스메이커이다. 또 이 기능을 보조하는 인조 페이스메이커가 있으면 수술 할 때 삽입할 수도 있다. 소형이며 전지(電池)로 움직인다.

paleontology

고생물학
지질시대에 생존하고 있던 생물을 대상으로 구조나 유연 관계, 지리적 분포 등 모든 문제를 연구하여 생물계 변천 모습을 분명히 함과 동시에 지구발달의 흔적을 더듬어 가는 학문이다. 고생물을 생물학 입장에서 연구하는 학문을 순(純)고생물학 paleobiology 이라 하며 생태 · 발생 · 유전 · 진화 등을 대상으로 한다.

pancreas

이자
척추동물에서 간 liver 에 버금가는 대형 소화관 부속선으로 간 liver 가까이 있다. 소화액인 이자액이 분비되는 부분과 인슐린 insulin 과 글루카곤 glucagon 이 분비되는 랑게르한스섬으로 나뉜다.
→ 그림 8, p.101

■ ~ juice 이자액
이자 내에서 생산되어 분비되는 소화액으로 이자액의 주된 소화효소는 트립신, 말타아제, 아밀라제(녹말 분해), 리파아제(지방분해)이다.

papillary muscle

유두근(乳頭筋)
포유류 심장의 심실 내벽에 원추형(圓錐型)으로 돌출해 있는 근육.

parasite

기생자(寄生者), 기생충(寄生蟲)

parasitic adaptations　**기생적 적응**
기생생활에 적응하는 것. → parasitism

parasitism　**기생**
공생의 한 형태로 생물이 필요한 영양을 다른 생물체
일부로부터 얻어 생활하는 것이다. 보통은 그에 따라
기생자 parasite 가 이득을 보고 숙주 host 가 어떤 피
해를 입는 것을 말한다.

parasympathetic　**부교감신경(副交感神經)의**

■ ~ nerve 부교감신경
자율신경(뜻과는 무관하게 생체기능을 자율적으로 조
절하는 신경계)의 하나이며 교감신경(交感神經)과 서
로 대립하거나 조절하면서 호흡, 소화, 순환 등을 담당
한다. 흥분하면 말초(末梢)에서 아세틸콜린이라는 흥
분 전달물질을 분비하며 지배기관으로 작용한다. 심장
운동 억제, 혈관 확장, 위장운동 촉진, 동공축소, 온열
발한(溫熱發汗)과 같은 일을 담당한다.
→ parasympathetic nervous system

■ ~ nervous system 부교감 신경계
교감신경계와 길항작용(拮抗作用)을 하고 있다. 자율
신경계는 부교감 신경계와 교감신경계로부터 형성되어
있다. → parasympathetic nerve

parathyroid　**부갑상선(副甲狀腺)**
갑상선과 가까이 있는 기관으로 부갑상선 호르몬을 분
비한다.

■ ~ hormone 부갑상선 호르몬
갑상선에서 분비되며 뼈나 신장(腎臟)kidney 에서 작
용한다. 혈액 속의 칼슘이온을 증가시키고 인산이온을
감소시킨다. 부족하면 골격근이 경련을 일으키는 테타
니병에 걸리거나 골격부전이 된다.

parental care　**생육 (生育)**

양친이 자식(새끼)을 기르는 행동으로 인간에게만 국한되지 않고 모든 동물에게 쓰는 말이다.

passive transport 수동 수송 (受動 輸送)
생체막(세포막, 핵막, 소포체나 미토콘드리아 등을 만들고 있는 막)으로 막의 양쪽 침투압(浸透壓) 차이로 일어나는 수송을 말한다. 능동수송 active transport 의 반대개념이다.

Pasteur, Louis 루이 파스퇴르
프랑스의 과학자이며 세균학자이다. 발효나 부패가 미생물에 의해 생기는 것을 밝히고 자연발생설을 부정하였다.

pasteurization 저온살균법 (低溫殺菌法)
파스퇴르에 의해 발명되었는데 포도주 부패방지를 위한 살균법으로 현재는 주로 우유 살균에 쓰이고 있다.

paternal 부계(父系)의

pathogen 병원체
감염증을 일으키는 기생생물이다. 형태의 크기에 따라 분류하며, 바이러스 · 리케차 · 세균(구균 · 간균 · 나선균 · 방선균) · 진균(眞菌) · 스피로헤타 · 원충(原蟲)의 6종이 있다.

pattern diagrams 모식도 (模式圖)
복잡한 조직이나 기관, 신경계 등을 알기 쉽고 간략하게 표시한 그림.

Pavlov, Ivan P. 이반 P. 파블로프
러시아의 생리학자이며. 소화생리(消化生理) 연구로 노벨 생리학 · 물리학상을 수상하였다. 파블로프의 개로 유명한 조건반사(條件反射)를 연구했는데 이처럼

대뇌기억에 기초한 조건을 현재는 고전적 조건이라 부른다.

pectoral girdle

흉대 (胸帶)
pectoral arch 라고도 한다. 척추동물 앞다리 foreleg 골격의 일부로 인간의 경우에는 견대(肩帶)라고도 한다.

pekilo

폐기물 활용법
핀란드에서 볼 수 있는 것으로 산업 폐기물에서 SCP(single cell protein)를 획득하는 방법의 하나로 이를 통해 동물의 사료를 만든다.

pelagic division

표영구 (漂泳區)
해양을 크게 두 부분으로 나눈 것 중의 하나로 생물이 물 속이나 물 표면에서 자유롭게 생식하는 장소를 말한다.

pelvic girdle

요대 (腰帶)
척추동물의 뒷다리가 척추와 결합하는 골격의 일부로 후지대(後肢帶) · 골반대(骨盤帶)라고도 한다. 척추와 평행으로 위치하는 장골(腸骨), 그 뒤끝에서 앞쪽으로 나오는 치골(恥骨), 뒤쪽으로 나오는 좌골의 좌우 합계 6개의 뼈로 이루어진다.

pelvis

(1) 골반(骨盤) (2) 신우(腎盂)
(1) 골반 : 허리부분을 형성하고 있는 깔때기 모양의 골격.
(2) 신우 : 신장 kidney 의 일부이며 만들어진 오줌은 신우를 통해 방광으로 흘러 들어간다.

penicillin

페니실린
최초의 항생물질로 1928년 A.플레밍이 발견하였고, 1940년에 치료용 주사제가 등장하였다. 자낭균류와 푸른곰팡이류인 *Penicillium notatum* 또는 P. *chrysogenum* 의 배양 또는 합성법으로 얻을 수 있다.

penis

음경(陰莖)

동물 수컷으로부터 암컷에게 삽입되어 정액을 방출하는데 쓰이는 기관이다.

peppered moths

검은 반점 나방

사회가 공업화됨에 따라 심각한 대기오염이 발생하게 되어 나무들이 오염물질에 의해 검게 그을리게 되면서 나방이 어두운 색으로 변하는 변이(變異)가 증가하게 되었다. 이것은 자유선택에 의해 진화가 이루어진 예라 할 수 있다.

pepsin

펩신

척추동물 위액 속에 존재하는 단백질 분해효소이며 아미노산 펩티드 결합 peptide bond 을 가수분해한다.

peptide bond

펩티드 결합

두 α-아미노산에서 한쪽 칼복실기와 다른 쪽 아미노기가 탈수축합(脫水縮合)하여 생기는 일종의 산아미드결합이다.

peptides

펩티드

두 개 이상의 아미노산이 펩티드 결합으로 연결된 형태의 화합물을 가리킨다.

perennation

다년생화 (多年生花)

식물 개체가 계절이 변해도 살아 남는 것.

perennial

다년생

개체가 2년 이상 존재하는 것을 말하며 특히 식물에 자주 쓰인다.

pericycle 내초
양치식물·종자식물의 내피(內皮) 안쪽에 접하는 유조직(柔組織)의 세포층으로 내피와 관다발 사이의 조직이다

perilymph (내이의) 외(外) 림프
내이 inner ear 의 골미로(骨迷路) 속에 들어 있는 림프액으로 중이 middle ear 에서 전달된 진동을 받아 기저막(基底膜)을 울리게 된다. 이 진동이 콜티기관에서 청신경(廳神經)으로 전해진다. → organ of Corti

periodontal disease 치주염(齒周炎)
치아를 지탱하는 치조골(齒槽骨), 치근막(齒根膜), 시멘트질에 생기는 염증을 말한다. → 그림 25, p.269

peripheral 주변적인, 말초(末梢)적인

■ ～ nerve 말초(末梢)신경
뇌나 척수 spinal cord 와 같은 중추신경계(中樞神經系) 각 부분에서 나오며 체표나 체외의 모든 말초기관에 이르는 신경섬유이다. 뇌척수신경계와 자율신경계로 구성된다.

peristalsis 연동 (連動)운동
지렁이의 이동이나 동물의 소화관에서 볼 수 있는 독특한 근육 운동의 한 형식으로 종(縱)으로 된 근육과 횡(橫)으로 된 바퀴모양의 근육이 교대로 수축한다.

permeability 투과성 (透過性)
어떤 물질계나 구조에 액체나 기체 등의 확산 diffusion 이 있는 경우에 그 구조가 확산성 물질분자의 통과나 침입을 허용하는 성질로 생물학적으로는 특히 세포막을 비롯한 여러 생체의 막구조가 가지는 투과성이 중요하다.

perspiration

증산 (蒸散)

생체로부터 수분이 증발하는 것으로 몸의 항상성(恒常性) homeostasis 을 유지하기 위한 발한(發汗)이나 피부나 기도점막(氣道粘膜)에서 끊임없이 수분을 증발시키는 것을 의미한다.

pesticide

농약

병충해를 없애는데 쓰이는 약제.

pests

해충 (害蟲)

유해생물로 농작물을 헤치는 균, 곤충, 쥐, 바이러스 등을 말한다.

petal

꽃잎

꽃을 구성하는 요소의 하나로서 꽃받침 위에 생긴다.

petiole

잎자루

잎몸 부분을 유지하는 자루 부분으로 엽병(葉柄)이라고도 한다. 잎자루 속의 관다발은 줄기의 관다발과 잎몸의 관다발을 연락하는 역할을 한다.

petroleum

석유

원유 또는 그것을 가공한 연료의 총칭으로 가솔린, 등유, 경유, 중유 등이 있다.

pH

수소지수 (水素指數)

액체 속 수소이온 농도를 표시하는 데 쓰이는 값.

phagocyte

식세포 (食細胞)

동물의 체내에서 이물체(異物體)를 처리하는 세포의 총칭이다. 이물체에는 세균, 진균, 바이러스와 같은 기생생물이나 먼지, 매연, 가시와 같은 비(非) 생물이 있다. 이물체가 식세포보다 작을 때는 세포 속으로 끌어들여 효소로 분해하고, 클 때는 많은 식세포가 그것을 포위하여 분해한다. 효소로 분해할 수 없을 때에는 식세포가 작은 덩어리가 되어 이물체를 체내 환경으로부터 격리시키거나 체외로 방출시킨다.
→ 그림 6, p.55

phenotype
표현형 (表現型)
생물이 나타내는 형태적 · 생리적 성질로 유전자형 genotype 과 환경조건에 의해 결정된다. 표현형에서 유전자형(遺傳子型)을 결정할 수는 없으나 반대로 유전자형에서 표현형을 말할 수는 있는데 이것은 우성형질은 유전자가 한 개라도 나타날 수 있기 때문이다.

phloem
사관부 (篩管部), 체관부
사관부섬유(篩管部纖維), 사관부유세포(篩管部柔細胞), 반세포(伴細胞)로 구성되는 조직으로 영양 물질을 이동시키는 경로가 된다. 양치식물, 종자식물에 존재하며 목질부(木質部)와 함께 유관속(維管束)을 형성한다. → 그림 28, p.289

phosphate
인산염(에스테르)

phospholipid
인지질(燐脂質)
생체막의 중요한 구성성분으로 복합지질의 하나이며 뇌와 간에 많이 함유되어 있으므로 신경전달이나 효소계의 조절작용에 중요한 역할을 한다. 인지질은 미생물계 · 식물계 · 동물계 전반에 넓게 분포하고 있다.

phosphorus
인(燐)
원자번호는 15, 원소기호는 P 이다. 광물이나 생물체 속에 존재하는데 독이 있고 발화되기 쉬운 황인(黃燐)과 독이 없고 발화점(發火點)이 높은 적인(赤燐)이 있는데, 적인(赤燐)은 성냥으로 쓰인다.

photolysis
광분해(光分解)

빛에너지에 의한 물질의 분해반응을 가리킨다. 광합성의 광화학계(명반응)에서의 빛에너지로 물이 분해되어 산소와 $NAPH_2$와 ATP가 생성된다.

phtoperiodism

광주성(光週性)

낮 길이에 대한 식물의 반응 성질을 가리키는 말로 식물은 여러 가지 환경변화를 계절변화의 신호로 받아들여 그에 따라 반응하며 계절변화에 맞춰 생활한다. 광주성은 그와 같은 환경변화에 대한 반응 중의 하나이다.

photosynthesis

광합성 (光合成)

녹색 식물이 빛에너지를 이용하여 이산화탄소와 물로부터 포도당과 산소를 만드는 일련의 과정. 포도당은 녹말로 전화되어 잎세포에 저장되었다가 다시 당분으로 변화, 식물 각부에 운반되어 에너지 원으로 쓰인다.

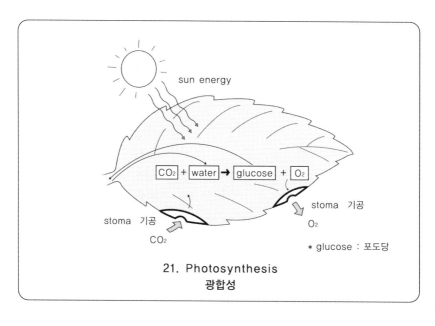

21. Photosynthesis
광합성

■ evidence for ~ 광합성 증거 (光合成 證據)
잎에서 광합성이 일어나고 있는지 아닌지는 녹말 starch 의 유무(有無)로 알 수 있다. 잎에서 녹말이 검출되면, 광합성이 되고 있다는 증거가 된다. 이것을 확인하려면 한 장의 잎을 검은 종이나 알루미늄 호일 등으로 덮은 뒤에 빛을 쏘이는 것이 가장 간단하면서 알기 쉬운 방법이다. 빛을 쏘인 다음 잎 전체의 녹말 분포를 조사하면 덮여 있던 부분에서는 녹말이 검출되지 않는다.

photosynthetic **광합성의**

■ ~ pigment 광합성색소
엽록소와 같이 광합성 photosynthesis 에 관여하는 동화색소(同化色素).

■ ~ rate 광합성속도
광합성에 의한 이산화탄소의 고정 또는 색소 발생 속도를 말하며, 고등동물에서는 일반적으로 $10cm^2$의 표면적 당 1 시간에 고정되는 CO_2의 mg수로 표시된다.

photosystem **광화학계 (光化學系)**
녹색식물이나 조류 등의 광합성에서는 화학반응 과정이 명반응과 암반응으로 크게 나뉘는데 빛을 필요로 하는 명반응은 빛이 닿는 밝은 곳에서 일어나기 때문에 광화학계라고 한다.

phototaxis **광주성 (光週性)**
주광성(走光性)이라고도 한다. 생물이 빛에 반응하여 일정한 방향성을 갖는 운동을 일으키는 것으로 빛에 반응하는 어류나 곤충, 빛을 피하는 바퀴벌레나 지렁이 등이 있다.

phototropism **굴광성(屈光性)**
식물이 빛의 자극에 의해 일어나는 주성(走性)을 가리키는데 식물의 줄기에서는 + 굴광성, 뿌리에서는 −굴광성을 볼 수 있다.

phylum

(동물 분류에 있어서의) 문(門)
동물의 분류학적 단계 구분의 하나로, 동물계 animal kingdom 를 크게 구분하는데 쓰인다.

phytochrome

피토크롬
빛을 감지하여 생체의 모든 기능을 조절하는 식물의 색소단백질로, 빛의 종류나 길이에 따라 발아를 촉진하거나 억제한다.

phytoplankton

식물 플랑크톤
엽록소 chlorophyll 를 가지고 광합성을 하는 플랑크톤의 총칭.

pill(The Pill)

경구 피임약 (經口 避妊藥)
먹는 피임약.

pinocytosis

음세포 작용
생물체가 용액 상태의 물질을 흡수 또는 세포질 내에 끌어들이는 현상으로 백혈구 등의 살아 있는 세포가 고체 또는 세균 등을 대규모로 끌어들이는 식세포작용 phagocytosis 에 대응되는 말이다.

pisces

어류
일반적으로 아가미로 호흡을 하고 등지느러미, 꼬리지느러미를 한 개씩, 가슴지느러미, 배지느러미를 좌우 한 쌍씩 갖는다.

pistill

암술
꽃을 구성하는 중요한 부분으로, 암술머리 stigma · 암술대 style · 씨방 ovary 의 3부로 되어 있으며, 각각의 형태나 발달의 정도는 꽃의 종류에 따라 다양하다. 암술머리는 화분(花粉)을 받는 부분으로 표면에

돌기물이 있거나 점액이 분비되어 있어 화분이 잘 붙도록 되어 있다. → 화보 그림 2

pitch

수지 (樹脂)
목재나 석탄 등을 건류(乾溜), 증류(蒸溜)하여 얻어지는, 물에 녹지 않는 불휘발성(不揮發性) 성분.

pitfall trap

덫
잡으려는 동물을 구멍 속으로 유인하여 잡는 도구.

pith

심
식물체 줄기의 중심에서 볼 수 있는 유조직(柔組織)으로 수(髓)라고도 한다. 식물 줄기에서는 관다발이 환상으로 배열되는 일이 많고, 그 때 기본조직은 관다발 고리의 안과 밖으로 나뉘는데, 관다발 고리로 둘러싸인 내부를 심이라고 한다. 뿌리에서는 물관부가 중심을 차지하고 있어서 심이 없는 경우가 많은데, 외떡잎식물의 뿌리에는 흔히 심이 있다. 피층과 함께 영양분을 저장하는 역할을 한다.
→ 그림 28, p.289

pituitary body

뇌하수체 (腦下垂體)
척추동물에게 있어 가장 중요한 분비선으로 간뇌(肝腦)의 시상하부 아래에 있다. 선성뇌하수체(腺性腦下垂體)와 신경성뇌하수체(神經性腦下垂體)로 나뉘며 전엽, 중엽, 후엽이 있어 여러 가지 호르몬을 분비한다.

placenta

태반 (胎盤)
태아와 모체 조직이 긴밀하게 붙어 있어 양자간에 생물적인 물질교환을 하고 있는 곳이다.

placentals

유태반류 (有胎盤類)
태반에 의해 모체 조직과 태아가 물질교환을 하는 동물.

plankton

플랑크톤, 부유생물 (浮遊生物).
물에 사는 생물 중에서 스스로 움직일 힘이 없거나 있
어도 작기 때문에 물에 떠서 생활하는 생물.

plasma membrane

원형질막
세포막과 같은 말이다. → cell membrane

plasmagel

원형질 겔
겔 gel 상태에 있는 원형질.

plasmid

플라스미드
세균의 세포 내에 염색체 chromosome 와는 별개로
존재하면서 독자적으로 증식할 수 있는 DNA의 고리
모양인 유전자.

plasmodesma

원형질 연락사
고등식물의 세포사이를 연락하고 있는 통로.

plasmodium

변형체
점균류의 생활사에서 볼 수 있는 한 형태로 다핵의 원
형질체이다. 아메바 모양의 덩어리로 세포에는 세포벽
이 없다.

plasmolysis

원형질 분리(原形質分離)
식물세포를 그 세포액보다도 삼투압이 높은 용액(고장
액) 속에 담그면 세포액의 수분이 밖으로 빠져나와 그
때까지 세포막에 밀착되어 있던 원형질이 세포막에서
떨어져 수축하는 현상.

plastid

색소체 (色素體)
식물 세포에서 색소를 만들거나 색소를 함유한 세포
소기관으로 비녹색식물이나 남조류를 제외하면 거의
모든 식물의 세포질 속에 존재한다. 일반적으로 색소

체는 유색(有色)의 색소체와 무색의 백색체로 구별
한다.

platelet

혈소판 (血小板)
혈액세포의 한 종류로 혈액응고를 담당하는 혈소판인
자(血小板因子)를 내보내며 이 혈소판인자가 혈액을
응고시키는 역할을 한다.

platyhelminthes

편형동물
동물분류상 한 문(門)을 구성하는 동물군으로 강장동
물보다 한층 진보된 동물군으로 와충류(渦蟲類) · 흡충
류(吸蟲類) · 촌충류(寸蟲類)의 3강(綱)이 포함된다.

platypus

오리너구리
오스트레일리아에 있는 포유류로 주둥이가 있으며 알
을 낳는다.

pleural membranes

흉막 (胸膜)
횡격막 diaphragm 에 의해 흉강(胸腔)과 복강(腹腔)
이 분리될 때 흉강(胸腔)의 내벽(內壁)과 폐를 덮는
막을 가리킨다.

plumule

유아 (幼芽)
줄기와 잎의 총체로서 뿌리를 제외한 식물체를 가리킨
다. 관다발식물의 포자체는 잎 · 줄기 · 뿌리로 이루어
지며 줄기와 잎은 같은 분열조직에서 생긴다.

pneumonia

폐렴 (肺炎)
감기로 인한 기도(氣道)의 염증이 폐까지 미치는
증상.

poikilotherms

변온동물 (變溫動物)
외부 온도에 따라 체온이 변하는 동물로 조류나 포유
류 이외의 모든 동물은 변온동물이다.

point mutation

점돌연변이 (点突然變異)
본래는 유전자 속에 점 정도로 보이던 작은 부분이 변화하여 일어난 돌연변이를 가리킨다.

polar

극성이 있는

■ ~ body 극체
난모세포가 감수분열 meiosis 하여 난세포가 생길 때에는 하나의 난모세포로부터 생기는 4개의 세포 중 1개만이 난세포가 된다. 그 밖의 난세포가 되지 않는 나머지 3 개를 극체라고 한다.

■ ~ molecule 극성분자
전기 쌍극자 모멘트를 갖는 분자로 물분자, 염화수소, 암모니아는 전형적인 극성분자이다.

■ ~ nuclei 극핵
속씨식물에서 배낭의 중앙에 생기는 2개의 핵으로 배낭의 한쪽에는 1개의 난세포와 2개의 조세포(助細胞)가 있고, 다른 쪽에는 3개의 반족세포(反足細胞)가 있으며 중앙에 2개의 극핵이 있다. 화분관의 2 정핵(精核) 중 하나가 난세포 또 하나가 2 개의 극핵과 수정한다. 극핵은 이 중복수정에 의해 염색체 수는 3 n 이 되며 장차 배유(胚乳)가 된다. → double fertilization

polarity

극성 (極性)
분자 내에서 양전하(陽電荷)와 음전하(陰電荷)의 무게 중심이 일치하지 않는 것을 극성을 갖는다고 하고, 극성을 갖지 않는 것을 무극성이라고 한다. 알코올 · 암모니아 · 물 등은 극성을 가지나, 메탄 · 벤젠 · 이산화탄소 등은 무극성이다. 일반적으로 극성 분자끼리 또는 비(非)극성분자 끼리는 잘 섞인다. 물과 기름이 잘 섞이지 않는 것은 기름이 극성을 갖지 않기 때문이다.

pollen

꽃가루, 화분 (花粉)

종자식물의 수술의 꽃밥 속에 만들어지는 생식세포.
→ 그림 11, p.122

■ ~ tube 화분관
화분(花粉)이 암술방향으로 늘어나는 관으로 화분이
갖는 생식핵(핵상은 n)은 이 관 속에서 분열하여 2개
의 정핵이 된다. 정핵은 이 관 속을 이동하여 1개는 난
세포로 1개는 극핵과 수정한다.

pollination
수분(受粉)
식물의 암술에 꽃가루가 닿는 것.

polynucleotide
폴리뉴클레오티드
뉴클레오티드 nucleotide 가 고리모양으로 결합한 것.

polypeptide
폴리펩티드
다수의 아미노산이 펩티드 결합 peptide bond 한 화합
물.

polyploids
배수체(倍數體)
염색체 수(數)가 2n이 아니라 정배체(4n,6n,8n)인
개체.

polysaccharides
다당류 (多糖類)
단당류(單糖類)가 많이 결합하여 생긴 당으로 녹말
starch, 글리코겐 glycogen, 셀룰로오스 cellulose 등
이 있다.

porphyrin
포르피린
생체 내에서의 산화 환원반응에 중요한 구실을 하는
혈색소(헤모글로빈)·시토크롬·엽록소 등의 색소성
분을 구성하는 화합물이다.

portal vein
문맥(門脈)
척추동물에서 정맥의 일부가 갈라져 많은 모세혈관으

로 된 것이며 복부의 소화기(위 · 장 · 이자)와 지라에서 나오는 정맥혈을 모아 간으로 운반하는 정맥이다.

potometer

포토메터
식물의 증산량(蒸散量)을 측정하는 기계.

predation

포식 (捕食)
주로 육식동물이 포획물을 잡아먹는 것.

pregnancy

임신 (姙娠)
수정란이 자궁내막에 착상(着床)하여 모체로부터 영양을 공급받으면서 태아로 발육을 계속하는 현상.

premolars

전구치 (前臼齒)
송곳니 옆에 있는 이.

producer

생산자 (生産者)
생태계에서 최초의 먹이감을 만들어 내는 존재로 녹색식물을 가리킨다. 다른 것들은 모두 이 생산자가 만든 것을 먹고 살아간다.

progesterone

프로게스테론
대표적인 황체 호르몬으로 자궁, 유선(乳腺)에 작용하여 난(卵)을 착상시키고 임신을 지속시키며 유선을 성숙시킨다.

proglottid

편절 (片節)
촌충과 같은 다절 조충류를 구성하는 각각의 몸마디.

prokaryote

원핵생물 (原核生物)
세균이나 남조류로 대표되는 원핵세포로 된 생물로 핵막(核膜)이 없으므로 핵과 원형질을 구분할 수 없다.
↔ eukaryote

Dictionary of Biology for studying abroad

prokaryotic cell	**원핵세포** 생물을 이루고 있는 세포 가운데 막으로 둘러싸인 세포기관, 즉 뚜렷이 핵·미토콘드리아·색소체 등을 갖지 않은 세포이다. 원핵생물을 이루며, 이들 기관을 갖춘 진핵세포 eukaryotic cell 에 상대되는 개념.
prolactin	**프로락틴** 뇌하수체 전엽에서 분비되는 호르몬으로 젖샘(乳汁)분비에 관여함으로써 비유(泌乳) 호르몬 또는 황체유지 호르몬이라고도 한다. 유선 분비와 성숙, 황체 호르몬의 분비를 촉진한다.
prophase	**전기 (前期)** 유사분열(有絲分裂) mitosis 의 처음 단계로 핵막이 없어지고 염색체 chromosome 의 종렬(縱裂)이 일어난다. → 그림 16, p.177
prostate gland	**전립선 (前立腺)** 포유류의 수컷 요도(尿道) 근처에 있는 생식선으로 정자가 섞인 알카리 액을 분비한다.
protease	**프로테아제** 펩티드 결합 peptide bond 을 가수분해하는 단백질 분해효소의 총칭.
protein	**단백질** 수많은 아미노산 amino acid 의 연결체이다. 천연아미노산에는 20종류가 있는데, 이 아미노산들이 펩티드 결합 peptide bond 이라고 하는 화학결합으로 서로 연결되어 길게 측쇄형으로 된 것을 폴리펩티드 polypeptide 라고 한다. 단백질 protein 과 폴리펩티드는 같은 말이지만, 보통 분자량이 비교적 작으면 폴리펩티드라 하고, 분자량이 매우 크면 단백질이라고 한다. 그러나 이러한 구별은 엄격한 것이 아니어서 두 가지를 혼용

하여 쓴다.

prothallium

전엽체 (前葉體)

양치식물의 유성세대를 대표하는 배우체로 양치류의 포자가 발아하여 생긴다. 직경 5~10mm의 하트형 식물체로 핵상은 n이다. 이 전엽체의 아래 면에 조란기(造卵器)와 조정기(造精器)가 있어 수정이 일어나며 수정란이 성장하여 본래의 양치(핵상은 2n)가 된다.

protista

원생생물

보통 1개의 핵을 가진 단세포생물로서 가장 원시적인 생물.

protoctista

원생생물

황조류, 원생동물 protozoa 등 동물과 식물의 중간적 생물을 말한다.

proton

양자 (陽子)

중성자와 같이 원자핵을 만든다(원자핵과 전자로 원자를 구성한다). +전하를 가지며 중성자는 전기적으로 중성이다. 원자핵에 포함되는 양자의 수가 원소의 화학적 성질을 결정하며 이 양자의 수가 원소의 원자번호이다.

protoplasm

원형질 (原形質)

세포가 살아 작동하고 있는 부분으로 핵과 세포질로 구성된다. 세포질에는 미토콘드리아, 소포체, 엽록체 등이 산재하고 있다. 세포벽 등의 후형질(생명이 없는 부분)은 원형질이 아니다.

protozoa

원생동물 (原生動物)

단세포(몸이 하나의 세포로 되어 있다) 생물로 바닷물·민물·흙 속 또는 썩고 있는 유기물이나 식물에서 살며 동물에 기생하는 것도 많다. 몸은 1개의 세포로 되어 있는데 단체(單體) 또는 군체(群體)를 이루고 자유유영 또는 고착생활을 한다. 단수형은 protozoan 이다.

pseudopoda 위족 (僞足)
원생동물인 아메바에서 가장 전형적으로 볼 수 있는 세포체의 일시적 돌기로 헛발이라고도 한다. 운동을 위한 세포기관이다. 아메바 외에 김 등의 유주자, 백혈구, 회충의 정자, 변형균의 변형체 등에서도 볼 수 있다.

Pteridophyta 양치류
유관속(維管束)을 가지고 있지만 종자 형성을 하지 않는 단계의 녹색 식물을 일괄해서 부르는 이름으로 고사리 fern 가 대표적이다. 세대교번을 하며 통상적으로 보이는 본체는 포자체(2n)이다. 배우체(n)는 전엽체라고 불린다. → Bryophyta

ptyalin 프티알린
사람의 침 속에 있는 아밀라제를 가리키는 것으로 녹말 starch, 글리코겐 glycogen 을 엿당 maltose 으로 분해한다.

pulmonary vessels 폐정맥
폐에서 심장으로 연결되어 있는 정맥으로 산소가 풍부한 혈액을 운반한다. 다른 정맥을 흐르는 혈액이 산소가 적고 이산화탄소가 많은 것과는 대조적이다.
→ 화보 그림 5

pulse 맥박

Punnett square 프네트 방형 (方形)
배우자의 조합(組合)에 의해 생기는 자손의 유전자형을 체크하기 위한 다이아몬드형의 표.

pupa

번데기
유충 larva 과 성충 adult 사이의 단계의 중간 단계로
완전변태를 하는 곤충의 개체 발생에서 볼 수 있다.
→ 그림 18, p.181

pupil

동공 (瞳孔)
렌즈 전면(全面)은 홍채로 쌓여 있으며 중심에 구멍이
있다. 이 구멍이 동공이다. 밝기에 따라 크기가 반사적
으로 변화하여 렌즈를 통과하는 빛의 양을 조절한다.

pure line

순계
육종학상 자가수정에 의하여 유전적인 형질이 균일한
자손을 만드는 개체의 모임.

putrefaction

부패
생물의 유체, 배출물 등 유기질소를 포함하는 유기물
이 미생물 작용에 의하여 주로 혐기적으로 분해하는
현상이다. 미생물은 이 과정에서 살아가기 위한 에너
지를 얻는다. 부패 결과 악취나 독소가 생기는 경우가
많다.

pyrenoid

피레노이드
대부분의 조류(藻類) algae 염색체에서 볼 수 있으며
녹말 형성과 저장에 관여하고 있는 단백질이다.

pyruvic acid

피루브산
모든 생물에게 보편적으로 존재하는 기본적인 대사 중
간물질이다. 화학식은 $CH_3COCOOH$이고 자극적인
냄새를 가진 액체이다. 생물체 내에서는 물질대사의
중간물질로 매우 중요하다. 동식물이나 미생물에 있어
서 탄수화물은 중요한 에너지원으로 이용되는데, 그
분해과정에서 피루브산은 해당 · 발효와 TCA회로에
의한 산화의 접점에 위치하고 있다.

Dictionary of Biology for studying abroad

qadrat

방형구 (方形區)
방형구법(法)으로 쓰이는 일정한 사각형 틀이다.
→ quardrat method

■ ~ method 방형구법
군락 vegetation, community 의 구성을 조사하기 위
해 일정한 네모꼴로 구획을 지어 그 속에서 여러 가지
값을 측정하고 그것을 통계적으로 처리하는 방법.

quarantine

검역 (檢疫)
병원체로 인한 전염병을 예방하기 위해 병원체를 지닌
사람이나 사물을 격리하는 것.

queen bee

여왕벌
사회생활을 하는 벌떼(하나의 보금자리를 만들고 무리
를 이루어 생활하는 벌)에서 산란 능력이 있는 암벌이
다. 1군(群)속에는 한 마리의 여왕벌만이 존재하며 다
른 암벌은 난소가 퇴화되어 있어 생식 능력이 없으며
일벌로 살아간다.

radiation

방사선

원소의 방사선 붕괴에 의해 방출되는 입자(광자도 포함)가 만드는 빛으로 α, β, γ선이 있다. α선은 헬륨의 원자핵, β선은 전자의 흐름, γ선은 파장이 짧은 전자파이다.

- ~ radiotherapy 방사선 치료
병치료에 방사선을 이용하는 의학의 전문분야.

radicle

어린뿌리, 유근(幼根)

식물의 배아 embryo 에 형성되는 뿌리로 어린뿌리가 발달된 것이 원뿌리이다.

radioactive

방사성의

- ~ decay 방사성 붕괴
원소가 자연적으로 입자나 전자파를 방출하여 다른 원소로 바뀔때 방출되는 입자나 전자파를 방사선이라고 한다.

radius

요골

아래팔뼈를 이루는 2개의 뼈 중 요측, 즉 바깥쪽에 있는 뼈.

radula

치설 (齒舌)

달팽이 · 소라 · 애기삿갓조개 등 연체동물의 구구(口球:소화기의 선단이 부푼 부분) 내에 있는 줄 모양으로 생긴 기관으로 표면에 키틴질이 많은 작은 이가 횡렬로 늘어서 있어 구강에서 내밀어 먹이(잎 · 해조)를 잡는 역할을 한다. 동물의 종류에 따라 특징이 있어 분류상 중요한 기관이다.

reabsorption

재흡수

원뇨(사구체의 혈관에서 보우만주머니 Bowman's

capsule 으로 들어가는 여과액)가 세뇨관을 흐르는 동안에 몸에 필요한 성분이 다시 혈관 속으로 흡수되는 것.

receptor **수용기 (受容器)**
동물이 외계로부터의 자극을 받아들이는 기관으로 감각기라고도 한다.

recessive gene **열성 (劣性)유전자**
대립유전자(하나의 대립형질에 대응하는 유전자)를 헤테로로 갖는 개체로 형질을 나타내지 않는 유전자를 말한다.

recombinant DNA **재조합 DNA**
생물에서 추출한 DNA를 시험관 속에서 바꿔 조립하여 얻은 DNA.

rectum **직장 (直腸)**
장의 끝 부분에 있는 곧은 부분으로 소화되지 않은 물질을 일시적으로 보존한다.

red blood cell **적혈구 (赤血球)**
erthrocyte 라고도 한다. 혈액 속의 유형성분의 하나로 적색 색소(헤모글로빈)를 함유하며 산소를 체내로 운반한다. 포유류에서는 가운데가 파인 원반형이며 핵은 퇴화되어 있다.

reducing sugar **환원당 (還元糖)**
펠링용액(황산구리의 알칼리용액)을 환원하여 이산화구리를 만든다. 포도당·과당·말토오스(엿당)등이 포함되며, 설탕으로의 환원력은 없다. 아미노산 등과 화학반응을 일으켜 갈색 물질을 쉽게 만들어 식품이 갈변(褐變)하는 원인이 된다.

reduction

퇴화
진화 형식의 하나로 개구리의 꼬리는 유생기 또는 유기(幼期)에는 존재하지만 성체기에는 소실되거나 흔적만 남는다. 조상으로부터 자손에게 진화가 진행됨에 따라 어떤 형질이 감퇴된 경우를 말한다.

reflex

반사
어떤 자극에 대하여 동물이 신경계에서 하는 비교적 단순한 응답을 말한다. 의식과 관계없이 일어나는 반응으로 자극은 대뇌를 거치지 않고 척수나 연수에서 작동체로 명령이 전달된다. 조건 반사와 무조건 반사가 있는데 일반적으로 후자를 가리킨다. 유전적으로 같은 종(種)의 동물에서는 같은 방식으로 일어난다.

■ ~ arc 반사궁(反射弓)
특정 반사에 관여하는 신경경로이다. 수용기에서 일어난 흥분이 구심성(求心性)신경(중추로 향하는 신경)을 통하여 반사 중추에 도달했다가 다시 꺾여 원심성 신경(운동기관을 향하는 신경)을 통하여 작동체에 이르는 모든 통로를 말한다.

regulatory gene

조절 유전자
메신저 RNA(전령 RNA)의 합성을 조절(억제)하는 유전자.

relay neuron

개재(介在) 신경 단위
신경단위 사이의 연락을 하는 신경 단위(뉴런)로 뇌나 척수 등 중추에 있으며 자체 길이는 짧다.

rennin

레닌
효소의 일종으로 유(乳)단백질인 카세인을 파라카세인으로 변화 응고시킨다. 포유류의 위(胃) stomach 에 있으며 특히 어린 송아지의 위(胃)에 많다.

replication

복제

Dictionary of Biology for studying abroad

기존물질과 같은 구조의 물질을 만드는 것으로 특히 유전물질의 자기복제를 의미한다.

reproduction　생식 (生殖)
생물 개체가 자기와 같은 종류의 개체를 만드는 것으로 무성생식과 유성 생식이 있다. 생물의 커다란 특징 중의 하나이다.

　■ asexual ~ 무성생식(無性生殖)
　수정(受精)이나 수분(受粉)을 하지 않는 생식으로 단세포생물 unicellular organism 의 2분열이나 출아 budding, 포자 spores 의 산포(散布) 등으로 자손을 증식하는 방법을 가리킨다. 무성생식에서는 다음세대는 앞세대와 완전히 똑같은 유전형질이 보존된다. 고등동물의 영양체 생식 vegetative propagation 도 무성생식이다.

　■ sexual ~ 유성생식(有性生殖)
　수정이나 수분에 의한 생식으로 배우자가 관계하는 생식이다.

reproductive organs　생식기관
생식에 관계되는 기관의 총칭으로 특히 생식 세포(성세포)를 만드는 기관을 가리킨다.

reptilia　파충류
몸 표면은 각질의 비늘로 덮여있고 폐호흡을 한다. 난생(卵生)이며 알은 반할(半割)을 한다.

resources　자원
지구상에서 인류가 이용할 수 있는 모든 것을 가리킨다. 생물자원, 석유자원, 금속자원 등이 있는데 태양이 있는 한 재생산 할 수 있는 자원은 생물자원(특히 녹색식물) 뿐이다.

respiration　호흡

(1) 생물체와 외계 사이의 가스 교환을 말하며 외호흡
이라고도 한다. 아가미, 폐 등의 호흡기관에서 일어
난다.
(2) 세포가 산소를 받아들여 이산화탄소를 방출하는 현
상으로 내호흡이라고도 한다.
(3) 유기물을 원료로 하는 생체 내 산화환원반응에 의
하여 생물이 에너지를 획득하는 과정으로 무기호흡과
유기호흡이 있다.

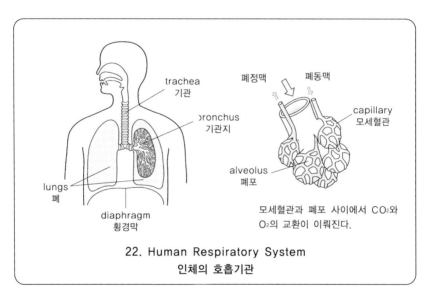

trachea
기관

bronchus
기관지

폐정맥　　폐동맥

capillary
모세혈관

alveolus
폐포

lungs
폐

diaphragm
횡격막

모세혈관과 폐 사이에서 CO_2와
O_2의 교환이 이뤄진다.

22. Human Respiratory System
인체의 호흡기관

retina

망막
시각기관의 중요한 부분으로 수정체 lens 에 굴절된 빛
이 닿아 상을 맺는 곳이다.

retrovirus

레트로바이러스
단일 사슬 RNA 속에 유전정보를 가지고 있는 동물 바
이러스이다. 대부분의 바이러스는 DNA 속에 유전정
보를 가지고 있다. 백혈병과 관계가 있는 HLTV-1과
HLTV-2 바이러스, 최근 발견된 후천성 면역 결핍증

을 일으키는 AIDS 바이러스 등 몇몇 종류가 레트로바
이러스이다.

reverse

역의

- ~ transcriptase 역전사효소
RNA를 주형(鑄型, template)으로 하고 여기에 상보
적 DNA를 합성하는 효소이다. DNA → RNA → 단
백질로 이어지는 유전정보의 흐름에 대하여 RNA →
DNA의 역방향의 흐름을 나타낸 것으로서 중요시
된다.

- ~ transcription 역전사
RNA를 주형(鑄型, template)으로 하고 여기에 상보
적 DNA를 합성하는 것.

rhizoid

헛뿌리
관다발식물의 뿌리처럼 보이는 이끼류나 조류의 엽상
체 thallus, 양치류의 전엽체 prothallium 에 생기는
뿌리 같은 것으로 뿌리의 역할은 없다. 헛뿌리는 고착
작용을 하지만 간혹 흡수작용도 한다.

rhizome

뿌리줄기
식물의 줄기가 뿌리와 비슷하게 땅속으로 벋어 나가는
땅속줄기.

riboflavin

리보플라빈
비타민 B_2, 비타민 G의 다른 이름으로 비타민 B 복합
체의 하나이다. 결핍되면 피부나 입의 점막에 염증이
생기고 성장이 감퇴하기도 한다.

ribosomal RNA

리보좀 RNA, rRNA
리보좀 ribosome 을 구성하는 RNA로 세포 속의 모든
RNA의 약 80%를 차지한다.

ribosome

리보좀

모든 생물의 세포 속에 존재하는 단백질 합성 장소로 소포체의 위나 그 부근에 있으며 오뚜기 모양을 하고 있다. 크고 작은 두 부분으로 나뉘며 작은 쪽에 전령 RNA messenger RNA , 큰 쪽에 운반 RNA transfer RNA 가 결합한다.

rib

늑골

갈비뼈라고도 한다. 사람에게는 12쌍이 있고, 길이는 여러 가지이다. 내장을 보호하며 체벽(體壁) 지지역할 을 한다.

ribulose 1, 5 diphosphate   리불로즈 1, 5 디포스페이트

RuDP라고 쓰기도 한다. 광합성에서의 이산화탄소 수 용체로 이산화탄소와 결합하여 2분자의 글리세린 3인 산으로 바뀐다. 글리세린 3인산은 수소와 결합하여 물 을 만든 뒤 최종적으로 포도당이 된다.
→ Calvin cycle

rickets

구루병

비타민 D가 결핍되어 일어나는 뼈의 발육이상을 말 한다.

ring barking

환상 박피 (環狀 剝皮)

나무의 줄기에서부터 형성층보다 바깥 부분에 있는 것 을 고리모양으로 벗겨내어 목질부(木質部) xylem 만 을 남기는 것이다.

RNA

리보 핵산

ribonucleic acid 의 약자로 염기(질소를 포함하는 환 상화합물)와 인산, 리보스(당의 일종)로 이루어진 뉴 클레오티드 nucleotide 를 구성단위로 한다.

■ ~ polymerase RNA 중합효소
DNA를 주형(鑄型)으로 하여 RNA를 합성하는 반응

에 관여하는 효소.

rod cell

간상세포
눈의 망막에서 빛을 감지하는 세포.

root

뿌리
속으로 뻗어 줄기를 떠받치고, 물이나 양분을 빨아올
리는 식물의 기관.

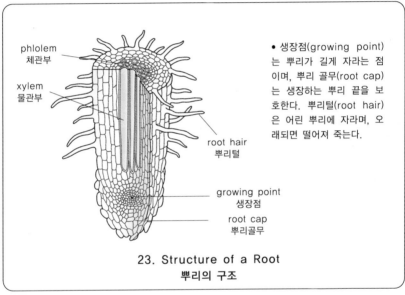

phlolem
체관부

xylem
물관부

root hair
뿌리털

growing point
생장점

root cap
뿌리골무

● 생장점(growing point)
는 뿌리가 길게 자라는 점
이며, 뿌리 골무(root cap)
는 생장하는 뿌리 끝을 보
호한다. 뿌리털(root hair)
은 어린 뿌리에 자라며, 오
래되면 떨어져 죽는다.

23. Structure of a Root
뿌리의 구조

■ ~ cap 뿌리골무
뿌리의 끝에 있는 골무 모양의 조직으로 근관(根冠)이
라고도 한다. 뿌리 끝의 정단분열조직(頂端分裂組織)
에서 밖을 향해 만들어지는 조직으로 뿌리의 증식 신
장이 이루어지는 부드럽고 연한 세포를 보호하는 작용
을 한다

■ ~ hair 뿌리털
뿌리의 표피세포가 바깥쪽으로 자라나와서 된 털로 근

모(根毛)라고도 한다. 뿌리의 중요한 작용은 수분과 무기염류의 흡수인데, 뿌리털은 표피의 토양에 접하는 표면적의 증대에 도움을 주고, 뿌리의 흡수능력을 높인다.

- ~ nodule 뿌리혹

박테리아 또는 방선균이 고등식물의 뿌리에 침입하여 생장을 촉진하는 물질을 분비하여 뿌리의 군데군데를 비대시켜 만든 혹 모양 부분으로 근류(根瘤)라고도 한다. 대부분의 콩과식물에서 볼 수 있다. 뿌리혹 속에 있는 박테리아를 뿌리혹박테리아라고 하는데, 이것은 단순히 기생하고 있을 뿐만 아니라 질소고정을 행하며 서로 공생하고 있다.

- ~ pressure 근압

식물의 뿌리에 생기는 수압(水壓)으로 뿌리압이라고도 한다. 물관의 물을 밀어 올리도록 작용한다. 압력의 크기는 식물체를 지상부(地上部) 가까이에서 절단한 단면, 또는 나무줄기에 뚫은 구멍에 검압계(檢壓計)를 장치하여 측정할 수 있다.

roughage

섬유질 식품
장의 움직임을 활발하게 하는 역할을 하며 식용섬유가 함유된 식품이다.

rumination

반추 (反芻)
한번 넘긴 음식을 다시 꺼내어 씹는 것.

rust fungi

곰팡이 균
고등식물에 기생하며 나무 잎 등에 녹 rust 과 같은 반점을 생기게 하는 균으로 포자균 문(門)에 속한다.

saccule

구형낭

소낭(小囊)이라고도 한다. 척추동물 내이 inner ear 에 난형낭(卵形囊)과 나란히 존재한다. 중력의 방향을 느끼는 기관으로 동물이 자세를 유지하는데 중요한 역할을 하고 있다. 구형낭과 난형낭은 어류에서는 진동을 느끼는 기관을 겸하고 있으나 포유류에서는 진화하여 달팽이관의 전정 vestibulum 이라 불리는 기관이 된다.

saliva

타액, 침

salivary juice, salivary fluid 라고도 한다. 타액선에서 분비되는 액체로 인간의 경우 하루에 약 1~1.5 *l* 분비된다. 그 성분은 거의 물이고 그 밖에 요소, 아미노산, 무기염, 아밀라제를 함유하고 있으며 살균작용과 녹말 starch 의 소화작용을 가지고 있다.

salivary gland

침샘

타액선이라고도 한다. 동물의 종류에 따라 여러 가지로 변화한다. 체표에 발달하는 점액선에 대응되는 것으로, 파충류 이상에서는 소화액을 분비하는 침샘이 된다. 포유류에는 이하선(귀밑샘)·악하선(턱밑샘)·설하선(혀밑샘)이 있는데, 귀밑샘은 포유류에서만 볼 수 있다. → 그림 8, p.101

salmonella

살모넬라균

포유류나 조류의 장(腸) 속에 생식하는 세균의 하나로 대장균과 아주 흡사한 성질을 갖고 있어 심한 식중독의 원인이 된다. 살모넬라균이 분비하는 독소는 매우 유독하다. 사람, 돼지, 닭은 이 균에 의해 장티푸스, 파라티푸스, 식중독 등을 일으킨다.

saprophyte

부생균

사물(死物) 기생균이라고도 한다. 동식물의 유체나 배

설물 등을 영양분으로 하여 생활하는 세균이나 곰팡이, 버섯 등의 미생물로 먹이사슬에서는 분해자로 분류되며 물질순환에서 아주 중요한 역할을 하고 있다. 부생균에 비해 살아있는 생물체에 기생하는 미생물을 parasite 라고 한다.

savanna
사바나
남북 양반구의 열대 우림과 사막 중간에 분포하는 열대초원.

scale leaf
비늘조각잎
비늘 모양을 한 잎이다. 나무의 겨울 싹을 감싸는 잎과 같이 보호 역할을 하는 경우가 많다.

scientific method
과학적 방법
과학적 연구에 필요한 논리성, 객관성, 재현성, 보편성을 갖춘 연구 방법을 말한다. 예를 들면 실험이나 관찰에서는 누구나 다시 비교해도 마찬가지 결과가 생길 수 있도록 엄밀한 숙고(熟考)를 거친 방법을 취해야 한다.

scion
접목가지
나무를 접목하여 늘릴 때 장차 지상 부분이 될 가지를 말한다. 이에 비해 지하 부분이 되는 쪽을 대목(臺木)이라 한다. 접목은 주로 과수, 원예 등에 쓰이는 기술로 대목과 접목 가지를 묶는 것이다. 대목으로는 병에 강한 품종을 이용하여 맛있는 과실이나 꽃을 피우는 품종을 사용한다.

sclera
공막
강막(强膜)이라고도 하고 눈의 흰자위 부분이다. 척추동물의 안구는 약간 둥근 모양을 하고 있으며 강막(强膜), 맥락막(脈絡膜), 망막(網膜)으로 덮여 있다. 강막은 그 중에서 가장 바깥쪽에 있으며 안구의 형태를 유지하는 막이다.

scolex

두절 (頭節), 머리마디
촌충 등의 두부(頭部)를 가리킨다. 인간 등의 장 속에
기생하는 촌충은 두절에 몸을 고정시키는 기관을 갖고
있어 장벽에서 잘 떨어지지 않게 되어 있다.

SCP

→ single cell protein

scrotum

음낭(陰囊)
대부분의 포유류 수컷의 음경 penis 에 붙어있는 주머
니 모양의 구조로 속에 정소 testis 가 있다. 음낭의 체
온은 복부 체온보다 4~5°C 낮은 것이 보통이며 고온
에 약한 정소 testis 를 적당한 온도로 유지하기 위한
역할을 한다.

scurvy

괴혈병
비타민 C 부족으로 생기는 병으로 음식의 보존기술이
발달하기 전 까지는 야채가 부족하기 쉬운 외향선원이
나 전선의 병사들에게 잘 걸렸다. 몸이 나른하고 기운
이 없어지며 출혈과 빈혈을 동반한다.

seaweed

미역
다시마와 같이 해저에 달라붙어 사는 식물로 조류에
속하며 유관속(維管束)을 가지고 있지 않으며 뿌리,
줄기, 잎의 구분도 없다. 꽃은 피지 않으며 포자
spores 에 의해 증식한다. 식물 플랑크톤과 나란히 물
속의 생태계에서 중요한 생산자 역할을 한다.

sebaceous gland

피지선 (皮脂腺)
포유류 표피에 있는 외분비선의 하나로 손바닥을 제외
한 거의 모든 부분에 있는데 특히 털이 나는 부위에 많
다. 여기에서 만들어진 피지의 일부는 그 모낭 내에 있
는 털을 통하여 올라와서 털의 둘레를 싸고, 일부는 모

낭벽을 따라서 피부 표면에 퍼지며 피부를 촉촉하게 하는 동시에 보호한다.

secondary sexual characteristics 제 2차 성징

제2차 성징은 호르몬의 작용에 의하는 것으로서, 남성은 고환 및 부신피질에서 분비되는 안드로겐, 여성은 난소 및 부신피질에서 분비되는 에스트로겐 등의 성호르몬에 의한다. 이들의 분비기능은 뇌하수체에서 분비되는 생식선 자극 호르몬에 의하여 조절된다. 뇌하수체 전엽으로부터 분비되는 호르몬은 몸의 성장, 물질대사 및 성기의 발육과 기능을 촉진시키므로 제2차 성징의 발현에도 중요하다.

secretin 세크레틴

십이지장 점막에서 분비되는 이자액이나 쓸개즙의 분비를 촉진시키는 단백질 호르몬이다. 세크레틴은 혈액 속으로 흡수되어 이자에 운반되면 이자액의 분비를 촉진한다. 이자액에 의하여 십이지장 속이 알칼리성으로 되면 위의 유문이 닫쳐 위 내용물이 한꺼번에 내려오지 않게 되고, 장내의 소화가 끝나면 다시 유문이 열려서 위 내용물이 십이지장으로 옮겨가게 되면 다시 세크레틴이 분비된다. 이와 같은 메커니즘으로 십이지장에서의 소화기능이 조절되고 유지된다.

sedative 진정제

중추신경이 비정상적으로 흥분한 상태를 진정시키는데 쓰이는 의약품으로 마취제 · 진통제 등도 소량 사용하는 경우에는 진정의 효과가 있으며, 불면 · 불안 · 고민 · 경련 등에 쓰인다.

seed 종자

겉씨식물과 속씨식물에서 수정한 밑씨가 발달 · 성숙한 식물기관으로 씨라고도 한다. 식물의 생활사에서 종자는 휴면상태(休眠狀態)에 해당되며, 그 속에 들어 있는 배(胚)는 어린 식물로 자라서 새로운 세대로 연결된다. 성숙한 종자는 배와 배젖 및 바깥에 있는 종피로 구성되어 있다. 종자에는 배젖(胚乳)이 있는 유배유종자(有胚乳種子)와 배젖이 발달하지 않은 무배유종자(無胚乳種子)가 있다. 종피는 종자를 둘러싸서 보호한다. 배젖은 배낭의 중심핵에서 형성되며 영양물질을 저장하고 있으나 무배유종자에서는 떡잎이 영양물질을 함유하고 있다. 종자는 그 저장물질에 따라서 녹말을 주영양물질로 저장하는 녹말종자(벼·옥수수), 지방을 주로 저장하는 지방종자(유채·아주까리·참깨)가 있다. 종자는 성숙과 더불어 휴면상태에 들어가며 건조에 잘 견디는 것이 보통인데, 수분·온도·산소 조건이 적당하면 발아하여 새로운 식물체로 자라게 된다. 종자생산 양식에 따라 생육기간 중에 1회 종자를 만드는 것, 여러 번 종자를 만드는 것이 있다.

self-pollination 자가수분
종자식물에서 어떤 개체의 수술 화분이 같은 개체의 암술에 닿아서 수분하는 현상으로 자가수분이 일어났을 때에는 그 양친은 똑같은 개체이다. 식물에 따라서는 자가수분에 의해 수정할 수 없는 경우도 있으며 이 성질을 자가(自家) 불화합성이라고 한다.

semen 정액 (精液)
성교·몽정(夢精)에 의하여 남성의 요도에서 사출되는 액체로 고환·정낭선(精囊腺)·전립선(前立腺)·요도 점막선 등의 분비물이 혼합된 것으로서, 가장 중요한 성분은 정자이다.

semicircular canal 반고리관
척추동물 내이 inner ear 에 있으며 평형감각을 담당하는 기관이다. 반원형을 한 관 속에 림프액이 채워져 있고 관 부근에 있는 털이 늘어나서 된 감각세포가 관 속 림프액의 움직임을 감지한다. 원구류(칠성장어 등)

를 제외하고 반고리관은 전, 후, 횡 3 개의 관으로 구
성되므로 3 반고리관이라고 한다. 반고리관에서 느낀
평형감각은 안구의 움직임이나 사지의 자세에 영향을
미친다.

semiconservative replication   **반 보존적 복제**
→ replication

semilunar cartilage   **월상(月狀) 연골**
무릎 관절 속에 있는 뼈의 하나이다.

sense organ   **감각기**
다세포 동물이 외부로의 자극 정보를 받아들이기 위한
구조를 말한다. 단세포 동물에도 외부 자극을 느끼는
세포소기관이 존재한다. 감각기관은 동물의 생존에 있
어 불가결한 것이다.

sensitivity   **자극 반응성**
수용기(受容器) 등이 외부 자극을 느끼는 데에 관계되
어 쓰이는 말.

sensory nerve   **감각 신경**
감각세포가 자극을 받아 생긴 충격을 중추신경에 전달
하는 신경.

sepal   **꽃받침**
꽃의 가장 아랫부분에 있는 잎을 꽃받침이라고 하는데
그 한 장 한 장의 잎을 말한다. 집합적으로는 calyx.

serum   **혈청**
척추동물의 몸에서 혈액을 빼내어 방치하면 혈액은 점
차 응고하고 혈구 성분이 수축하여 맑은 침전물이 남
는다. 이것을 혈청이라고 하는데 고체성분인 혈구와

액체 성분인 혈장으로 나눌 수 있다. 혈청은 혈장 속에서 응고의 원인이 되는 단백질을 없앤 것이다.

sex chromosome 성 염색체
성(性)을 결정하는 염색체로 동·식물의 성 결정에는 4가지 양식(XY형, XO형, ZW형, ZO형)이 있다. 사람이나 침팬지는 XY형이다.

sex hormone 성 호르몬
자성(雌性)및 웅성(雄性) 동물의 생식선에서 분비되는 호르몬으로 생식기의 발육을 촉진하고 그 기능을 유지한다. 척추동물에서 볼 수 있으며, 무척추동물에서는 생식선에서 분비되는 성호르몬은 알려져 있지 않다. 호르몬을 분비하는 생식선은 웅성의 경우는 정소 중의 간세포(間細胞)이고 자성은 주로 난소(卵巢) 중의 여포나 황체이다. 생식선뿐만 아니라 부신피질로부터도 성호르몬의 작용을 갖는 물질이 분비된다. 또, 임신 중에는 태반으로부터도 성호르몬이 분비되어 임신유지에 기여한다.

sexual reproduction 유성생식 (有性生殖)
암수의 생식세포에 의한 생식방법으로 무성생식에 대응되는 말이다. 암수의 성(性)이 분화하여 각각의 암수 생식세포가 형성되고, 수정에 의하여 새로운 개체가 형성되는 것이 전형적인 보기이다.

sheath 잎집
잎의 기부가 집 모양으로 되어 줄기를 싸고 있는 것 같이 된 부분으로 엽초(葉)라고도 한다. 잎집은 화본과를 비롯하여 외떡잎식물의 많은 종류에서 볼 수 있으며, 쌍떡잎식물에서도 마디풀과나 미나리과 등에서 볼 수 있다. 잎집의 생장은 마디생장(절간생장, 節間生長)을 나타내는 하나의 전형적인 예이다.

sickle cell anaemia   **겸형(鎌形) 적혈구 빈혈**

유전병의 하나로 성염색체 이상에 의해 적혈구에 포함
되어 있는 헤모글로빈 구조에 이상이 생겨 적혈구의
횡단면이 원형이 아닌 겸형이 되어 빈혈이 된다.

sieve cell   **체관 세포**

겉씨식물이나 양치식물의 줄기, 잎, 뿌리에서 볼 수 있
는 길고 가는 방추형 세포로 광합성 photosynthesis
에 의해 만들어진 양분을 식물체 전체에 수송하는 역
할을 한다.

sieve tube   **체관, 사관(篩管)**

사관 요소가 모여서 생긴 관이다. 속씨식물의 잎·줄
기·뿌리에서 볼 수 있으며 광합성에 의해 만들어진
양분(당) 등을 식물체 전체에 수송하는 역할을 한다.
세포 상호의 경계가 되는 격벽에는 많은 소공(小孔)이
있어 물질이 이동한다.

sieve tube element   **사관요소**

속씨식물의 체관을 형성하고 있는 하나 하나의 세포를
말한다. 원통 모양의 살아있는 세포로 상하(上下)에
있는 사판이라고 불리는 격벽과 그것을 연결하는 측벽
(側壁)으로 구성되며 사판을 경계로 옆에 있는 세포와
연결되어 있다.

sigmoid growth curve   **S자형 생장곡선**

생장 현상을 나타낸 곡선으로 보통 생장을 시간의 함
수로 나타낸다. 생장을 지배하는 조건의 연구와 여러
가지 생물 사이의 생장을 비교하는 데 쓰인다. 생장은
생물체의 체량(體量:무게·길이·신장 등)의 시간적인
증감이므로 세로축에 체량을, 가로축에 시간(나이)을
잡아 이것을 그래프로 나타낸 곡선이 생장곡선이며,
보통 시그모이드형(S자형)이 된다. 세균의 콜로니(집
락)가 증식되는 것은 번식인데, 이 집락의 증대를 생장

으로 보면 이것들은 시그모이드형이 된다.

simple eye   **홑눈**

ocellus 라고도 한다. 동물의 눈 구조 중의 하나로 파충류에는 겹눈과 함께 여러 개의 홑눈을 갖는 것이 많다. 명암, 색 감각, 형태 등의 식별능력은 종류에 따라 다르다.

single cell protein   **단세포 단백질**

미세포 단백질이라고도 한다. 식용으로 적합하지 않은 재료를 이용하여 그것을 이용할 수 있는 미생물을 공업적으로 대량 증식시켜 얻는 단백질이다. 가축 등의 사료나 식품으로 이용하려고 하지만 비용과 안전성 문제가 있어 실용화 단계는 아니다.

sinoauricular node   **동방결절 (洞房結節)**

온혈동물의 심장 우심방에 있는 대정맥 부근의 근육으로 심장 박동 리듬을 결정하는 흥분이 시작되는 부위이다.

skeletal muscle   **골격근 (骨格筋)**

관절을 갖는 골격에 붙어 있어 운동이나 몸의 자세에 관계되는 근육이다. 척추동물의 골격근은 모두 횡문근 (橫紋筋, striated muscle) 이다.

skeleton   **골격**

동물을 지탱하거나 보호하는 단단한 구조로 골격에는 근육이 붙어 있으며 운동을 담당한다. 몸의 외측에 있는 골격을 외골격 exoskeleton, 내측에 있는 골격을 내골격 endoskeleton 이라고 한다.

skin   **피부**

동물의 몸표면을 덮고 있는 피막(被膜)으로 동물군에 따라서 그 상태는 현저하게 다르다. 즉, 무척추동물의

단층(單層)의 표피로 된 것으로부터 척추동물의 다층
의 표피와 그 아래의 진피(眞皮)로 된 것까지 포함되
며, 또한 외피(外皮)와 같이 각질화(角質化)한 경우도
있다. 인체의 피부는 체표를 덮은 조직으로서 물리
적·화학적으로 외계로부터 신체를 보호하는 동시에
전신의 대사(代謝)에 필요한 생화학적 기능을 영위하
는 생명유지에 불가결한 기관이다.

skull

두개골
두개(頭蓋)를 구성하는 여러 개의 두골 중에서 뇌두개
를 구성하는 뼈로 후두골·접형골·측두골·두정골·
전두골·사골(篩骨)·하비갑개(下鼻甲介)·누골·비
골·서골(鋤骨) 등 10종이 포함된다.

sleeping sickness

수면병
원생동물의 편모충류(鞭毛蟲類)의 일종인 감비아트리
파노소마(*Trypanosoma gambiense*) 또는 로데시아
트리파노소마(*T.rhodesiense*)의 감염으로 일어나는
병으로 전자에 의한 것은 중앙아프리카의 서부에 많고
경과가 길어서 수년~십수년에 이르고, 후자에 의한
것은 동부에 많고 악성이며 수개월이면 사망한다. 증
상으로는 불규칙한 발열·발진, 림프절의 종창 등이
일어나고 중추신경이 침해되면 심한 두통이나 여러 가
지 신경증세가 일어나서 몹시 마르고, 말기에는 아주
수면 상태에 이르러 사망한다.

small intestine

작은 창자, 소장
척추동물 장(腸)의 앞부분으로 위장과 대장 사이를 연
결한다. 음식물은 십이지장에 연결되는 간 liver, 이
자 pan-creas 와 소장에 있는 장관(腸管)에서 나오는
소화액에 의해 최종적으로 소장 속에서 소화된다. 당,
아미노산, 지방산과 글리세롤 등 대부분의 영양물이
소장의 벽에서 체내로 흡수된다.
→ 그림 8, p.101

Dictionary of Biology for studying abroad

249

smallpox

천연두

천연두 바이러스에 의해 일어나는 악성 전염병으로 두 창(痘瘡)·포창(疱瘡)이라고도 하며, 속칭으로는 마마 라고도 한다. 주요 증세는 고열과 전신에 나타나는 특 유한 발진(發疹)이다. 전염력이 매우 강하고, 예전에 는 대유행을 되풀이하여 많은 사망자를 내기도 했으나 19세기 이후 영국 의사 E.제너가 창시한 종두가 보급 되고부터 격감하였다.

smog

스모그

도시의 매연을 비롯하여 대기 속의 오염물질이 안개 모양의 기체가 된 것.

smooth muscle

평활근 (平滑筋), 민무늬근

현미경으로 관찰했을 때 줄무늬가 없는 근육으로 척추 동물은 심장 이외의 내장을 움직이게 한다. 평활근은 일생동안 의지와 관계없이 계속 움직이며 심근처럼 불 수의근(involuntary)이다. 힘은 없으나 지속력은 있다.

soda lime

소다석회

생석회를 주성분으로 하고 5~20%의 수산화나트륨, 6~18%의 수분을 섞은 것이다. 생석회를 진한 수산화 나트륨 수용액에 넣고 가열하면 백색의 물질로서 엉게 되는데 강한 알칼리성을 나타낸다. 입자 모양으로 분 쇄한 것을 소다석회관에 채워넣고, 이산화탄소를 정량 (定量)하기 위한 흡수제로 쓰며, 이 밖에 유기화합물 의 합성이나 건조제 등에도 이용되고 있다.

sodium

나트륨

주기율표 제1족에 속하는 알칼리 금속 원소의 하나로 원소기호는 Na, 원자번호는 11이다. 은백색의 무른 금속으로서 칼로 자를 수도 있고, 작은 구멍으로 뽑아 내어 철사로 만들 수도 있다.

soil

토양

대부분의 토양은 암석의 풍화물(風化物)이다. 지표면이나 지표 근처에 노출된 암석이 산소·물·열작용을 받아 대·소의 입자로 깨진 혼합물과 화학반응 생성물(점토광물·탄산칼슘 등), 유기물로 구성되어 있다. 이 풍화 퇴적물질(주로 암석의 입자) 사이는 공기와 물이 점유하고 있다. 이들 3상(三相) 사이에 침투·분포되어 있는 식물의 뿌리는 양분과 수분을 흡수하여 생장하므로 토양은 생명현상의 근원이 된다.

■ ~ water 토양수분

토양 중에 존재하는 물로 토양 중에서의 이동, 토양에서 식물로의 물의 이동은 에너지개념으로 설명된다. 물분자는 전기적으로 중성이지만 분자 내의 전하(電荷)는 비대칭적으로 분포되어 있다고 본다. 그 결과 물분자는 강력한 극성(極性)을 가지고 있으며, 수소결합에 의해서 수소와 산소이온이 결합되어 있다. 한편, 토양입자도 양·음의 전하(한국 토양입자는 음전하가 많지만 열대지방의 일부 토양은 양전하가 우세하다)를 가지고 있기 때문에 토양입자에 의한 물분자의 강력한 인력(부착력)은 토양입자 주위에 물이 퍼져서 수막(水膜)을 형성한다.

sol

졸

액체 중에 콜로이드입자가 분산하고 유동성을 가지고 있는 계(系). → gel

solute

용질

→ solvent

solvent

용매

용액처럼 균일한 상 phase 을 만들고 있는 혼합물의 한 성분을 용질 solute 이라고 하고 다른 성분을 용매 solvent 라고 한다. 기체나 고체가 액체와 혼합되어 용액을 만드는 경우 그 액체를 용매라고 한다. 액체와 액체, 고체와 고체와의 혼합에 의해 만들어지는 경우에는 비교적 다량으로 존재하는 쪽을 용매로 본다. 식염수 중에는 식염이 용질, 물이 용매이다.

speciation

종 (種) 형성, 종 (種) 분화
진화 과정에서 새로운 종(種)이 형성되는 것.

species

종 (種)
분류학상 같은 종(種)이면 교배해서 자손을 만들 수 있다.

sperm

정자
생식을 위해 정소의 체세포가 특정한 형태로 변한 반수체(半數體)의 염색체인 남성 생식세포이다.

Spermatophyta

종자식물
생활 순환의 일부에 종자를 형성하는 식물로 생활순환과 생활사(생물의 전 생활 과정)를 생식세포와 연결하여 고리모양으로 나타낸 것이다. 식물 중에서 가장 진화한 분류 군(群)이다.

sphincter

괄약근
민무늬근 · 가로무늬근, 또는 수의근(隨意筋) · 불수의근으로 인체의 특정 부분의 개폐(開閉)에 관여하는 고리 모양의 근육을 말하는데, 그 수축과 이완에 의해 개폐작용을 한다. 동공의 수축에 관계하는 동공괄약근(瞳孔括約筋), 음식물을 위 속에 저장하는 분문괄약근과 유문괄약근, 항문을 항상 오므리고 있는 내항문괄약근과 외항문괄약근 등이 있다.

spinal cord

척수, 등골
뇌의 연수(延髓) 아래쪽으로 이어져 있다. 백색의 가늘고 긴 원통상이며, 31쌍의 척수 신경이 나와 머리를 제외한 몸의 각 부분에 퍼져 있다.

→ 그림 27, p. 282

spindle body
방추체
다수의 방추사로 구성되며 양극과 염색체를 연결하는 방추형 구조로 세포가 유사분열 할 때 형성된다. 유사분열 전기 끝 무렵에 핵막이나 인이 없어진 후에 나타나며 염색체를 잡아당기듯이 양극으로 이동시킨다.

spindle fiber
방추사
세포가 유사분열할 때 양쪽 극 사이 및 양쪽 극과 염색체 사이를 연결하는 섬유 다발.

spiracles
기문 (숨구멍), 기공
곤충의 복부 등 쪽에 있는 호흡을 위한 구멍.

spleen
비장 (지라)
척추동물의 위(胃) 부분에 있는 체내 최대 림프관으로 구형, 난형 또는 방추형을 하고 있다. 혈액 속의 오래된 혈구나 이물입자의 트랩기관으로는 간과, 적혈구, 백혈구, 림프구, 마이크로퍼지 microphage 형성기관으로는 골수와 항체 생산이나 세포성 면역 발현의 주요기관이라는 점에서는 림프절과 각각 쌍벽을 이루는 복잡하고 중요한 기관이다.

splicing
절단
전령 RNA로부터 DNA가 번역된 후 전령 RNA의 필요 없는 부분이 없어지고 서로 연결되어 다시 전령 RNA가 생기는 과정.

spongy parenchyma
해면상(海綿狀) 조직
책상(柵狀)조직과 함께 엽육(잎살) mesophyll 을 구성하는 조직의 하나로 잎의 아랫부분에 있으며 세포 간격이 풍부하다.

Dictionary of Biology for studying abroad

sporangium 포자낭
포자가 들어있는 주머니 모양의 생식기관.

spore 포자
균류나 식물이 무성생식 asexual reproduction 의 수
단으로 형성하는 생식 세포로 곰팡이를 입으로 불었을
때 흩어지는 가루 형태의 것, 양치식물의 포자낭에 들
어있는 가루 형태의 것이 포자이다.

sporophyte 포자체 (胞子體)
포자 spore 를 만들어 무성생식을 하는 세대의 생물체.

stamen 수술
종자식물의 남성 생식기관으로 꽃밥 anther 과 수술대
filament 로 구성되며 꽃가루 pollen 를 만든다.

stapes 등골
포유류 중이(中耳)에 있는 3개의 이소골(耳小骨) 중
마지막 뼈.

starch 녹말
다수의 포도당 glucose 로 구성되는 탄수화물로 곡류
의 종자나 감자류에 많다.

steapsin 스테압신
이자에서 분비되며 이자액 속의 지방 분해 요소이다.
지방을 지방산과 글리세롤로 분해한다.

stele 중심주 (中心柱) → central cylinder

sternum 늑골
양서류 이상의 척추동물 몸의 복벽(腹壁)에 있는 뼈.

steroid 스테로이드

스테로이드 핵이라는 탄소골격을 갖는 화합물의 총칭으로 대부분의 생물은 스테로이드를 생합성 한다. 콜레스테롤, 담즙산, 성호르몬, 부신피질 호르몬, 곤충변태 호르몬 등 생물체에 중요한 물질이 많다.

stigma

암술머리
속씨식물의 암술 맨 끝이 분화하여 생긴 기관으로 점액을 분비하며 꽃가루가 부착되어 수분(受粉)한다.

stimulants

흥분제, 자극제
중추신경계, 특히 뇌의 기능을 항진시키는 의약품.

stimulus

자극
생물에 작용하여 특정의 반응을 일으키는 요인.

stipule

턱잎
탁엽(托葉)이라고도 한다. 양치식물이나 겉씨식물에서는 볼 수 없으나 속씨식물, 특히 쌍떡잎식물에서 많이 볼 수 있다. 턱잎의 존재유무·모양·크기 등은 식물에 따라 차이가 크지만, 너도밤나무·느릅나무과 식물처럼 턱잎은 보통 젊은 눈을 보호한다. 대부분 잎의 생장에 따라 떨어져 버리므로 일생 동안 남는 것은 적다.

stolon

기는 줄기
덩굴처럼 지표면 위를 가로로 뻗는 식물의 줄기.

stoma

기공 (氣孔)
식물의 잎 속에 많이 존재하며 공변세포에 의해 열리고 닫히는 작은 구멍이다. 광합성이나 호흡에서 쓰이고 그 결과로 생성되는 산소나 이산화탄소나 수증기 등의 가스를 교환한다. → 그림 24, p.268

stomach

위 (胃)

Dictionary of Biology for studying abroad

소화관의 일부이며, 식도와 소장(십이지장) 사이에 있는 주머니처럼 부푼 부분. → **그림 8, p.101**

stratification

층리 (層理)
지층에서 볼 수 있는 암석의 층상의 배열상태.

stratosphere

성층권
지구대기에서의 대류권(對流圈) 위에서 중간권의 아래까지의 기권(氣圈).

striated muscle

가로무늬근
골격근 및 심근과 같이 근섬유에 가로무늬가 있는 근육으로 의식 하에 움직이므로 수의근 voluntary muscle 이라고 한다. ↔ smooth muscle

stroma

스트로마
엽록체의 그라나 (grana)를 제외한 기질(基質) 부분으로 무색의 단백질을 주성분으로 하는 물질. 이산화탄소 고정에 관계하는 효소가 이곳에 들어 있다. → grana, lamella

style

암술대
속씨식물의 암술에서 암술머리와 씨방 사이를 차지하는 부분. 발아한 화분의 화분관이 이 속을 통과하여 씨방에서 수정한다.

substrate

기질
효소가 작용하여 화학반응을 일으키는 물질.

succession

천이 (遷移)
삼림 생태계에서 식물상 flora 이 서서히 바뀌어 가는 것으로 마지막에 도착했다고 생각되는 안정된 상태가 극상 climax 이다.

sucrose

수크로오스
자당(蔗糖) 또는 사카로오스라고도 한다. 광합성 능력이 있는 모든 식물에서 발견되며, 특히 사탕수수·사탕무에 많다.

sugar

설탕
물에 녹아 단맛을 갖는 탄수화물로 포도당 glucose 등의 단당류가 두 개 연결되어 있는 이당류가 있다.

■ ~ diabetes 당뇨병
오줌에 포함되는 당(글루코오스)이 많아지는 병으로 혈당치가 높아진다. 인슐린 분비가 결여되면 생기며 신장 기능에도 이상이 생긴 것이다.

sugarcane

사탕수수
벼과로 다년초이며 잎과 줄기는 옥수수나무와 비슷하며 높이는 2~4m이다. 줄기에서 짠 즙을 고아 설탕을 만든다.

sulphate

유산염
유산 이온과 나트륨 등의 염기성 이온이 결합하여 생긴 염(산과 알칼리 화합물).

sulphur

유황
원자번호는 16, 원소기호는 S, 원자량은 약 32이다.

■ ~ dioxide 이산화유황
자극적인 냄새를 갖는 유독가스이다. 유황을 연소시킬 때 생기는 기체로 유황 성분을 포함하는 연료를 공장이나 디젤엔진으로 연소함으로써 다량 발생하고 있다. 산성비를 유발하는 원인의 하나로 생각되며 광범위한 지역에서 환경 문제를 야기한다.

support

부목 (副木)
팔다리가 부러지거나 했을 때, 뼈나 근육을 고정시키

기 위하여 대는 막대 모양, 또는 판자 모양의 기구.

sweat gland

땀샘
포유류의 피부선 일종으로 땀을 분비한다. 인간에게는
200만-500만의 땀샘이 있는데 전부가 기능적인 능동
땀샘은 아니고 땀을 분비하지 않는 불능 땀샘도 있다.
모든 땀샘 중 어느 정도가 능동 땀샘인지는 유아(幼
兒)의 환경이나 육성 상태에 따라 다르다.

sweating

발한 (發汗)
땀을 내는 일로 인간의 발한에는 온도성 발한과 정신
성 발한 두 종류가 있다. 온도성 발한은 외계온도 상승
에 의해 나타나는 것이며 그 증발열에 의해 체온을 조
절한다. 인간의 정신성 발한은 정신홍분 또는 통각자
극 등이 원인이 되어 나타난다.

symbiont

공생 생물
다른 종류의 생물과 공생 symbiosis 하여 생활하는 생
물.

symbiosis

공생 (共生)
다른 종류의 생물과 함께 생활하고 있는 현상을 말한
다. 단 서로 행동적으로나 생리적으로 긴밀한 연관성
을 가지고 있는 상태를 가리키는 것이 보통이다.

synapse

시냅스
한 뉴런의 축색돌기 말단과 다음 뉴런의 수상돌기 사
이의 연접부위.

synaptic knob

시냅스 혹
신경섬유의 끝이 다음 신경세포와 접촉하는 곳에 형성
되어 있는 돌기.

synovial fluid

활액

synovia 라고도 한다. 관절주위를 둘러싸는 막(관절낭 또는 관절포)에서 분비되며 관절의 움직임을 부드럽게 하는 액이다.

syphilis

매독

나선충인 매독트레포네마(*Treponema pallidum*)라는 병원체(病原體)의 감염으로 인해 생기는 만성전염병으로 주로 매독 환자와의 성교 또는 입맞춤 등으로 감염되거나 간혹 모체로부터 태아에게 전염되기도 한다.

systole

수축기

심장 등 율동적으로 신축을 반복하는 기관에 있어 그 수축하고 있는 상태 또는 기간을 말한다. 척추동물의 심장처럼 심방 auricle 의 수축기와 심실 ventricle의 수축기가 구별되는 경우에는 심방의 수축 개시에서 심실의 수축까지의 기간을 심장 수축기로 한다. → **cardiac cycle**

T4 phage

T4 파지
대장균을 침식하여 증식하는 파지(바이러스의 일종)로 유전자 본체가 핵산인지 단백질인지를 확인하기 위한 실험에 쓰인다. DNA와 그것을 둘러싼 단백질 껍질로 구성되며 세포질은 없다.

tadpole

올챙이
개구리의 수정란이 난할을 하여 한천과 같은 난막을 깨고 부화하면 꼬리가 긴 특유의 모양을 한 유생이 된다. 몸통은 짧고 거의 원형에 가깝다. 부화 후 입이 열려 먹이를 먹고 활발하게 운동을 한다. 먹이는 주로 식물성이지만, 남아메리카의 황소개구리 등 2, 3종의 올챙이는 육식성이다.

Taenia solium

유구촌충
인체의 소장에 기생하는 촌충의 하나로 전세계적으로 분포하고 체절이 약 1,000개 내외며 전체길이 2-3m 이다.

taiga

타이가
유럽 북부에서 시베리아의 오호츠크해(海)에 이르고, 유라시아 대륙에서 북아메리카를 동서대상(東西帶狀)으로 둘러싸고 있는 침엽수림의 총칭.

tap root

원뿌리
배아의 유근(幼根)이 성장하여 발달된 것으로 겉씨식물 gymnosperms 과 속씨식물 Anigosperms 에서는 쌍떡잎식물에 잘 발달되어 있다. 주근이 발달한 식물에서 근계(根系)는 주근에서 분지된 측근으로 이루어진다. 외떡잎식물에서는 주근은 발아(發芽) 후 곧 성장을 정지한다. → 화보 그림 2

tapeworm

촌충

편형동물 촌충강에 속하는 기생충의 총칭으로 조충(條
蟲)이라고도 한다. 동물의 장에 기생하지만 드물게 뼈
사이에 기생하는 경우도 있다. 인간이나 가축에 해를
주는 경우가 많다.

target organ

표적 기관
방사선이나 화학물질 등의 작용을 받는 기관으로 예를
들면 특정 호르몬은 특정 표적기관에만 작용하고 다른
기관에는 작용하지 않는다. 이 성질은 기관 특이성이
라고 불리며 호르몬의 특징이다. → hormone

taxis

주성 (走性)
자유운동 능력을 갖는 생물이 외부 자극에 반응하고,
자극에 대해 방향성이 있는 운동을 할 경우 쓰이는 말.
자극원을 향해 나아갈 때는 + (positive), 자극원과
반대 방향으로 나아갈 때에는 − (negative) 라고 부
른다.

taxonomy

분류학
생물의 분류체계를 세우는 것을 목적으로 하는 생물학
의 한 분야.

TCA cycle

TCA회로
→ Krebs cycle

telophase

말기
세포 분열(유사분열이나 감수분열)의 마지막 단계로
후기에 분열 극(極)에 모인 염색체 chromosome 가
염색질이 되고 핵막 nuclear envelope 이 보이게
된다. → 그림 16, p.177

temperate forest

온대림
열대림과 한대림 사이에 발달한 낙엽 광엽수림 또는
소나무 등으로 형성된 숲.

temperature

온도
물체의 차고 뜨거운 정도를 수량으로 나타낸 것.

■ ~ sense 온도 감각
온도 자극을 수용함으로써 일어나는 피부 감각으로 온
자극(溫刺戟)에 대한 온각과 냉자극에 대한 냉각으로
분화된다. 감각점으로는 온점과 냉점이 구별되는데 그
수는 냉점이 온점보다 많다. 또, 냉점이 온점보다 표면
에 존재하며 민감하다. 오랫동안 같은 온도에 자극되
면 순응이 일어나 온도감각이 소실된다. 일반적으로
16~40 ℃ 범위 내의 자극온도에서는 약 3초 후면 순
응이 일어난다.

temporal muscle

측두근
머리 바깥쪽에서 아래턱에 이르는 근육으로 아래턱을
올리는 기능을 한다.

tendon

힘줄
근육과 뼈를 결합시키는 하얀 섬유성 조직.

terrestrial

지상의, 육지의
↔ aquatic 물속의, 수상의

territoriality

세력, 텃새
→ territory

territory

세력권, 텃새권
동물의 개체, 무리, 단위집단 등이 다른 개체 내지 단
위집단과 지역을 분할하여 생식하고 침입 받았을 경우
이를 방어하는 공간을 말한다.

test cross

검정교배(檢定交配)
어떤 개체의 유전자형을 알기 위하여 우성 개체를 열
성호모의 개체와 교배시키는 것을 말한다.

testa

종피, 외종피
종자 주위를 덮는 피막으로 종자가 성숙되어 감에 따라 밑씨의 주피가 변화되어 생긴 것으로 다소 예외가 있으나 겉씨식물과 속씨식물에서는 1장, 외떡잎류에서는 2장이다. 종피(種皮)가 2장일 때 그것을 내종피와 구분하여 이렇게 부른다.

testis

정소 (精巢)
동물의 정자를 형성하고 남성호르몬을 분비하는 기관으로 특히 포유류에서는 형태가 구슬모양 또는 그와 비슷한 것이 많으며 고환이라고도 한다.

testosteron

테스토스테론
일반적으로 정소에서 분비되는 남성호르몬이다. 뇌하수체의 간세포자극 호르몬의 작용에 의하여 분비가 촉진된다.

tetanus

파상풍 (破傷風)
외상으로 인해 체내에 들어온 파상풍균이 중추신경에 감염된 것으로 몸의 경직, 경련이 일어난다. 일반적으로 흙 속에 있으며, 균체(菌體)의 일부에서 아포(포자)를 만든다.

thalamus

시상
간뇌(間腦)의 대부분을 차지하는 회백질 부분이고 시상하부 위쪽에 있는 부분으로 다수의 신경세포 집단이 존재한다. 전신의 피부로부터의 지각 신경은 여기에 모여있으며 대뇌로 연결되는 지각 중계 부분이다. 경우에 따라서는 대뇌에 자극이 가기 전에 시상이 근육과 연결되는 운동신경을 자극하여 신속한 반사운동을 일으킨다.

thallus

엽상체
식물의 뿌리, 줄기, 잎의 구별이 없는 다세포 식물체로 균류, 조류, 이끼류가 여기에 속한다.

thermal receptor

온도 수용기
온도를 적합자극으로 하여 직접 수용하는 세포로 따뜻
하다고 느끼는 수용기와 차다고 느끼는 수용기(受容
器)가 각각 존재한다.

thermodynamics

열역학
열과 역학적 일의 기본적인 관계를 바탕으로 열 현상
을 비롯해서 자연계에서의 에너지의 흐름을 통일적으
로 다루는 물리학의 한 분야.

thermostat

항온장치
바이메탈이나 수은 등의 팽창을 이용해서 온도를 자동
적으로 조절하는 장치로 온도에 따라 전기회로를 개폐
하고 열원을 제어한다.

thiamine

티아민
비타민 B를 가리키며 물·알코올에는 녹고, 에테르·
벤젠 등의 유기용매에는 녹지 않는다. 녹색식물이나
미생물에 의하여 합성된다. 쌀겨 ·배아(胚芽) ·효모
등에 많이 함유되며 동물의 신경에서도 다량 발견된
다. 결핍증으로서 각기(脚氣) ·신경염 증세 ·심장기
능 장애 등을 일으킨다.

thigmotaxis

주촉성 (走觸性)
생물의 접촉자극에 대한 주성으로 고정물에 몸을 비벼
서 운동하는 행동이나 접촉하려고 하는 행동이다. 정
자나 원생동물이 고형질의 표면에 부착·정지하거나,
지렁이를 유리접시에 넣으면 접시 가장자리를 따라 길
게 늘어나 결코 접시 중앙부를 기어다니지 않는 일 등
은 양(+)의 주촉성이다. 쥐에도 이 주성이 있다. 실지
렁이가 서로 밀집하여 뭉치는 것도 이 주성 때문이다.
실지렁이를 마취시키면 밀집하지 않게 된다. 유글레나

가 고체 표면에 닿으면 퇴행(退行)하는 것은 음(-)의
주촉성이다.

thoracic duct

가슴관
인체를 비롯하여 파충류 이상의 척추동물에서 림프를
운반하는 림프관의 본줄기의 하나로 흉관(胸管)이라고
도 한다.

thorax

흉곽
척추동물에서의 가슴 부분. 늑골이 흉추·흉골과 연결
되어 바구니 모양의 뼈대를 형성한다. 폐·심장·기관
지·식도 등을 보호하는 동시에 호흡작용에 관여한다.

threshold

경계, 역
어떤 작용 원인이 생체에 반응을 일으키는지 일으키지
않는지의 한계를 가리킨다. 그 때의 작용 원인의 크기
를 작용 원인의 유효한 최소치를 말한다.

thrombin

트롬빈
혈액응고에 관여하는 단백질 분해요소로 혈장 속에서
는 전구(全具)체 프로트롬빈으로 존재하며 혈소판이
파괴 또는 손상을 입는 경우 활성화되어 트롬빈이 된
다. 혈액 속의 가용성인 피브리노겐을 가수분해하여
불용성인 피브린으로 변화시키는 반응을 촉매하며 피
브리노겐 분자의 기본 구성 단위인 글리신과 아르기닌
사이에서 펩티드 결합만을 가수분해한다. 보통 인간의
트롬빈 분자량은 35,000이며 최적pH는 약알카리성
또는 중성 부근이다. 칼슘의 존재 하에서 제8인자를
활성화하고 중합하기 쉬운 성질을 가졌다.

thrombocyte

혈소판 (血小板)
골수 bone marrow 나 지라 spleen 의 거대핵(巨大
核) 세포에서 유래한다. 혈액 속 유형(有形)성분의 하
나로 핵은 가지고 있지 않다. 포유류의 순환하는 피 속

에 함유되어 있으며 인간의 혈액 1ml 속에 20만~40만개 존재한다. 혈액 응고 작용의 기본이 되는 혈소판 인자를 낸다. → 그림 6, p.55

thylakoid

틸라코이드
엽록체 내막계(內膜系)의 구조 단위가 되고 있는 편평한 주머니 모양의 구조이다.

thymine

티민
DNA에만 존재하는데 찬물에는 잘 녹지 않으나, 뜨거운 물이나 알칼리에는 쉽게 녹는다. DNA를 염산으로 가수분해하면 생긴다. DNA 분자 내에서 아데닌과 수소결합을 형성하여 2중나선구조를 이룬다.

thymol

티몰
특수한 향기가 있는 백색 결정으로 회충에 대한 구충제로 쓰이는 외에 방부제로도 쓰인다.

thyroid

갑상선(甲狀腺)의, 갑상선

- ~ gland 갑상선
척추동물의 머리 부분에 있는 내분비선으로 갑상선 호르몬을 분비한다. 포유류에서는 나비 모양을 하고 있으며 약 25g의 무게가 나간다. 분비 활동이 왕성할 때에는 낭포 속의 콜로이드가 감소하고 내부에 호르몬이 고여 주변 혈관으로 분비된다. 갑상선 호르몬 활동은 뇌하수체 전엽에서 분비되는 갑상선 자극 호르몬에 의해 지배되고 있다.

- ~ hormone 갑상선 호르몬
척추동물의 갑상선에서 분비되는 호르몬으로 효소 소비와 에너지 발생을 자극하여 기초 대사를 유지하고 있다. 또 포유류의 성장·분화·발생, 양서류의 변태 metamorphosis 를 촉진한다.

■ ~ stimulating hormone 갑상선 자극 호르몬
thyrotrop(h)ic hormone 라고도 하고 줄여서 TSH
라고 한다. 당(糖) 단백질로 뇌하수체에서 분비되는
호르몬으로 갑상선 낭포를 성장시켜 그 분비 기능을
촉진한다. 갑상선 자극 호르몬의 분비는 시상하부로부
터의 TRF (thyrotropin-releasing factor)에 의해
촉진된다. 갑상선 호르몬의 경우와 마찬가지로 과잉되
면 바제도우씨(氏)병에 걸리고 부족하면 점액수종이
된다.

thyrotropin-releasing factor **갑상선 자극 호르몬 방출 인자**
줄여서 TRF라고 한다. 시상하부에서 합성되는 폴리펩
티드로 혈관 속에 방출되며 뇌하수체 전엽에 이르러
TSH 분비 세포에 직접 작용하여 TSH 분비를 촉진한
다. TRF 방출은 혈액 속 갑상선 호르몬의 양이 상승
하면 저하된다.

thyroxine **티록신**
갑상선 호르몬에 속하는 방향족 아미노산으로 요오드
를 함유한다. 이 호르몬의 주된 작용은 체내 물질대사
의 촉진이다. 양서류(올챙이)의 변태를 촉진하며, 젊
은이가 갑상선 기능 부전에 걸리면 무서운 발육장애
(크레틴병)를 일으킨다.

tibia **경골 (脛骨)**
정강이뼈라고도 한다. 길이 30~33cm의 관(管)모양
의 뼈이며, 인체 골격 중에서 대퇴골 다음으로 크다.

tidal air **1회 환기량**
1회 호흡행동으로 들이마시는 공기의 양으로 인간은
안정 시에 약 500ml 이다.

tissue **조직(組織)**
동일한 기능이나 형태를 갖는 세포 집단으로 동물의

조직은 상피조직(피부, 소화관, 혈관, 기관 등의 내 표면을 덮는 것. 분비선도 들어간다), 결합조직(뼈, 연골, 혈액 등), 근육조직(근육, 내장 등), 신경조직(뇌, 신경계, 척수 등)으로 구분된다. 식물에서는 분열조직(생장점, 형성층 등), 영구조직(표피, 유관속계, 기본조직계)으로 크게 나눈 다음 여러 가지로 분류된다.

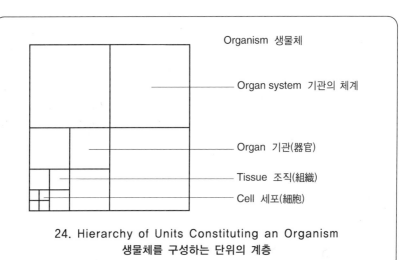

24. Hierarchy of Units Constituting an Organism
생물체를 구성하는 단위의 계층

■ ~ culture 조직배양
다세포생물의 개체로부터 무균적으로 조직을 떼어내어 여기에 영양을 주고 유리용기 내에서 배양·증식시키는 일.

tolerance

내성
환경 조건이나 화학 물질 등에 대한 저항성으로 특히 약물 등에 대해서 생물이 보이는 저항성을 말한다.

tongue

혀
척추 동물의 구강에 돌출한 기관으로 음식의 뒤섞기와

삼킴, 발음 등의 여러 가지에 작용한다.

tonsil

편도선

편도라고도 한다. 상피 함몰부를 둘러싼 림프 소절의 집합체로 포유류에만 있다. 단 이와 비슷한 구조는 양서류의 구강에서도 볼 수 있다. 세균 침입에 대한 방어 기관의 하나이다.

tooth

치아

에나멜질은 치아 가장 바깥 부분을 덮고 있으며 인체 중 딱딱한 부위이다. 치수강은 치앙 속의 연한 부분으로 신경과 혈관이 분포되어 있다. 치주막은 치아와 뼈를 접합하는 말이다.

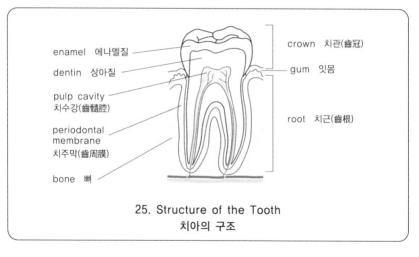

enamel 에나멜질
dentin 상아질
pulp cavity
치수강(齒髓腔)
periodontal
membrane
치주막(齒周膜)
bone 뼈

crown 치관(齒冠)
gum 잇몸
root 치근(齒根)

25. Structure of the Tooth
치아의 구조

toxin

독소

생물체가 만들어내는 독성이 강한 물질이다. 대개는 고분자 물질이며 항원성을 갖는다.

trace element

미량원소

생물이 정상적으로 생장하는 데는 종류에 따라 차이가

있으나 반드시 필요한 원소가 있다. 이 중에서 어떤 원소들은 극히 미량이나마 그것이 존재해야만 정상으로 생장하게 된다.

tracer

추적자
몸 안에 있는 물질의 움직임을 알기 위해 첨가하는 물질로 개체에 장착하여 생물학 연구에 이용하는 원격조종장치를 가리키는 경우도 있다.

trachea

기관(氣管)
(1) 육지에 사는 척추동물의 허파에 공기를 보내는 관으로 숨관이라고도 한다. 사람의 기관은 숨을 들이쉬면, 공기는 목구멍으로부터 기관, 기관지를 거쳐 허파로 들어간다. 기관은 가지를 친 기관지로 되며, 기관지는 각각 좌우의 허파에 연결된다. 기관지의 끝은 허파꽈리(폐포)라고 하는 작고 무수히 많은 주머니에 이어져 있다. 기관의 안쪽은 섬모가 있는 점막으로 되어 있어서 먼지 따위를 밖으로 내보낸다. 또 기관의 입구에는 음식물이 들어가지 못하도록 하는 뚜껑이 달려 있다.
(2) 절지동물의 호흡 기관, 곤충의 기관은 몸 표면에 있는 기문(숨문)에 연락되며, 몸 안에서는 그물 모양으로 퍼져 있다. 기문으로 들어온 공기는 직접 이 곳으로부터 세포로 옮겨져 가스 교환(산소와 이산화탄소의 교환)을 한다. 기관으로 공기가 출입하는 것은 곤충의 배 운동으로 이루어진다.

tracheid

헛물관, 가도관
고등 식물의 목질부를 이루고 있는 조직의 하나로 뿌리에서 빨아들인 물과 양분의 통로이며, 세포 사이의 벽에 구멍이 없어 물관과 구별된다. 양치 식물의 헛물관은 원기둥 모양의 세포가 세로로 길게 이어져서 격막이 기울어져 있고, 종자식물은 양끝이 뾰족한 방추형의 세포로 되어 있다. 세포벽이 두꺼워짐에 따라 여러 가지 무늬가 생긴다.

tracheole

기관지

기관이 둘로 갈라져서 좌우의 허파에 이르는 부분으로
생김새는 기관과 거의 같으며, 안쪽의 점막은 섬모 상
피로 덮여 있고, 가로로 자른 면이 말발굽 모양을 한
물렁뼈로 둘러싸여 있다. 포유류에서는 기관지의 끝이
허파 속에서 나뭇가지 모양으로 갈라져 소기관지로 되
고, 이것이 다시 잘게 갈라져서 세기관지로 되어 있다.
세기관지의 끝은 허파꽈리로 이어져 있다.

→ 그림 22, p.235

transaminase

아미노기 전이효소

아미노산과 케토산과의 사이에서 아미노기를 가역적으
로 전이시키는 반응을 촉매하는 효소로 정식 명칭은
아미노트란스페라아제(aminotransferase)이다. 동
물 · 식물 · 미생물에 널리 존재하며, 아미노산 대사에
중요한 구실을 하는 효소이다. 여러 가지의 유기산을
아미노기와 결합시켜 많은 아미노산을 만드는 것을 말
한다.

transamination

아미노기 전이반응

암모니아를 경유하지 않고 한가지 화합물에서 다른 화
합물로 아미노기를 전이시키는 반응 과정으로 생체 내
에서는 아미노기 전이효소에 의해 촉매 된다. 또한 이
반응은 일반적으로 가역적이다.

transcription

전사(轉寫)

유전형질이 나타나는 제 1단계로 대부분의 형질발현은
이 단계에서 작용한다. 전사는 DNA의존성(依存性)
RNA 폴리메라제에 의해 촉매 된다.

transect

트랜섹트

군락의 종류, 조성, 식생의 변화 등을 조사하기 위해

사용하는 식물 군락의 띠 모양 횡단면을 말한다.

transfer RNA

전이RNA, 수용RNA.
tRNA 라고 쓰기도 한다. 단백질합성의 과정에서 mRNA 분자를 따라서 바른 장소에 아미노산을 운반해 주는 RNA이다.

translocation

전좌
염색체 이상의 하나로 즉, 염색체의 일부분에 절단이 일어나 그 단편이 같은 염색체의 다른 부분 또는 다른 염색체에 결합하여 염색체의 형태를 바꾸는 현상을 말한다. 전좌의 원인으로는 염색체의 절단과 재결합이라는 이론이 가장 지배적이지만, 접근한 두 염색체 사이의 부분이 상호간에 교환된다는 교환설(交換說)이 영국의 학자들에 의해 제창되었다.

translucency test

투과성 시험
지방 검출에 쓰이는 시험으로 따뜻한 지방 fat 을 종이에 대면 비춰 보인다. 탄수화물, 단백질, 지방의 3대 영양소 시험의 하나이다.

transpiration

증산작용
식물의 수분이 식물체의 표면에서 수증기가 되어 배출되는 현상.

재미있는 생물 문답

* 인간 몸 속 세포 수는? - 일 백조개.

* 심장은 일생동안 한번도 쉬지 않고 몇 번이나 뛰나? - 25억 회.

* 1.4kg 짜리 뇌는 몇 개의 뉴런으로 구성된 기계인가? - 500억개.

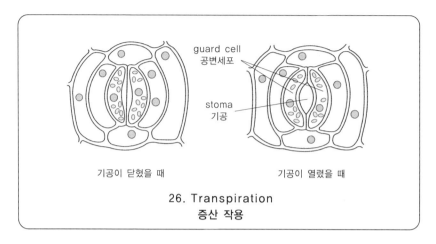

26. Transpiration
증산 작용

triceps

삼두근 (三頭筋)
특히 위팔 쪽 삼두근을 말한다.

triglyceride

트리글리세리드
글리세롤($CH_2OHCHOHCH_2OH$)이라고도 하고 동물
에서는 지방세포의 형태로 피부아래에 축적되어 있으
며 식물에서는 종자(種子)에 집중되어 있다. 일반적으
로 에너지 저장원이다.

trisomy

3염색체성
2배체의 체세포 염색체 수가 $2n+1$이 되는 현상.

trophic

영양의

- ~ dynamics 영양 능동론
생태계에서의 에너지 움직임에 대한 문제를 연구하는
분야.

- ~ level 영양단계
생물의 역할을 유형적으로 분류하는 것으로 생물은 생
산자, 소비자, 분해자로 크게 나뉜다.

tropic hormone

자극 호르몬
특정 내분비선의 활동을 자극하는 호르몬.

tropism

(1) 굴성(屈性) (2) 향성(向性) (3) 친화성
(1) 굴성 : 식물체의 일부가 자극원에 대하여 일정한
방향으로 굴곡하는 운동.
(2) 향성 : 고착생활을 하는 동물의 어느 부분이 자극
에 대해 일정방향으로 움직이는 성질.
(3) 친화성 : 증식 가능한 (기생할 수 있는)세포가 정
해져 있는 것. 바이러스가 특정 내장기관에서 친화성
을 갖는 것을 장기(臟器) 친화성이라고 한다.

trypsin

트립신
이자액에서 분비되는 단백질 분해효소.

trypsinogen

트립시노겐
트립신이라는 효소의 전신(前身)으로 이자에서 생성
된다.

tuberculosis

결핵
결핵균에 감염되어 일어나는 질환으로 몸 속에 균이
침입하면 결핵결절이라는 조직이 생성된다.

Tullgren funnel

툴그렌 깔때기
토양생물을 시료로부터 분리하기 위한 장치로 사용하
는 깔때기.

tumors

종양(腫瘍)
생체를 구성하는 세포 자체에 이상이 생겨 자율적으로
과잉증식을 보이는 집합체로 증식 성질이 악성인 것을
암이라고 한다.

tundra

툰드라
시베리아, 북아메리카 북부에 분포하며 두꺼운 동토

(凍土)로 덮여 있는 곳에 발달하는 군계(群系).

turgor pressure **팽압 (膨壓)**
세포가 물을 흡수함으로써 일어나는 세포 내압과 외압
과의 차이를 말하며 식물의 세포를 저장액(低張液)에
담그면 세포의 내용물인 원형질이 물을 흡수하여 팽창
하고 세포벽을 넓히려는 힘이다. 팽압은 식물세포의
역학적 강도를 늘리는 외에 성장에 중요한 역할을 한
다. 동물세포에는 무시할 수 있을 만큼 작다.

U lna – utricle

ulna

척골(尺骨)
팔뚝을 구성하는 2개의 뼈 중 안쪽의 가늘고 긴 뼈.

ultrafiltration

한외 여과 (限外濾過)
콜로이드 입자나 비교적 큰 입자를 여과하기 위해 일정한 크기의 구멍이 있는 막에 압력을 가하거나 흡수하여 여과하는 방법으로 단백질이나 포도당 glucose 분리에 쓰인다.

ultraviolet light

자외선
보라색 바깥쪽에서 볼 수 있는 전자파로 태양광 속에 있으나 눈으로는 느끼지 못하나 암을 유발하는 화학선(化學線)이다.

umbilical cord

탯줄
태반과 태아를 연결하는 관으로 내부에 정맥과 동맥이 있다. 정맥은 산소나 영양을 태아에 운반하고 동맥은 태아 체내의 필요 없는 물질이나 이산화탄소를 모체로 운반한다.

unicellular

단세포성의 → 그림 2, p.34

■ ~ organism 단세포생물
단일세포로 한 개의 개체를 이루는 생물.

unsaturated fatty acid

불포화 지방산
한 분자 속에 탄소-탄소의 불포화결합과 칼복실기를 가지는 사슬 모양 화합물로 올레인산, 리놀렌산 등이 있다.

uracil

우라실
생물계에 널리 존재하는 피리미딘 염기의 유도체로 RNA 속에 함유되어 있다. 화학식 $C_4H_4N_2O_2$이고 무색의 침상결정(針狀結晶)으로, 분자량 112, 녹는점 338℃이다. 유기용매에는 거의 녹지 않으나 따뜻한 물에는 잘 녹는다. 생체 내에서 단독으로 존재하는 경우는 드물고, 당류의 생합성에서 중요한 구실을 한다. DNA와 RNA에 모두 함유된 것이 아니라 RNA에만 들어 있고, DNA 속에서는 티민이 우라실과 같은 구실을 한다. 고등동물에 투여한 우라실은 핵산 속으로 들어가지 않고, 사람인 경우에는 요소로 배출된다.

urea
요소 (尿素)
분자식은 $CO(NH_2)_2$이고 단백질의 마지막 분해 산물의 하나로 포유류, 양서류 성체(成體), 어류에서 볼 수 있다. 인간은 하루 약 25~30g 배출한다. 간 liver 에서 암모니아와 이산화탄소를 기본으로 하여 요소회로(尿素回路)에 의해 만들어진다.

ureter
수뇨관 (輸尿管)
요관이라고도 한다. 척추동물의 배설기관에서 만들어진 오줌을 신장으로부터 외계 또는 방광까지 운반하는 관이다.

urethra
요도 (尿道)
방광으로부터 체외(體外)까지의 오줌이 통과하는 관.

uric acid
요산 (尿酸)
동물의 배설물에 많이 함유되어 있으며, 조류와 파충류에 특히 많다. 조류, 양서 파충류, 곤충류의 오줌 속에 질소대사의 최종산물로 배출된다. 물에는 극소량만 녹기 때문에 용액에서 결정(結晶)으로 배출된다.

urinary system
비뇨기계 (泌尿器系)
신장, 수뇨관, 방광, 요도처럼 체내에서 오줌을 만들어 체외로 배출하기까지를 담당하는 모든 기관(器官)을 말한다.

Dictionary of Biology for studying abroad

urine   **오줌**
                         동물의 물질대사 결과 체내에서 생긴 여러 노폐물을
                         수용액의 형태로 축적하여 저장한 용액으로 방광에 저
                         장되어 있다가 그 양이 일정 한계에 달하면 체외로 배
                         출된다.

uterus   **자궁 (子宮)**
                         수란관의 일부가 커져 생긴 근육성 기관으로 여기서
                         수정란이 발육된다. 모체 안에서 발육하는 수정란을
                         보호하는 역할을 한다. → **그림 11, p.122**

V

accination – vulva

vaccination
예방 접종 (豫防接種), 백신 주사
전염성 질환을 예방하기 위하여 병원균을 약하게 하여
접종합으로써 면역 immunity 을 생기게 하는 것.

vaccine
백신
vaccination 에 쓰이는 항원(抗原) antigen.

vacuole
액포(液胞)
공포(空胞)라고도 한다. 생물의 세포 안에서 수용액을
가득 채우고 있는 부분으로 동·식물의 어린 세포에서
는 거의 볼 수 없거나 또는 작은 형태로 있다. 세포가
성장함에 따라 세포의 원형질과 확실히 구별되며, 이
것에 수용액이 차게 된다. 때로는 세포의 대부분을 액
포가 차지하는 경우도 있다.

vagina
질
포유류 암컷 생식 기관의 하나이다. 자궁보다 아랫부
분의 확장성이 있는 관(管) 모양의 기관으로 길이가
약 7~8cm이다. → 그림 11, p.122

variation
변이(變異)
동종(同種) 생물에서 볼 수 있는 형질의 차이. 환경의
영향으로 생겨 유전하지 않는 것을 개체변이(個體變
異)라 하고, 유전하는 변이를 돌연변이(突然變異)
mutation 라고 한다.

variegated
얼룩의, 반점의
바이러스 균이나 유전병 등에 의해 식물의 잎이나 종
피조직에 변색이 생기는 것.

variety
(1) 계통(系統) (2) 변종(變種)
(1) 계통 : 공동 조상을 가지며 유전자형이 같은 개
체군.

Dictionary of Biology for studying abroad

279

(2) 변종 : 동·식물의 각 종(種) 내에서 있는 여러 가지 형태.

vas deferens
수정관 (輸精管), 정관 (精管)
정자 sperm 를 고환 testicle 에서 사정관까지 운반하는 매우 꾸불 꾸불한 관.

vascular bundle
관다발, 유관속 (維管束)
식물체 내에서 뿌리 등에서 흡수된 수분과 잎 등에서 만들어진 양분 등의 이동통로가 되는 조직으로 목질부 (木質部) 와 사관부(篩管部)로 되어 있다. 목질부는 수분의 통도(通道), 사관부는 양분의 통도가 되는 것으로서, 양자 모두 몇 종류의 조직이 모여서 된 복합조직이다.

vascular tissue
관다발 조직
관다발을 만드는 조직으로 목질부 조직과 사관부 조직으로 구성되어 있다.

vasectomy
정관 수술
남성 피임 수술의 하나로 수정관을 절제하여 정소 testis 에서 만들어진 정자 sperm 가 체외로 나가지 못하게 하는 수술.

vasodilation
혈관 확장
혈관을 확장하는 신경이 흥분하여 혈관 신경의 긴장이 이완(弛緩)되면서 혈관이 늘어나는 것.

vector
(1) 벡터 (2) 매개동물
(1) 벡터 : 재조합 DNA recombinant DNA 실험에 쓰이며 소정의 자율능력을 갖는 DNA 분자.
(2) 매개동물 : 넓은 의미로는 동·식물의 병원체를 매개하는 모든 동물.

vegetation

(식물) 식생

지표를 덮고 있는 식물을 말하며 기온과 강수량에 따라 지역 차가 나타난다.

vegetative

무성(無性)의

■ ~ propagation 영양 번식

특별한 생식기관을 만들지 않고 영양체의 일부에서 새로운 개체를 만들어 유지해가는 무성 번식으로 동물에서는 드문 현상이며 식물에 많다. 예로는 붓꽃·감자·돼지감자·고구마·달리아·백합·양파·네덜란드딸기·좀쏨바귀·마늘·균류 등이 있다.

vegetative tissue

영양 조직

식물의 경우, 유성 생식에 관계하지 않는 조직으로 뿌리, 줄기, 잎과 같은 영양 기관을 구성하는 조직이다.

veins

(1) (동물의) 정맥 (靜脈) (2) (식물의) 엽맥 (葉脈)

(1) (동물의) 정맥 : 몸의 각 부분에서 혈액을 모아 심장으로 보내는 혈관.

(2) (식물의) 엽맥 : 잎맥이라고도 한다. 일반적으로는 잎의 관다발과 이것을 둘러싼 부분으로 된 맥상(脈狀) 부분을 말한다. 잎맥은 잎 속의 물질이 이동하는 부분으로, 뿌리에서 줄기를 통하여 온 물·무기염류 및 기타 물질을 잎을 구성하는 세포에 주고, 또 잎에서 광합성에 의해서 만들어진 물질을 다른 기관에 운반하는 역할을 한다.

vena cava

대정맥 (大靜脈)

어류 이외의 척추동물에서 몸 안의 정맥혈을 심장으로 유도하는 큰 정맥.

veneareal disease (STD)

성병(性病)

주로 불순한 성행위에 의해 감염되는 병으로 임질(淋疾) gonorrhoea, 연성하감(軟性下疳), 매독 syphilis

등의 세 질환이 있다.

ventricle

심실 (心室)
척추동물의 심장 내부 구조로 혈액을 체내 각 기관으로 내보내는 펌프와 같은 역할을 하는 부분.

vertebra

척추
척추동물에 있어 다수의 뼈가 종렬(縱列)로 배열되어 몸의 기둥 역할을 하고 있는 부분으로 중앙에 추체(椎體)라는 원통모양의 것이 있고 속에 척수가 통하고 있다. 여기서 여러 가지 돌기가 나와 중추명령을 작동체에 전하거나 수용기(受容器)로부터의 자극이 중추로 전달되는 통로가 된다.

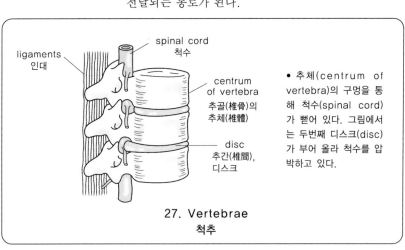

ligaments
인대

spinal cord
척수

centrum
of vertebra
추골(椎骨)의
추체(椎體)

disc
추간(椎間),
디스크

● 추체(centrum of vertebra)의 구멍을 통해 척수(spinal cord)가 뻗어 있다. 그림에서는 두번째 디스크(disc)가 부어 올라 척수를 압박하고 있다.

27. Vertebrae
척추

■ ～ column 척주(脊柱)
두골(頭骨) 뒷부분과 연결되어 몸의 중추가 되는 골격.

vertebrates

척추 동물
동물계(動物界)의 문(門)으로 척추 vertebrae 를 가지고 있고 외관상 좌우대칭이다.

vesicle

소포(小胞)

대부분의 경우 세포 내에 있는 막으로 둘러싸인 작은 주머니 모양의 구조로 소포체 endoplasmic reticulum 나 골지체 Golgi body 의 구성 요소가 된다.

vibrio

비브리오

박테리아의 일종으로 콜레라 병원균이나 세균성 식중독의 원인 균 등이 여기 해당 된다. → **그림 5, p.48**

villus

융모(絨毛)

소장 small intestine 등의 내부에 나 있는 작은 관 조직의 융기. 소장에서는 흡수 면적을 증대시키는 일을 하는 것으로, 사람의 경우 돌기의 수가 400만에 달하고, 그 표면적은 약 5 m²에 이른다.

virus

바이러스

비루스라고도 한다. 인공적인 배지에서는 배양할 수 없지만 살아 있는 세포에서는 선택적으로 증식한다. 바이러스는 생존에 필요한 물질로서 핵산(DNA 또는 RNA)과 소수의 단백질만을 가지고 있으므로, 그 밖의 모든 것은 숙주세포에 의존하여 살아간다. 결정체로도 얻을 수 있기 때문에 생물·무생물 사이에 논란의 여지가 있지만, 증식과 유전이라는 생물 특유의 성질을 가지고 있어서 대체로 생명체로 간주된다.

Visking membrane

비스킹 막 (膜)

튜브 모양의 투석(透析)막의 하나. 물리, 화학 등에 쓰이거나 소세지 껍질에 이용되는 셀룰로오스 cellulose 막이다.

visual purple

시홍 (視紅), 로돕신

척추동물의 망막 retina 에 있는 간상세포 내에 함유된 붉은 색을 띤 감광색소로 빛에 잘 반응한다.

vital functions   **생체 기능, 생활 기능**
혈액 순환, 호흡, 소화 등 생물의 생명 활동에 직접 관
계하는 신체 기능.

vitamin   **비타민**
식품에 극히 소량 존재하면서 고등 동물의 성장과 생
명의 유지에 필수적인 물질. 비타민의 체내 기능은 매
우 광범위한데, 대부분은 효소나 효소의 역할을 보조
하는 조효소의 구성 성분이 되어 탄수화물 · 지방 · 단
백질 · 무기질의 대사에 관여한다.

vole   **들쥐**

voluntary muscle   **수의근 (隨意筋)**
의지의 힘으로 수축시킬 수 있는 근으로 골격근 외에
피부 내의 피근(皮筋), 관절포(關節包)에 부착하고 있
는 관절근 등이 여기에 속한다. 수의근의 근섬유에는
가로 무늬가 있으므로 가로무늬근이라고도 하나, 심근
(心筋)은 가로 무늬가 있어도 수의근이 아니므로 수의
근과 가로무늬근은 동의어는 아니다.

vomiting   **구토 (嘔吐)**
위(胃) stomach 의 내용물이 역행하여 구강으로 나오
는 것.

vulva   **음문 (陰門)**
포유류 암컷의 외부 생식기.

wallflower

계란풀
유채(油菜)과의 다년초로 독특한 향이 있다.

wall pressure

벽압(壁壓)
식물의 세포를 저장액(低張液)에 담그면 세포의 내용물인 원형질이 물을 흡수하여 팽창하고 세포벽을 넓히려는 힘이 있다. 이것이 팽압이고 세포벽에서 팽압의 반작용으로 이것과 크기가 같고 방향이 반대인 힘이 생긴다. 이것을 벽압(壁壓)이라고 한다.

water

물
수소와 산소의 화합물로 동·식물체의 70~90%를 차지하며 생존에 필수적이다.

weeds

잡초
경작지·도로 그 밖의 빈터에서 자라며 생활에 큰 도움이 되지 못하는 풀. 농업에서는 경작지에서 재배하는 식물 이외의 것을 잡초라고 한다. 잡초는 작물(作物)에 비하여 생육이 빠르고 번식력이 강할 뿐 아니라 종자의 수명도 길다. 잡초는 작물이 차지할 땅과 공간을 점령하고 양분과 수분을 빼앗는다. 그리고 작물보다 큰 것은 일광을 차단하여 작물의 광합성작용을 막고, 통풍을 방해한다. 잡초가 우거진 곳은 병균과 벌레의 서식처 또는 번식처가 되고, 또 이를 전파시키는 근원이 된다.

whale

고래
고래는 세계적으로 약 100종이 알려져 있는데, 한국 근해에는 3과 8종이 알려져 있다. 일반적으로 몸길이 4~5m 이상인 것을 고래, 소형인 것을 돌고래라고 하는데, 망치고래와 같이 소형인 것도 고래라는 이름이 붙은 종류가 있다.

white blood cell	**백혈구 (白血球)** → leucocyte
white matter	**백질 (白質)** 중추신경계(中樞神經系)에서 유수신경섬유로 되어 있고 백색으로 보이는 부분. 희게 보이는 것은 유수섬유가 가진 수초가 빛을 굴절하는 힘이 강한 미엘린이란 물질로 되어 있기 때문이다. 대뇌·소뇌의 백질은 수질이라 하여 피질(회백질)의 안쪽에 있으나 간뇌·연수 등에는 백질이 대부분을 차지하고 회백질은 그 내부에 산재하며 척수에 이르면 중앙 회백질의 기둥을 백질이 에워싸고 있다. 백질은 신경신호를 전달하는 기능을 가졌는데 감각기로부터의 신호를 중추에 전달하는 지각경로(知覺經路), 중추로부터의 명령을 근육 등으로 보내는 운동경로, 중추 각 부를 상호 연락하는 연합경로 등이 분화되어 있다. ↔ gray matter 회백질
wildlife	**야생 동식물**
wilting	**시들음** 토양에 있는 수분이 감소하거나 수분의 증발량이 흡수량 보다 많아져 식물체의 함수량(含水量)이 줄어 없어지는 상태.
wind pollination	**풍매(風媒)** 바람에 의해 수분 pollination 이 매개되는 것.
wood louse	**쥐며느리** 등각류(等脚類)로 몸길이는 약 1cm 정도이며 갈색의 편평한 모양을 하고 있다. 습기 있는 어두운 곳을 좋아한다.
woodland ecosystem	**삼림 생태계**

삼림에 사는 모든 생물과 비(非)생물적 환경을 통합해서 가리킨 생태계.

worker bee

일벌

꿀벌이나 말벌과 같은 사회성 곤충에서 볼 수 있는 특수한 암컷으로 몸길이는 13mm 정도로 가장 작고 생식소가 퇴화(退化)하여 생식능력을 거의 잃었으며, 먹이 모으기, 집짓기나 보수·청소, 유충 기르기, 외적의 배제 등의 구실을 맡고 있다.

X chromosome

X 염색체
성(性) 염색체의 하나로 암컷과 수컷 모두 가지고 있다.

X-rays

X선
파장이 자외선과 γ선 사이에 있는 전자파. 파장은 대략 $0.01 \sim 100$Å(108Å $= 1$cm)이며 빛에 비하여 파장이 대단히 짧기 때문에 빛과 비슷한 성질을 갖고 있으나 몇 가지 다른 성질도 갖고 있다. X선은 사진 작용 · 형광 작용 · 이온화 작용등을 하며 입자와 같이 회절한다.

xerophyte

건성 식물 (乾性植物)
기온이 건조하거나 물이 부족한 장소에서 자라 형태적, 기능적으로 내건성(耐乾性)이 있는 식물.

xylem

목질부 (木質部), 물관부
관다발 vascular bundle 구성요소의 하나로, 물관, 헛물관, 목질부섬유, 목질부 유조직(柔組織)으로 구성되는 복합조직이다. 뿌리에서 흡수한 물과 양분의 이동 통로이고, 세포의 대부분은 목질화되어 두툼한 벽을 이루기 때문에 식물체의 기계적 지지 구실도 한다. 수목의 경우에는 굵은 줄기 대부분을 목질부가 차지하기 때문에 목재가 견고하다

■ ~ fiber 목질부섬유
두터운 세포벽을 갖는 섬유 세포로 구성된 조직.

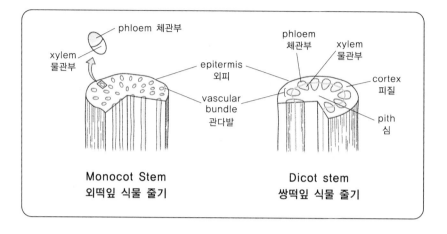

Y chromosome

Y 염색체

성(性) 염색체의 하나로 수컷에게만 있는 염색체 chromosome 이다.

yeast

효모

곰팡이나 버섯 무리이지만 균사가 없고, 운동성도 가지지 않는 단세포 식물로 빵·맥주·포도주 등을 만드는 데 사용된다.

yellow fever

황열 (黃熱)

아프리카 서부나 남아메리카에서 볼 수 있는 악성 전염병으로 흑토병(黑吐病)이라고도 한다. 병원체는 황열바이러스 환자 및 병원체를 보유하는 원숭이나 주머니쥐의 피를 빨아먹는 모기가 매개하여 전염된다.

yellow spot

황반 (黃斑), 황점 (黃點)

망막의 일부로 시세포가 가장 많이 모여 있어 시력·색각이 가장 강한 곳이다. 살아 있을 때는 적갈색이나 죽은 뒤에는 황색을 띤다.

yogurt

요구르트

yoghurt 라고도 표시한다. 발효유의 일종으로 우유에 젖산균을 접종·발효시켜 응고시킨 제품으로 비교적 산(酸)이 많고 상쾌한 풍미가 있는 식품이다. 요구르트를 마시면 젖산균이 장내에서 독소를 생성하는 유해균을 제어하기 때문에 제조와 음용이 전세계적으로 보급되었다.

zooplankton

동물 플랑크톤
플랑크톤 중에서 다른 생물을 먹이로 생활하는 플랑크톤. 1차 생산자인 식물 플랑크톤 및 일부 박테리아에 대하여 2차 또는 그 이상의 소비자 입장에 있다.

zygospore

접합포자 (接合胞子)
같은 모양과 크기의 배우자낭(配偶者囊)이 합쳐져 생긴 것이다.

zygote

접합자 (接合子)
두 개의 배우자 또는 배우자낭이 접합하여 생긴 세포로 수정란도 일종의 접합자이지만, 일반적으로 알과 정자의 분화가 보이지 않는 배우자가 합체해서 생기는 것을 말한다.

INDEX

우리말로 영어 표제 찾기

ㄷ

ㅂ

ㅈ

EXERCISES

• Put the suitable word in the blank in Korean.

alga   _____

amphibian   _____

analogous organ   _____

annelid   _____

anther   _____

antibody   _____

anus   _____

appendix   _____

aquatic   _____

artery   _____

arthropod   _____

asexual reproduction   _____

auditory nerve   _____

auricle   _____

beak   _____

biceps   _____

bile _____

binary fission _____

bladder _____

blood plasma _____

blood platelet _____

blood vessel _____

bristle _____

bronchus _____

bud _____

calyx _____

canal _____

capillary (vessel) _____

carbohydrate _____

carnivore _____

catalyst _____

caterpillar _____

cavity _____

cell _____

cell membrane _____

cell wall _____

central nervous system _____

cerebellum _____

cerebral _____

cerebrum _____

chlorophyll _____

chloroplast _____

chromosome _____

circulation _____

class _____

clot _____

congenital _____

coniferous tree _____

consumer _____

cortex _____

crab _____

cram _____

craw _____

crustacean _____

cutting   _____

cytoplasm   _____

deciduous tree   _____

decomposer   _____

density   _____

diffusion   _____

digestion   _____

dominance   _____

duct   _____

eardrum   _____

ecosystem   _____

element   _____

embryo   _____

endocrine   _____

enzyme   _____

epidermis   _____

erythrocyte   _____

evolution   _____

excrement   _____

excretion　　　　　＿＿＿＿＿＿＿＿

family　　　　　　＿＿＿＿＿＿＿＿

fern　　　　　　　＿＿＿＿＿＿＿＿

fertilization　　　　＿＿＿＿＿＿＿＿

fertilized egg　　　＿＿＿＿＿＿＿＿

filament　　　　　　＿＿＿＿＿＿＿＿

food chain　　　　＿＿＿＿＿＿＿＿

food pyramid　　　＿＿＿＿＿＿＿＿

fungus　　　　　　＿＿＿＿＿＿＿＿

gallbladder　　　　＿＿＿＿＿＿＿＿

gene　　　　　　　＿＿＿＿＿＿＿＿

genetic engineering　＿＿＿＿＿＿＿＿

genetics　　　　　＿＿＿＿＿＿＿＿

genitals　　　　　＿＿＿＿＿＿＿＿

genus　　　　　　＿＿＿＿＿＿＿＿

gill　　　　　　　＿＿＿＿＿＿＿＿

gland　　　　　　＿＿＿＿＿＿＿＿

glucose　　　　　＿＿＿＿＿＿＿＿

graft　　　　　　　＿＿＿＿＿＿＿＿

growth   _____

guard cell   _____

heart   _____

herbivore   _____

heredity   _____

homeostasis   _____

homologous organ   _____

immunity   _____

implantation   _____

insect   _____

intensity   _____

invertebrate   _____

iris   _____

kidney   _____

kingdom   _____

large intestine   _____

larva   _____

larynx   _____

Law of Dominance   _____

layer   _____

lens   _____

leucocyte   _____

liver   _____

lobe   _____

lung   _____

mammal   _____

medulla oblongata   _____

meiosis   _____

membrane   _____

metabolism   _____

metamorphosis   _____

microscope   _____

mineral   _____

mitosis   _____

molar   _____

mollusk   _____

moss   _____

mould   _____

mucous	_____
mucus	_____
mushroom	_____
mutation	_____
nerve	_____
neuron	_____
nucleus	_____
nutrition	_____
olfactory nerve	_____
optic nerve	_____
order	_____
organ	_____
organism	_____
osmosis	_____
ovary	_____
oviparous animal	_____
ovule	_____
ovum	_____
pancreas	_____

parasite	_____
paw	_____
peripheral nervous system	_____
peristaltic movement	_____
perspiration	_____
petals	_____
photosynthesis	_____
phylum, division	_____
pin	_____
pistil	_____
pollen	_____
pollen tube	_____
pollination	_____
predator	_____
prey	_____
producer	_____
protein	_____
protoplasm	_____
protozon	_____

pulp   _____

pupil   _____

recessive   _____

reflex   _____

reproduction   _____

reptile   _____

respiration   _____

retina   _____

saliva   _____

scale   _____

secretion   _____

seed plant   _____

sensation   _____

sexual reproduction   _____

skull   _____

small intestine   _____

species   _____

sperm   _____

spinal column   _____

spinal cord _____

spore _____

stamen _____

starch _____

stem _____

stigma _____

stoma _____

stomach _____

style _____

symbiosis _____

taste nerve _____

tendon _____

terrestrial _____

thermometer _____

thyroid gland _____

tissue _____

tissue liquid _____

tonsils _____

toxic _____

transpiration   _____

transport   _____

tropical rain forest   _____

urine   _____

valve   _____

vascular bundle   _____

vein   _____

ventricle   _____

vertebrae   _____

vertebrate   _____

viviparous animal   _____

windpipe   _____